閻崇年 講談錄

讀史閱世五十年

歷史學者的責任
既有學術
又有普及
如鳥之雙翼
不可偏頗

閻崇年◎著

《大故宮》《康熙大帝》作者、「百家講壇」主講人
讀史治學五十年心得分享

崧燁文化

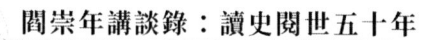

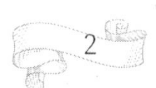

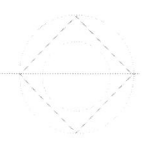

目錄

作者簡介

自序

讀書修身

    讀書與踐行 11
        一、讀書四宜 11
        二、讀書四忌 15
        三、踐行四要 18
    康熙的讀書之道 23
        一、讀書學習的四個階段 23
        二、讀書學習的四種境界 27
        三、讀書學習的四點經驗 29
    良師益友話讀書 33
        一、書為師友 34
        二、擇書「五要」 37
        三、讀書「五貴」 40
        四、讀書之用 46
    治學「八議」 48
        一、定向 49
        二、執著 51
        三、貴悟 53
        四、學機 56
        五、膽識 58
        六、改錯 59
        七、不器 60
        八、四合 61

人物地方

康熙：千年一帝 ... 65
  一、三種評價 ... 65
  二、主要貢獻 ... 69
  三、千年一帝 ... 74
  四、盛世寶鑑 ... 78

康熙帝的勤奮學習與嚴格教子 ... 84
  一、日講、經筵、自學 ... 84
  二、熱愛自然科學 ... 87
  三、重視子孫教育 ... 93

袁崇煥其人、其事、其精神 ... 97
  一、仁：仁愛親民 ... 99
  二、智：以智求新 ... 101
  三、勇：勇敢拚搏 ... 102
  四、廉：清正廉潔 ... 103

揚州：康熙南巡下揚州 ... 106
  一、康熙帝南巡的原因、條件和期待 ... 106
  二、康熙帝六次南巡的過程 ... 109
  三、康熙帝南巡與揚州的關係 ... 117

北京：「平西府」是吳三桂的王府嗎 ... 121
  一、奧運結緣 ... 121
  二、意外大禮 ... 123
  三、雙檔合璧 ... 125
  四、塵埃落定 ... 127
  五、王爺喬遷 ... 129
  六、王府平毀 ... 131

鎮江：文宗閣與《四庫全書》 ... 133
  一、文宗閣的復建 ... 133

二、關於《四庫全書》的兩大問題 137
　　三、《四庫全書》的價值 138
　　四、自古才人多磨難 142
　　附錄一：閻崇年就文宗閣復建一事致信時任鎮江市委書記兼市長許津榮 146
　　附錄二：許津榮書記的回信 148

以史為鑑

讀史‧治國‧修身 149
　　一、讀史 149
　　二、治國 151
　　三、修身 159

明亡清興的歷史啟示 167
　　一、從斷代入手學習歷史 167
　　二、明亡清興的兩個關節點 167
　　三、明朝亡於「分」 168
　　四、清朝興於「合」 173
　　五、讀史閱世五十年 174

民族與邊疆問題的歷史思考——屏障中原關盛衰 183
　　一、民族問題的縱向思考 183
　　二、疆域問題的橫向思考 189
　　三、民族邊疆的當代思考 191

正確傳承歷史：從戲說到正說 192
　　一、傳承歷史的三度思考 192
　　二、祕史與正史的關係 195
　　三、歷史傳承文化責任的問題 205

後記

作者簡介

閻崇年，1934年生，北京社會科學院研究員、北京滿學會會長、中國紫禁城學會副會長。著名歷史學家，研究清史、滿學，兼及北京史。出版《閻崇年集》（二十五卷），曾為中國央視「百家講壇」主講並出版《正說清朝十二帝》《明亡清興六十年》《康熙大帝》和《大故宮》等，在中外引發強烈社會迴響，作品被翻譯成英、德、法、韓等國文字。

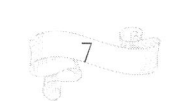

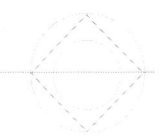

自序

近十年來，我在中國國內外一些地方做演講，就地域來說，有美國、新加坡、馬來西亞、臺灣等國家和地區；在中國大陸有黑龍江、吉林、遼寧、北京、天津、河北、山西、內蒙古、陝西、甘肅、寧夏、新疆、河南、湖北、湖南、廣東、海南、山東、上海、安徽、江蘇、浙江、福建、江西、雲南、貴州、四川、重慶等省市區。

聽眾對象，差異很大。以單位來說，有中央國家機關、中央直屬機關、省市的機關，有大學、中學、小學，有圖書館、博物館，有多個地方的讀書節，有幹部培訓班等。以聽眾來說，有高級長官幹部，也有普通工、農；有兩院院士，也有小學生；有九十多歲高齡的老者，也有幼兒園的小朋友；有軍官、民眾、企業家，還有監獄服刑人員等。以內容來說，有圍繞《正說清朝十二帝》、《明亡清興六十年》、《康熙大帝》、《大故宮》等展開的，有歷史的經驗與教訓，還有讀書與修養等方面的。總之，演講的時間、地點、對象、場景不同，聽眾的年齡、文化、身分、職業不同，而演講的主旨、內容、深淺、方式不同，所以演講稿也有所不同。

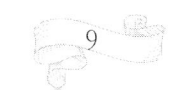

在演講中，令人難忘的故事感動我：在上海圖書館，一位聽眾聽完報告後，拿著《正說清朝十二帝》讓我在書上簽名。我一看她歲數很大，便問：「您高壽？」她說：「九十二歲。」我說：「您今天可能是年齡最大的。」她指著旁邊一位老者說：「我姊姊也來聽您的演講，她今年九十三！」在吉林市，一位婦女聽完演講後，拿著《康熙大帝》讓我簽名，說是給孩子簽。我問孩子多大，在哪裡？她指著懷孕的肚子說：「在這裡！」她又說：「我在進行胎教。等孩子生下懂事後，我要告訴他，當年媽媽懷著你聽閻老師講康熙大帝，讓他像康熙一樣愛學習，有志向，作貢獻。」還有在鎮江的「文心講堂」[1]發生一個令人難忘的故事。2008年4月7日，我到「文心講堂」演講，周衛彬和倪豔（懷孕）夫婦來聽我演講。2013年11月26日下午，當我第二次在「文心講堂」演講時，這對夫婦帶著六歲的兒子周子安又來聽講。演講後，這位媽媽對我說：我兒子先受您在「百家講壇」的胎教，今天在您兩個多小

時的演講中，他聚精會神，認真聽講，一點不動，可乖了。然後讓我在《大故宮》書上簽三個人的名字，並和他們一家三人合影留念。

還有一次，晚六點半，在山西師範大學演講。禮堂能容一千五百個座位，實際到會三千多人，所有走道以及臺上，全是站著的聽眾。八點半演講剛結束，熱情的同學跳到講臺上照相，同學自動在禮堂內外排成長龍隊，合影，簽名，閃光燈不停地閃，一直持續到夜十一點半。

講稿有些是錄音稿，有些是文字稿，語言風格，深淺程度，內容故事，區別很大。因此，經過初步整理後收入本集的演講稿，文字、風格有明顯差異，也有部分內容重複，雖已做部分調整，但多保留了原貌，不當之處，敬祈鑑諒。

歷史學者的責任，既有學術，又有普及，如鳥之雙翼，不可偏頗。時代給予我一個機會，為公務員、軍人、學生、市民、工農、白領、企業家演講，普及歷史知識，提高文化素養，增進知識智慧，激發生命活力，給社會，給大眾，盡點綿薄之力，做點微小貢獻。

我盡力做了一些，但還遠遠不夠，願繼續努力，多做一些，做好一些。為社會多出一點論著，為聽眾多做幾場演講，努力做一個好的歷史學者，認真做一個好的社會公民，這就是我的願望。

注　釋

[1]. 因《文心雕龍》的著者劉勰為鎮江人，故鎮江圖書館的講堂名為「文心講堂」。

讀書修身

- ●讀書與踐行
- ●康熙的讀書之道
- ●良師益友話讀書
- ●「治學八議」

讀書與踐行

今天我講的題目是：讀書與踐行，主要講為什麼要讀書，怎樣讀書，讀書與踐行的關係，特別講踐行的重要性。為了強調既讀書又踐行，送諸位一句話，與大家共勉：寧肯踐行一尺，絕不空說一丈。

下面分三個題目，和各位進行交流。

一、讀書四宜

讀書，這既是個古老的話題，也是個很現實的話題，更是一個永恆的話題。為什麼要讀書呢？我認為讀書有「四宜」：一宜修己，二宜齊家，三宜治業，四宜天下。下面分開來說。

一宜修己。早在兩千多年以前，孔子就說過：「古之學者為己，今之學者為人。」（《論語·憲問》）古代儒家經典，文字簡括，寓意深奧，各種理解，多有歧義。古往今來，許多專家，對《論語》有各種疏解，對上面引用孔子名言的一種解釋是：

上半句：「古之學者為己」的「古之」就是古代的；「學者」不是指專家學者，而是指學習者，就是讀書人；「為己」不是為了自己私利，而是為了修身、修己。

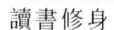

下半句：「今之學者為人」的「今之」就是當今的；「學者」如同前面所做的解釋，也是指學習者，就是讀書人；「為人」，不是為人民利益，而是為了功名、利祿。

孔子在二千多年前說的話，今天仍然適用，現象依然存在。今人讀書，讀小學為了考上好初中，讀初中為了考上好高中，讀高中為了考上好大學，以後考碩、考博、留學，以及博士後，這種讀書學習的理想追求、刻苦奮爭都值得肯定，也都沒有錯，但是往往忽略把讀書與修身、學習與修己結合起來。有的大學生在飲水機裡投毒藥，毒害同窗、同學；有的大學生開汽車撞人，見被撞者受傷沒死不僅不救，反而回過頭來，用刀將傷者捅死。這雖然是偶然的、個別的社會現象，但應引發人們思考：書讀到大學，分數也考得不錯，但沒有把讀書和做人相結合，未成為良民，而淪為罪人。這反映出家庭教育、學校教育、社會教育的一個大問題。

讀書為什麼要和修心相結合呢？原因之一是人性存在弱點。儒家對人性的認識，存在「性善」與「性惡」兩種觀點。前者，《孟子》說：「人性之善也，猶水之就下也；人無有不善，水無有不下。」（《孟子·告子上》）所以《三字經》說：「人之初，性本善。」儒家認為即使「性善」，也需要學習，因為人的善德，會被蒙上塵埃，所以《大學》開宗明義說：「大學之道，在明明德。」後者，《荀子》則認為：「人之性惡，其善偽也。」（《荀子·性惡》）人為什麼「性惡」呢？荀子認為人生而有「五好」：「目好色，耳好聲，口好味，心好利，骨體膚理好愉佚。」（《荀子·性惡》）這「五好」都是人性邪惡的根源。要使人性由性惡向性善轉化，一個重要的方法就是讀書學習。所以，儒家無論是「性善」或「性惡」說，都主張透過讀書、學習來修身修心，達到人性完善。

要進德修業、完善人性，應當從讀書、學習做起。康熙帝說：「凡人進德修業，事事從讀書起。多讀書則嗜欲淡；嗜欲淡則費用省；費用省則營求少，營求少則立品高。讀書之法，以經為主。苟經術深邃，然後觀史。觀史則能知人之賢愚，遇事得失亦易明瞭。故凡事可論貴賤老少，惟讀書不問貴賤老

少。讀書一卷，則有一卷之益；讀書一日，則有一日之益。此夫子所以發憤忘食，學如不及也。」（玄燁《庭訓格言》）

所以，讀書對於個人有著向善抑惡、克己修心的作用。

二宜齊家。讀書既宜修身，讀書更宜齊家。讀書不僅為自己，而且為家庭。一個現代的家庭，應當是一個書香家庭。而成為書香家庭，首先應從父母做起。做父母的，做祖父母的，做外公外婆的，自己的讀書修養，直接影響著家庭的文化氛圍和文化素養，並直接影響著下一代、下二代，甚至於下三代。

我講一個古代讀書教子齊家的故事。故事的主人翁是清代浙江秀水人陳氏，她嫁給同省嘉興人錢綸光為妻。陳氏，名書，父母希望她喜愛讀書，以書為伴，故以「書」字為名。陳氏幼年，不負父望，喜愛讀書，端莊嫻靜，教養很好，深通大義。結婚不久，丈夫和公爹外出上墳，陳氏從樓上望見有一少年，在毆打佃戶，被打佃戶，流淌鮮血，衣服染紅。被打者的家人及其族人，氣勢洶洶，群聚樓下，聲責錢家。陳氏問：打人者是誰？回答是自家的從子。[1] 她吩咐家人將受傷的佃戶抬到宅院室內，召來醫生，看醫敷藥，又給受傷者的母親銀子和稻米，並命人當眾將其從子用木棍杖打。憤怒鄉民，怨氣緩解，散去回家。她公爹和丈夫回家後，稱讚她處理得體。陳氏孝敬公婆，侍奉丈夫，款待賓客，和善鄰里，受到稱讚。丈夫病死，兒子錢陳群年幼，她夜間紡織，授經教子。陳氏一面教子讀書，一面賦詩作畫，畫的山水、人物、花草，功力深厚，清逸高秀。由於陳氏嚴於律己，重於身教，其子錢陳群康熙時中進士，入翰林院。雍正時，錢陳群奉命到外地給諸生巡講，「反覆深切，有聞而流涕者」，有人被感動得流淚。雍正帝稱讚錢陳群為「安分讀書人」。乾隆時，錢陳群在南書房，官刑部侍郎，向乾隆帝獻其母《夜紡授經圖》，還呈上其母陳氏的畫冊。錢陳群為人敦厚，好學聰敏。插一個小故事：一天，乾隆帝賜侍臣、禮部侍郎、詩人沈德潛（字歸愚）詩云：「我愛德潛德，淳風挹古福。」刑部侍郎、詩人錢陳群從旁和詩道：「帝愛德潛德，我羨歸愚歸。」上述賜詩與和詩，都巧妙地嵌入沈德潛的名「德潛」和字「歸愚」。古人說：「仁者壽。」又說：「智者壽。」錢陳群既是一位仁者，又

是一位智者，享年八十九歲。他獲尚書銜、加太傅、入祀賢良祠。陳氏的孫子錢汝誠，也是進士，在南書房行走，官侍郎；重孫錢臻，官江西、山東巡撫。其家一門四代，家風淳樸，讀書明理，是個書香門第。（《清史稿·列女一·錢綸光妻陳傳》）

我再講一個現代的故事。前幾年「五一」放七天長假，節前的一天，一位母親找我說：請我4月30日傍晚到她家，給她兒子講一講讀書的重要性，因為這個孩子貪玩、不愛讀書。又說：我孩子特崇拜您，您說一句頂我說一萬句。我說「我說一句就是一句」，並問她：過節放假七天，你們夫婦都幹什麼？她說：我每天看電視，他爸每天串門，晚上十點多喝得醉醺醺的回家，倒在床上就睡覺。我說：我給你出個主意，到圖書館借一大疊圖書、雜誌抱回家，在節前晚飯後，把孩子叫到跟前，鄭重嚴肅地跟他說：媽媽從前不愛讀書，從明天開始讀書，你也要讀書，別干擾媽媽讀書。母子約法三章，共同讀書。她說好吧。果然照著做了。節後，她高興地跟我說：您教我的方法真靈，「五一」假日期間，我整整看了七天書，孩子見我讀書，不敢吵我，也安心地讀了七天書。她又說：我要是早愛讀書，孩子跟我養成讀書習慣，何必現在著大急呢！

這個真實故事說明：身教重於言教。要孩子讀書，自己先讀書。同樣，讀書明理，嚴於律己，在處理家庭各種關係時，往往會收到事半功倍的效果。

三宜治業。士農工商，各行各業，要想把事業做好、做出色，一靠修德，二靠智慧，這都需要讀書、學習。在這講個宋初名相、賢相趙普讀書治國的故事。

趙普（922～992年），字則平，幽州薊（今北京）人。早年跟隨趙匡胤，頗受信任，為掌書記。趙匡胤陳橋兵變，趙普有擁戴之功。後官集賢殿大學士、宰相。普「直躬敢言」，被譽為唐太宗時的魏徵。《宋史》記載：一天，他上朝舉薦某人任某官，皇帝不用；第二天，又舉薦某人任某官，皇帝還不用；第三天，再舉薦某人任某官，皇帝大怒，將其奏章撕碎扔在地上。他顏色不變，跪在地上，撿起紙片，回家黏貼；第四天又舉奏如初。宋太祖趙匡胤感悟，允其奏，用其人。另一次，有的大臣應當升官，但皇帝厭惡其人，不准；

趙普堅持；宋太祖怒道：「朕固不為遷官，卿若之何？」趙普說：「刑以懲惡，賞以酬功，古今通道也。且刑賞，天下之刑賞，非陛下之刑賞，豈得以喜怒專之。」宋太祖生氣，起駕回宮，趙普跟隨，皇帝入宮後，普立於宮門，久之不去，竟得俞允。史書評論說：普雖「開國元老，參謀締構，厚重有識，不妄希求恩顧以全祿位，不私徇人情以邀名望，此真聖朝之良臣也。」（《宋史趙普傳》）趙普喜愛讀書，他的「半部《論語》治天下」的故事，被廣泛流傳。

四宜天下。讀書宜身、宜家、宜業，更宜天下。縱覽上下五千年，橫觀五洲八萬里，酷愛讀書的人，優秀讀書的人，賢達讀書的人，飽讀詩書，胸懷寬大。大家知道范仲淹在《岳陽樓記》中的千古名句：「先天下之憂而憂，後天下之樂而樂。」這成為千百年中國士人博大胸懷的典範。宋代張載（字橫渠）的名言：「為天地立心，為生民立命，為往聖繼絕學，為萬世開太平！」當今的讀書人，已經在地球村裡生活，更應修煉或具有這種「為萬世開太平」的恢弘境界、博大胸懷！

總之，修身應當讀書，修心必須學習。孔子說：「好仁不好學，其蔽也愚；好知不好學，其蔽也蕩；好信不好學，其蔽也賊；好直不好學，其蔽也絞；好勇不好學，其蔽也亂；好剛不好學，其蔽也狂。」（《論語·陽貨》）

讀書學習，不僅有「四宜」，而且要「四忌」。

二、讀書四忌

讀書「四忌」是：一忌不選擇，二忌不定時，三忌不消化，四忌不踐行。

一忌不選擇。據統計，中國圖書品種量居世界第一位，僅2013年就出版了四十萬種圖書。光圖書目錄每本按書名、作者或譯者、出版社、出版年月、圖書分類、提要等一百字計算，約四千萬字，每本書若四十萬字，需要一百本，我們光看目錄也看不過來，怎能不選擇呢！

怎樣選擇？一個方法照「書目」讀書。當年，陳垣先生向我們推薦清末洋務派首領、著名學者張之洞（1837～1909年）的《書目答問》，要我們根據其推薦的書目來選擇書讀。我到琉璃廠買了線裝本《書目答問》，回家

一看，所選的書目有二千四百九十三種。於是我發現張之洞其意雖好，卻不切實際。所以，不僅對所讀的書要選擇，而且對推薦書的書也要選擇。

再如，老大媽到菜市場買菜，買條黃瓜還選新鮮、直溜、粗細、長短，挑來挑去，何況讀書呢；女士到鞋店買雙皮鞋，也是挑品牌、式樣、質料、花色、大小，以至於後跟的高矮，挑來挑去，更何況我們讀書呢？

有人認為讀書不必選擇，開卷有益，碰到什麼書，就讀什麼書。我的讀書經驗，以及很多人的讀書經驗，都是讀書要選擇。利用較少、寶貴的時間，獲取更多、有益的知識，這就要選擇圖書來讀。

怎樣選擇呢？如經，先讀「四書」和「十三經」中的《大學》。為什麼？讀《大學》和讀《十三經》比較來說，先讀《大學》的好處是：第一，字數最少。朱熹統計為一千七百五十一個字，我統計則為一千七百五十三個字。兩者相差兩個字，這裡不必去討論。如今大家都很忙，字數少，就容易卒讀。第二，文字通俗。《大學》在儒家經典中是最為通俗易讀的書。第三，內容精粹。全書分作「三綱」即「明明德」、「親民」、「止於至善」九個字；「八目」即「誠意、正心、格物、致知、修身、齊家、治國、平天下」，十六個字，總計才二十五個字，濃縮了儒家經典的精華。如史，讀「四名」即名人如司馬遷、名著如《史記》、名篇如《太史公自序》、名句如「究天人之際，通古今之變，成一家之言」。如子，《老子》五千言。如集，喜歡屈原讀《離騷》，喜歡唐詩讀李白，等等。有人問我現代文學作品讀什麼，恕我孤陋寡聞，每年如果只讀一本文學書的話，就讀諾貝爾文學獎的作品，2010年我讀出生於哥倫比亞、後移居墨西哥的馬奎斯著、范曄譯的《百年孤寂》，2012年讀莫言的《蛙》，2013年讀加拿大艾莉絲孟若著、李文俊譯的《逃離》（Runaway）等。

二忌不定時。讀書要定時間、定制度，才能持之以恆。我們一日三餐能夠堅持，除肚子餓的因素外，六七點吃早餐，十一二點吃午餐，下午六七點吃晚餐，大體定時，家家如此，已成制度，才能堅持。讀書也是一樣。下面我舉兩個例子。

早上讀書如康熙。康熙帝（1654～1722年）是個喜愛讀書的皇帝，數十年如一日，手不釋卷。他說：「朕自幼好看書，今雖年高，萬幾之暇，猶手不釋卷。誠以天下事繁，日有萬幾，為君者一身處九重之內，所知豈能盡乎？時常看書知古人事，庶可以寡過。故朕理天下事五十餘年無甚差忒者，亦看書益也。」（玄燁《庭訓格言》）他在很長一段時間，早寅時（寅正四時）起，大約讀一個時辰的書。卯時（卯正六時），吃早餐，做上朝準備。辰時（辰正八時）上朝御門聽政。這樣，每天早上的讀書基本定時，形成制度，這就有了時間上的保證。

晚間讀書如趙普。趙普勤讀書，善讀書，定時間，有制度。宋制，宰相以未時（未正下午二時）下朝歸第。趙普回家後主要是讀書。《宋史·趙普傳》記載：「普少習吏事，寡學術，及為相，太祖常勸以讀書。晚年手不釋卷，每歸私第，闔戶啟篋取書，讀之竟日。及次日臨政，處決如流。既薨，家人發篋視之，則《論語》二十篇也。」（《宋史趙普傳》）《宋史》本傳評論道：「家人見其斷國大議，閉門觀書，取決方冊，他日竊視，乃《魯論》耳。昔傳說告商高宗曰：學於古訓乃有獲，事不師古，以克永世，匪說攸聞。」就是說，官員治國，重在讀書，學習歷史經驗，借鑑歷史教訓，增加智慧，自身醇正，有益治國。

週末讀書的人更多。許多人平時很忙，利用週末，或半天，或一天，集中讀書。這也是一種好辦法。

三忌不消化。讀書的一個大忌是食而不化。這如同吃飯，吃得雖然很多、很好，但吃了之後不消化，也不吸收，不是等於白吃了嗎？如果在腦子裡儲存大量沒有消化、沒有吸收的知識，那還不如把知識儲存在電腦的硬碟裡，或者雲端硬碟裡。一個移動硬碟，能儲存1000GB，可以原樣保存，既不出差錯，也不會丟失。我們讀書不是為了儲存知識，而是一為知識，二為智慧，三為頓悟，四為圓通。因此，死讀書，讀死書，讀書死，這種案例，史不絕書，應引為戒。

四忌不踐行。讀書要知行合一，學以致用。古人云：「一語不能踐，萬卷徒空虛。」（明·林鴻《飲酒》）

下面我以史為例,特別講一下讀書與踐行的關係。

三、踐行四要

讀書人往往重視「格物致知」,忽視「知行合一」;往往重視想法,忽視踐行。其實,知與行的關係,如智者王守仁所說:「知者行之始,行者知之成。」(《傳習錄》)

人們常常犯一個毛病:只是讀書不行動,學了等於沒有用。只讀不行,難以大成。所以,古往今來,人們經常議論一個話題:知在先?知行。行在先?行知。人們一直在爭論知和行的關係,有人重知,提倡知在行之先;有人重行,提倡行在知之先。大家知道陶行知先生,就是針對行在知之先而提出的。我覺得:既重知又重行,二者不可偏廢。對於從事體力勞動而不讀書的人,應當強調讀書;對於從事腦力勞動而不踐行的人,應當強調踐行。

當今,教育已經大普及,從幼稚園大班、小學、國中、高中、大學、讀碩、讀博、讀博士後等等,一般要讀二十多年的書。當然讀書當中也有行,也有實踐,譬如數學,學了公式要做題;又如理化,學了定律要做實驗,這也都是實踐。這種實踐叫做科學實驗,也是一種踐行。但是,整體來說,現代的教育制度有一個特點,將學生從幼稚園就關在校園裡,在校園裡大約二十多年,容易養成重知識、會考試、會動嘴、輕踐行的缺憾。

儒家重視行,在《論語》中,「行」出現八十二次,僅次於「知」(一百一十八次)和「仁」(一百一十二次)。佛家也重視行,常說「修行」,「修行」,尤其強調行、重視行。

因此,我認為:應當把讀書和踐行結合,尤其應當強調踐行。為此,讀書踐行,注意四要。

一要立志踐行:人們不僅讀書立志,還要注重踐行。俗話說:「寧做行動矮子,不做空話巨人。」孔子說:「行有餘力,則以學文。」(《論語·學而》)子貢問君子。子曰:「先行其言,而後從之。」(《論語·為政》)孔子又說:「君子欲訥於言,而敏於行。」(《論語·里仁》)他還說:「始吾

於人也，聽其言而信其行；今吾於人也，聽其言而觀其行。」（《論語·公冶長》）這都是說的「行」。

老子也重視「行」，《道德經》說：「上士聞道，勤而行之。」（《老子》第四十一章）又說：「合抱之木，生於毫末；九層之臺，起於累土；千里之行，始於足下。」（《老子》第六十四章）大業從小事做起，遠行由足下開始。

歷史上重視「行」的大家舉不勝舉，以戚繼光為例。戚繼光（1528～1588年），山東蓬萊人，著名抗倭民族英雄，著有《練兵實紀》和《紀效新書》，在中國古代十大兵書中，戚繼光所著占其二。這說明他在中國古代軍事理論著作中的地位。戚繼光又重訓練「戚家軍」，發明「鴛鴦陣」，指揮多次大戰，取得抗倭勝利。戚繼光是理論結合實際的軍事家、將軍。在中國古代，著名將領多無兵書，兵書著者又多非名將。可以說，從秦始皇到萬曆帝，近兩千年間，中國著名將領而有著名兵書者，唯有戚繼光一人。應當說，戚繼光是知行合一的著名軍事家。

二要一貫踐行：思想要約束，行為要約束，知行都要約束。「讀萬卷書，行萬里路。」再舉一例。蔣衡（1672～1743年），江蘇金壇人，初名衡，改名振生，字拙存，號湘帆。祖、父皆精書法，幼承家學，自小臨摹，尤工行楷，苦練有成。蔣衡科試不第，轉意遊學，浪跡江湖，尋師訪友，切磋書藝，足跡半海內。史書記載：「先生好遠遊，既不遇，遂東詣曲阜、謁孔林，至會稽，涉西江，歷嵩少，導荊楚，登黃鶴磯，過大庾嶺，升白鶴峰，訪東坡故宅，抵瓊海，觀扶桑日出，登雁門山，歷井陘，逾龍門，為終南嶽之遊，浴驪山溫泉，登慈恩寺雁塔，縱觀碑洞金石遺刻，所至以筆墨自隨，賦詩作畫，或歌哭相雜，至不能自止。」（《國朝耆獻類徵·蔣衡傳》初編，卷四百三十三）。

他在長安觀摩碑林時，痛覺唐代《開成石經》出於眾手，雜亂不齊，於是發願重寫「十三經」——《周易》、《尚書》、《毛詩》、《周禮》、《禮記》、《儀禮》、《春秋左傳》、《春秋公羊傳》、《春秋穀梁傳》、《論語》、《孟子》、《孝經》和《爾雅》。決心下定，矢志不移。雍正四年（1726年）授英山教諭，自稱才疏，力辭不赴。他書成一半時，上司又催促就職，他仍以老病為由，

上書求免，並抱病親到官衙求情，終於獲准。他在揚州瓊花觀（今揚州市文昌中路360號），專心寫經。當年瓊花觀內，亭臺樓榭，軒坊花石，幾焚幾建，遺韻猶存。今揚州以瓊花為市花。蔣衡在揚州瓊花觀，青燈相伴，中正靈靜，握管不輟，篤志寫經。自雍正四年（1726年）至乾隆二年（1737年），「鍵戶十二年，寫十三經」（《清史稿·蔣衡傳》，卷五百三），六十二萬餘字，書寫工整，前無古人。乾隆中，進上，後乾隆帝命刻石國學，授衡國子監學正，終不出。大成垂名，常在身後。

蔣衡書寫「十三經」，先是書寫，繼是裝裱成冊，再是刻成石經。乾隆五十六年（1791年），命以蔣衡手書「十三經」為底本，刻石太學，定名「乾隆石經」。乾隆五十九年（1794年），貞珉工竣，御製序文，立於國子監東西六堂。全部石碑一百八十九通，加上告成表文「諭旨」碑一通，共一百九十通，現藏於北京孔廟和國子監博物館。乾隆刻石的「十三經刻石」即「乾隆石經」，其規模之宏大，楷法之工整，筆力之雄健，毅力之堅韌，學志之專一，價值之珍貴，中國國內僅有，世界無雙，從而成為中國，也成為世界文化藝術寶庫中的稀世珍品。

三要排難踐行：踐行必定遭遇困難，克服困難方能前進。試舉一例。通海法師，貴州人，托鉢化緣，到凌雲山，結草為寺，誦經修禪。凌雲山在今四川省樂山市。山前岷江、大渡河、青衣江三江匯流，山水優美，風景秀麗。臨江山體，陡立如削，山水斗突，激湍觸崖，雷霆哮吼，過往船隻，常出事故，舟毀人亡。通海法師認為「石可改而下，江或積而平」，並以為「善因可作，重力可集」，於是發願，「奪天險以慈力，易暴浪為安流」，興工雕塑佛像，為民興利除害。四面八方，善男信女，「萬夫競力，千錘齊奮」，出資出力，開鑿大佛。此佛為坐像，通高七十一公尺，頭高十四點七公尺，頭寬十公尺，頸長三公尺，肩寬二十四公尺，眼長三點三公尺，鼻長五點六公尺，嘴寬三點三公尺，耳長七公尺，髮髻一千零二十一個，面江端坐，慈祥莊嚴。（遍能《樂山大佛》）這是世界上最大的石刻端坐佛像，被列為世界文化遺產名錄。但是，在工程進行中，當地貪官，向其索賄。通海法師說：「自目可剜，佛財難得。」就是說我的眼睛可挖，造佛錢財卻不可以得。貪官依仗權勢說：「嘗試將來！」好吧，那就把你的眼睛挖下我看看！通海法師「乃自抉其目，

捧盤致之」,「吏因大驚,奔走祈悔」。這件事情,震動各方。通海法師圓寂後,未竟之業,後人接續,自唐開元元年(713年),到貞元十九年(803年),歷時九十年,終於完成。(韋皋《嘉州凌雲寺大彌勒石像記》)

四要謙遜踐行:養成謙虛的作風。子張學干祿,孔子說:「多聞闕疑,慎言其餘,則寡尤;多見闕殆,慎行其餘,則寡悔。言寡尤,行寡悔,祿在其中矣。」(《論語·為政》)孔子對子產說:「有君子之道四焉:其行己也恭,其事上也敬,其養民也惠,其使民也義。」(《論語·公冶長》)以上都是教人為人、為官,說話做事,都要謹言慎行,寡尤寡悔。

在成績或功績面前,有的人成績越大越驕傲,有的人功績越大越謙虛。前者,多半在前進路上摔跟頭;後者,都會在行進路上步步前進。一個人既要讀書,又要謙虛。我以下面的話,同大家共勉:

金錢愈多愈謙,

地位愈高愈謙,

功績愈大愈謙,

榮譽愈多愈謙。

為什麼有人取得一點點成績就驕傲了呢?主要是器量小,杯水即滿,斗水即溢。為此,要立經天緯地之大志,要懷五湖四海之大器。

死讀書,不踐行,紙上談兵,無不失敗。講一個趙國趙括紙上談兵、殞身敗國的故事。戰國時的趙國,有名將廉頗和名相藺相如,這大家都知道。有齣京劇《將相和》說的就是廉頗和藺相如的故事。還有一個人叫趙奢,就是馬服君,也很有名,司馬遷說趙奢「與廉頗、藺相如同位」。趙奢的聲名是在戰爭中打出來的。一次,秦軍伐韓國,趙惠文王問廉頗:「可救不?」廉頗說:「道遠險狹,難救。」趙王又問樂乘,樂乘也和廉頗一樣地回答。趙王再問趙奢,趙奢回答:「其道遠險狹,譬之猶兩鼠鬥於穴中,將勇者勝。」這就是「兩軍狹路相逢勇者勝」典故的由來。於是,趙王派趙奢率兵去救韓,果然大敗秦軍。而後,趙奢因立了大功,獲得和廉頗、藺相如相同的地位。

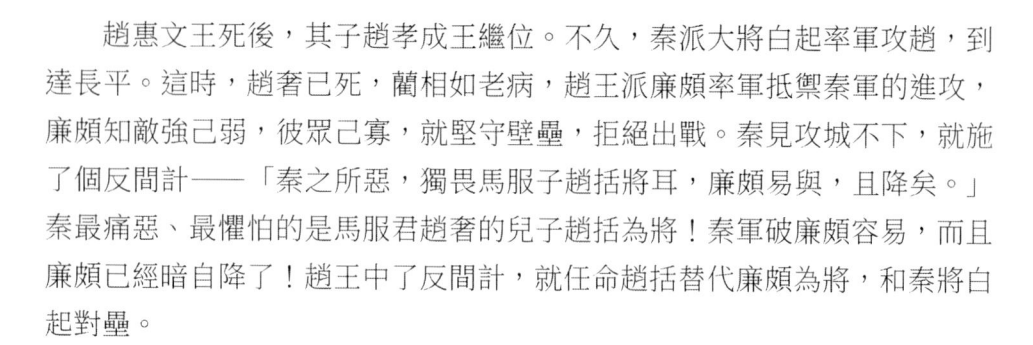

趙惠文王死後，其子趙孝成王繼位。不久，秦派大將白起率軍攻趙，到達長平。這時，趙奢已死，藺相如老病，趙王派廉頗率軍抵禦秦軍的進攻，廉頗知敵強己弱，彼眾己寡，就堅守壁壘，拒絕出戰。秦見攻城不下，就施了個反間計——「秦之所惡，獨畏馬服子趙括將耳，廉頗易與，且降矣。」秦最痛惡、最懼怕的是馬服君趙奢的兒子趙括為將！秦軍破廉頗容易，而且廉頗已經暗自降了！趙王中了反間計，就任命趙括替代廉頗為將，和秦將白起對壘。

趙括出身將門，聰慧好學，熟讀兵書，雖未經歷戰陣，卻自以為天下沒有人比自己更懂軍事。趙括和他父親談兵，乃父也常難不倒他。但是，他父親並不認為趙括能統兵打仗。趙括的母親問其父為什麼？他父親說：「兵，死地也，而括易言之。使趙不將括即已，若必將之，破趙軍者必括也。」就是說，趙括對兵事看得太容易了，又沒有實戰經驗，如果有一天趙國以趙括為將軍，那麼打破趙軍的，不是敵人，而是趙括！

趙王命趙括為將軍，他母親上書趙王：「括不可為將！」趙王問原因，趙母講了四點：其一，他父親受命後，專心一意，廢寢忘食，不問家事；其二，國王的賞賜都給了官兵，自己一點不取；其三，趙括為將，態度驕橫飛揚，官兵不敢仰視；其四，趙括所得的賞賜金帛，全歸藏在家裡，大買田地、豪宅。趙王聽了之後說，我已任命，不能改變。趙括的母親又說：「王終遣之，即有如不稱，妾得無隨坐乎？」趙王許諾。

趙括既已代廉頗為大將，更換軍官，改變部署。秦將白起得到軍報後，發出奇兵，佯敗後退；同時，斷其糧道，絕其援軍。趙軍被斷糧四十六日，軍內殺人而食。趙括親率銳卒，出陣搏戰。秦軍射死趙括，趙軍大敗。《史記·白起王翦列傳》記載：「括軍敗，卒四十萬人降武安君。乃挾詐而盡坑殺之。前後斬首虜四十五萬人。」據《史記·趙括列傳》記載：「數十萬之眾遂降秦，秦悉坑之。趙前後所亡凡四十五萬。」趙國從此一蹶不振，走向覆亡。這就是歷史上有名的秦趙長平之戰。趙括母親因有言在先，而沒有連坐被殺。（《史記·廉頗藺相如列傳》）

空言誤國，實幹興邦。歷史和現實都證明這是一條顛簸不破的真理。我們讀書，切勿空談，學以致用，認真讀書，切實踐行。

（本文為第二屆北京國際圖書節「名家大講堂」首場報告會上的演講稿，收入本集時做了修改和補充。）

康熙的讀書之道

康熙帝的言行事功表明，他有大過人之處；他的言行之所以能大過人，因為他有大過人的思想；他的思想之所以能大過人，因為他有大過人的學習。「朝於斯，夕於斯」，終生學習，手不釋卷。讀書學習，這是康熙大帝智慧的重要源泉，也是他養心、修身、治國、平天下的一件法寶。

康熙帝是一位讀書學習型的皇帝。他的《庭訓格言》即《康熙語錄》，共二百四十六條，其中有四十一條講讀書學習，占總條數的六分之一，就是例證。由此聯想到孔子的話：「好仁不好學，其蔽也愚；好知不好學，其蔽也蕩；好信不好學，其蔽也賊（敗壞）；好直不好學，其蔽也絞（迂）；好勇不好學，其蔽也亂；好剛不好學，其蔽也狂。」（《論語·陽貨》）由上可見：讀書學習，增長智慧，修養身心，非常重要。

一、讀書學習的四個階段

康熙帝的讀書學習，從五歲開始，到六十九歲故去，其間六十五年，經歷了四個階段——少年好學，中年苦學，盛年博學，老年通學。

少年好學 「好」是愛好、喜好，就是說康熙帝少年非常好學。《三字經》說：「子不學，非所宜。幼不學，老何為？」兒童少年學習，對人的一生來說是很重要的。康熙帝小時候，由祖母、蘇麻喇姑、保姆教他滿語、蒙語，由略通儒學的張、林二太監，教他漢語文的識字、句讀。句讀是很重要的。《三字經》說：「凡訓蒙，須講究，詳訓詁，明句讀。」過去，小學啟蒙學習，主要是兩件事：一是識字，二是句讀。那麼，「句讀」是什麼意思呢？又為什麼重要呢？古時候沒有標點符號，要靠老師教給斷句，就是教給句讀。這樣，既能識字，又會斷句，就有了閱讀的能力。

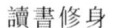

幼年玄燁，在祖母孝莊太皇太后和皇父訓教下，從五歲開始到書房讀書，漢人師傅教他讀「三百千」——《三字經》、《百家姓》、《千字文》，滿洲師傅教他滿語騎射（《清聖祖實錄》卷一）。他有時讀書痴迷，忘了玩耍，忘了寢食。祖母見他勤奮好學，打趣地說道：你貴為天子，還要像生員科舉趕考那樣苦讀嗎？他仍然孜孜以求地讀書。少年玄燁，勤奮好學，可以說是——「朝於斯，夕於斯」。

康熙帝讀書，史書記載：「粵自五齡，矢志讀書。當是之時，鞠育深宮，不離阿保，非有左右丞弼，而好學孜孜，出於天性，早夜讀誦，無間寒暑，至忘寢食。年十齡，益博綜群書，潛心好古，背誦不遺。雖皇上天姿敏妙，一見輒記憶，而必百倍其功。反覆乎簡編，沉潛乎理義，使書與心契，無少乖違。故於古人文字，隨舉一篇，皆口誦如流，不遺一字。」（《康熙起居注冊》康熙二十三年十一月十七日）這些話，既洋溢著讚美之詞，也反映了實際情況。

康熙帝認為，一個人幼年所讀的書，終身受益。「應須早學，勿失機會。朕七八歲所讀之經書，至今五六十年，猶不遺忘。至於二十以外所讀經書，數月不溫，即至荒疏矣。然人或有幼年，遭逢坎坷，失於早學，則於盛年，尤當勵志。蓋幼而學者，如日出之光；壯而學者，如炳燭之光。雖學之遲者，亦猶賢乎始終不學者也！」（玄燁《庭訓格言》）

他回憶少年好學時說：「逐日未理事前，五更即起誦讀，日暮理事稍暇，復講論思索，竟至過勞，痰中帶血，亦未少輟。朕少年好學如此。」（玄燁《庭訓格言》）

中年苦學　「苦」是刻苦、艱苦的「苦」，就是說康熙帝中年的讀書學習能夠勤奮刻苦，按照常規，循序漸進。《三字經》說：「為學者，必有初，小學終，至四書。」「四書」就是《大學》、《中庸》、《論語》、《孟子》。在「《孝經》通，四書熟」之後，「如六經，始可讀」。「六經」就是《詩》、《書》、《易》、《禮》、《春秋》、《樂》（已佚）。康熙帝說：「八齡踐阼，輒以學、庸、訓詁，詢之左右，求得大意，而後愉快。日所讀者，必使字字成誦，從來不肯自欺。及『四子』之書，既已通貫，乃讀《尚書》，於『典

謨』、『訓誥』之中，體會古帝王孜孜求治之意，期見之施行。及讀大《易》，觀象玩占，實覺義理悅心，故樂此不疲耳。」（《清聖祖實錄》卷一一七）就是說，他八歲繼位後，讀《大學》、《中庸》，後來讀《論語》、《孟子》等，再讀《尚書》、《易經》。於「詩歌古辭，上薄風騷，下陵漢、魏、六朝，三唐以降，不足道也」。（《康熙起居注冊》康熙二十三年十一月十七日）康熙帝讀書，每篇新書，都要念一百二十遍，背一百二十遍，篇篇成誦，意思融通。

康熙九年（1670年）十月，康熙帝年十七歲，舉行「經筵大典」，就是由講官給皇帝講解「四書」、「五經」等。此後，每日大清早，康熙帝到乾清宮弘德殿，聽講官進講，講畢，辰時（7～9時），到乾清門聽政，有時則先聽政而後進講，非特殊情況，從來不間斷。康熙十二年（1673年）三月，因乾清宮楹柱損壞，遇雨滲漏，需要修葺，移駐瀛臺，暫住幾天，也不廢講。夏日酷暑，奏請停講。他讓講官暫停數日，但「講章仍照常進呈」——師傅停講，他不停學。康熙帝認為，學問之道，不可間斷，無論寒暑，不可廢學。他不滿足於隔日進講，命令大臣們「日侍講讀，闡發書旨，為學之功，庶可無間」。經筵改為每天舉行。在平定三藩之亂的緊張時刻，也乘間隙，進講經史。

康熙帝親政後，每日早朝，御門聽政，雖政務極為紛繁，但必定抽時讀書，寒暑無間，樂此不疲。他說：「人心至靈，出入無響，一刻不親書冊，此心未免旁鶩。朕在宮中，手不釋卷，正為此也。」康熙帝讀書有樂趣，也有習慣，堅持不懈，一以貫之。在南巡途中的行殿（御舟）上，帶著書卷，經常讀到深夜。他南巡御舟到南京燕子磯，讀書至三更。南書房高士奇進言：「南巡以來，行殿讀書寫字，每至夜分，誠恐聖躬過勞，宜少自節養。」但他仍然堅持博學群書，增長知識，修煉心性，思考治道。他在親征噶爾丹時，晚上的時間，常常手不釋卷，命張誠等給他講解幾何學及其他自然科學知識。

盛年博學 「博」是博大、博覽的「博」，就是說康熙帝在盛年時的讀書學習能夠博覽眾取。《禮記·大學》：「致知在格物。」就是說，讀書的過程是格物致知的過程。什麼是「格物致知」呢？格物致知的「格」就是推究、

探索，「物」就是事物、東西，「致」就是使到、得到，「知」就是知識、智慧，總之就是推究事物，得到知識。

　　康熙帝二十二歲時，即從康熙十四年（1675年）四月二十三日開始，規定在講官進講之後，由他復講一遍，以求闡明義理，有裨知識貫通。諭曰：「日講原期有益身心，加進學問。今止講官進講，朕不復講，則但循舊例，漸至日久將成故事，不惟於學問之道無益，亦非所以為法於後世。自後進講時，講官講畢，朕仍復講，如此互相講論，方可有裨於實學。」康熙帝讀書：讀書、講論、體驗、篤行——改變了以講官進講儒家經籍的陳規舊例，從而開創經筵大典的新局面。「講」是重要的學習，自己明白了，不一定能講明白。這一點我在「百家講壇」講課深有體會。有些問題，不講的時候以為已經研究明白了，但是一講就發現還沒有真正弄明白。非得真明白，才能講明白。

　　康熙帝讀書，除儒家經典外，也涉獵史部的《史記》、《漢書》、《資治通鑑》等，還遍讀道、釋、醫、農以及諸子百家之書。他說過：「至若史、漢以及諸子百家、內典、道書，莫不涉獵，觸事猶能記憶。」還讀醫書、藥書、農書、地理書、治河書等，幾乎是無書不讀。並學習西方的天文、數學、物理、化學、農學、地理、醫學、藥學、測繪、語言、音樂、繪畫、人體解剖等知識。康熙帝勤奮學習，使他成為當時學貫中西的學者，既值得稱道，也值得學習。

　　康熙帝讀書重點，一是經，二是史，讀經與治史，互相參證，相輔相成，從「經」中「探求治天下之大道」，闡發義理；從「史」中瞭解世運升降、君臣得失、治國之道。法國耶穌會士白晉說，康熙帝對《通鑑綱目》「整部內容豐富的歷史是如此精通，以致要指出一些他不能立刻回憶起來的史實是很困難的」。

　　康熙帝將經、史、子、集打通，汲取儒學的治道、歷史的治鑑、諸子的智慧、文學的涵養，以及西學的科技，陶冶自己的素養，提升治國的能力。

　　老年通學，「通」是融通、貫通的「通」，就是說康熙帝晚年的讀書學習能夠融會貫通。康熙帝在學習過程中，嗜學敏求，虛心傾聽，尋繹玩味，啟沃心路，是既通曉儒家的「帝王之學」又熟悉歷史的封建君主。

康熙帝強調：「書不貴多而貴精，學必由博而致約。」說明他讀書學問，愈老愈純，愈老愈通。讀書的過程，是一個三段式的過程，就是少→多→少的過程，也就是寡→博→約的過程。

他不像有的帝王那樣，或為附庸風雅，或徒具虛名，或自我炫耀，或自欺欺人。在讀書中，他體驗了心靈樂趣與實用價值。「聖人扶陽抑陰，防微杜漸，垂世立教之精心，朕皆反覆探索，必心與理會，不使纖毫扞格。實覺義理悅心，故樂此不疲。」

康熙帝說：「朕閒暇時，與熊賜履講論經史，有疑必問。」他問大儒熊賜履讀書切要之法。熊賜履答：「凡讀書全要得古聖人立言之意。得立言意，中心默識，應事接物，方才得力。」「博學篤志，切問近思，為聖門求仁之方。」就是說，讀「聖賢之書」，要領會其立意，掌握其實質，並非死記紙上的字句。康熙帝說：「誠然。」他說：「人君講究學問，若不實心體認，徒應故事，講官進講之後，即置之度外，是務虛名，於心身何益？」

經常有人問我：應當怎樣學習？我認為康熙帝的讀書人生是很值得借鑑的。少年讀書，重在培養興趣，貴在養成習慣；青年讀書，重在打下基礎，貴在讀懂扎實；盛年讀書，重在博覽群書，貴在提高素養；老年讀書，重在回眸人生，貴在融會貫通。所以，康熙帝的讀書人生，有普世意義。

二、讀書學習的四種境界

康熙帝讀書，有四種境界——欣然、憤然、敬然、陶然的境界。

一是欣然境界。欣，是欣喜、欣悅。康熙帝讀書，有一種欣然的境界。玄燁小時候即以讀書為樂。史書記載：「皇上沖齡讀書時，奉聖夫人（康熙帝保姆孫氏）愛護聖躬，恐勤誦過苦，乃匿所讀書，冀得暫輟，皇上必索讀之不少休。」（《康熙起居注冊》康熙二十三年十一月十七日）

良心要實，學心要虛。讀書學習，必要虛心。他說：「人心虛則所學進，盈則所學退。朕生性好問，雖極粗鄙之夫，彼亦有中理之言，朕於此等，絕不遺棄，必搜其源而切記之。」（玄燁《庭訓格言》）有了虛心，才能用功。康熙帝常對大臣說：「朕在宮中，手不釋卷。」「學問之道，宜無間斷。」（《清

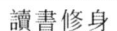

史稿》卷六《聖祖本紀一》）玄燁勤奮讀書，常常至於深夜：「五齡以後，好學不倦，丙夜披閱，每至宵分！」（《清聖祖實錄》卷一）他常深夜讀書，直至天快亮。祖母太皇太后擔心他因讀書累壞了身體，後來玄燁果真苦讀累得吐血！（《清聖祖實錄》卷一）

二是憤然境界。憤，是發憤、激憤。康熙帝讀書，有一種憤然的境界。《論語·述而》：「不憤不啟，不悱不發。」朱熹註釋：「憤者，心求通而未得之意。」我前面講過，中西曆法之爭，他深切地感到：自己不懂得，怎能定是非？於是，發奮讀書學習。我引述他講的一個故事：「朕幼年習射，耆舊人教射者，斷不以朕射為善。諸人皆稱曰：善！彼獨以為否，故朕能騎射精熟。爾等甚不可被虛意承順讚美之言所欺。諸凡學問，皆應以此，存心可也。」（玄燁《庭訓格言》）他的體會是：「凡事可論貴賤老少，惟讀書不問貴賤老少。讀書一卷，則有一卷之益；讀書一日，則有一日之益。此夫子所以發憤忘食，學如不及也！」（玄燁《庭訓格言》）「學如不及」也是心求通而未得的情態。就是在三藩之亂，局勢艱難，京師地震，官民驚恐，十分困難之際，康熙帝依舊堅持經筵進講不可廢誤。

總之，康熙帝認為：「凡人進德修業，事事從讀書起。多讀書，則嗜欲淡；嗜欲淡，則費用省；費用省，則營求少；營求少，則立品高。」（玄燁《庭訓格言》）

三是敬然境界。敬，是尊敬、恭敬。康熙帝讀書，有一種敬然的境界。在《庭訓格言》中，「敬」字出現四十一次。朱熹說：「為學之道，莫先於窮理。窮理之要，必在於讀書。讀書之法，莫貴於循序而致精。而致精之本，則又在於居敬而持志。」（《朱文公文集》卷一四《甲寅行宮便殿奏札二》）就是說，學習重在窮理，窮理重在讀書，讀書重在精通，精通重在「居敬」，精髓在於一個「敬」字。

有了敬心，才會好學，向智者學，向長者學。康熙帝說：「人多強不知以為知，乃大非善事。是故，孔子云：『知之為知之，不知為不知。』朕自幼即如此。每見高年人，必問其以往經歷之事，而切記於心，絕不自以為知，而不訪於人也！」（玄燁《庭訓格言》）

四是陶然境界。陶,是和陶、樂陶。康熙帝讀書,有一種陶然的境界。《詩經·王風·君子陽陽》:「君子陶陶。」我借用《詩經》裡的「陶」字,說明康熙帝學習的陶然心境。他自己也說「讀書樂志」。如康熙二十四年(1685年)三月,康熙帝在理政之餘,通讀《資治通鑑》,並將《資治通鑑》、《資治通鑑綱目》、《綱目大全》三部編年體史書,仔細通讀,硃筆圈點,做出批注,達一百零七則。他在《序文》中說:「自元旦以至歲除,未嘗有一日之間,即巡幸所至,亦必以卷帙自隨。」(《御製資治通鑑綱目序》)《資治通鑑綱目》一書,他先後通讀、細讀了四遍。(宋犖《漫堂年譜》)他將讀書學習看作是一種和悅的、快樂的事情,要讀到愉悅,讀到賞心,讀到快樂,也讀到幸福。

三、讀書學習的四點經驗

康熙帝讀書,有四點經驗——貴恆久、貴思悟、貴知行、貴著述。值得思考,值得借鑑。

一貴恆久。康熙帝讀書,既重恆,又重久。一個人,讀點書並不難,難的是長久堅持;一個人,平時讀書並不難,難的是動盪時靜心堅持讀書。所以,一個人讀書的恆久,既表現為平常時堅持,更表現為困難時堅持。康熙帝讀書有毅力,善堅持。在平定三藩之亂時,局勢緊張,寢食難安,「每日軍報三四百疏,手批口諭,發縱指示」,這種情況下他還堅持讀書學習。

康熙帝學習之所以恆久,一以貫之,關鍵在毅力。以書法為例,他說:「朕自幼嗜書法,凡見古人墨跡,必臨一過,所臨之條幅、手卷將及萬餘,賞賜人者不下數千。天下有名廟宇禪林,無一處無朕御書匾額,約計其數亦有千餘。」(玄燁《庭訓格言》)康熙帝對書法,頗下功夫,「聽政之暇,無間寒暑,唯有讀書寫字而已」。他學明董其昌字體,翰林沈荃曾教他書法。他又向善於書法之人學習,用筆時輕重疏密,或疾或緩,各有體勢,因而有異於尋常人的書法。他說:「學書須臨古人法帖,宮中古法帖甚多,朕皆臨閱。有李北海書華山寺碑,字極大,臨摹雖難,朕不憚勞,必臨摹而後已。朕性好此,久歷年所,毫無間斷也。」(《清聖祖實錄》卷二一)宮中古法帖甚多,他都賞閱臨遍。在他五十初度後,曾向大臣們說:「朕自幼好臨池,每日寫

千餘字,從無間斷,凡古名人之墨跡、石刻,無不細心臨摹,積今三十餘年,實亦性之所好。」白晉在給法王路易十四的奏報中說:康熙皇帝「寫得一手漂亮的滿文與漢文」。康熙帝的書法能不能躋身於書法名家之林?我認為:完全可以。

二貴思悟。康熙帝讀書,既重思,又重悟。康熙帝說:「讀書務求實學,若不詢問、覆講,則進益與否,何由得知?」因而經筵講學,以皇帝聽講與親講相結合的方式進行。康熙十六年(1677年)六月初五日,他親自講述,評論是:「講論精微,義理融貫。」

不讀死書,不信空文。康熙帝說:「凡看書不為書所愚始善。即如董子(仲舒)所云:『風不鳴條,雨不破塊』,謂之昇平世界。果使風不鳴條,則萬物何以鼓動發生?雨不破塊,則田畝如何耕作布種?以此觀之,俱係粉飾空文而已。似此者,皆不可信以為真也。」(玄燁《庭訓格言》)

玄燁讀書,追問根底。他看到石魚即魚化石後,查閱《水經注》、《酉陽雜俎》、《池北偶談》等書有關記載後,發問:「其與魚俱生耶,抑魚之化?」是魚與石同時生的,還是魚化作石的呢?又如,對潮汐現象,他到山海關、天津、錢塘江等處觀察潮漲潮落,詢問當地人,並問西洋傳教士地中海的情況,還觀察泉、井水位的變化,命人做記錄,最後得出同先賢一致的結論:「屬月之盈昃,其理甚明。」(《康熙幾暇格物編》)

讀書只有讀到不忍放下,才算真正品出書中真趣。玄燁讀書,達到了這個境界。他引述朱熹的話:「讀書須讀到不忍捨處,方是得書真味。若讀之數過,略曉其義即厭之,欲別求書者,則是於此一卷書,猶未得趣也!」認為此言極是。他說:「朕自幼亦嘗發憤讀書、看書,當其讀某一經之時,固講論而切記之。年來翻閱其中,復有宜詳解者。朱子斯言,凡讀書者,皆宜知之!」(玄燁《庭訓格言》)朱熹的意思是:書必須讀到廢寢忘食、不願意放下時,那才是體會到書中的真正滋味。如果書讀了幾遍,知道了大意,就放棄它,再去尋找別的書來讀,那麼,對於這本書來說,就沒有得到它的旨趣。康熙帝說自己從小就曾經發憤讀書,刻苦學習。當讀到某一經典時,

就一定要讀懂它，講論它，把它牢牢記住。近年，翻閱以前讀過的書，又發現了一些地方應進一步深入理解。朱子的這些話，讀書的人，都應知道。

三貴知行。康熙帝讀書，既重知，又重行。他說：「明理最是緊要，朕平日讀書窮理，總是要講求治道，見諸措施。故明理之後，必須實行。不行，徒空談耳。」又說：「讀書得之雖多，講論得之尤速，思慮得之最深，行事得之最實。」（玄燁《庭訓格言》）那麼他怎樣知行呢？在生活方面，南巡的船，他試坐多種，後親自參與設計、製作。凡做事情，要人行，己先行。在康熙帝親征噶爾丹的行軍路上，運糧困難，其實不管軍糧有多困難，保證康熙帝吃飯的糧食還是可以保障的，但他克己嚴行，說：「將士每日一餐，朕亦每日進膳一次。」在如此艱苦條件下，午夜特呈緊急軍報時，他還在燈下看書呢！

玄燁讀書，重視實驗。在讀書過程中，還演算題，做測量，做實驗，在北京城頭占風、派人探測黃河源頭、解剖冬熊瞭解其胃中食物等，都像專家做學術研究一樣。他讀書不為表演，不圖虛名，而是對書中義理真正有了興趣，想做深層探討。因此，他後來成為一位學術造詣很深的君主。

康熙帝在《通鑑綱目》滿文譯本序文中說：「朝夕起居之時，循環披覽，手未釋卷，以是考前代君臣得失之故，世運升降之由，紀綱法度之所以立，人心風俗之所由純。事關乎典常，言有裨於治體，靡不竟委窮源，詳加論斷，如是者有年矣。」他引述朱熹的話：「朱子云：讀書之法，當循序而有常，致一而不懈，從容乎句讀文義之間，而體驗乎操守踐履之實，然後，心靜理明，漸見意味。不然，則雖廣求博取，日誦五車，亦奚益於學哉！此言乃讀書之至要也。人之讀書，本欲存諸心、體諸身，而求實得於己也。如不然，將泛然讀之，何用？凡讀書人，皆宜奉此以為訓也！」（玄燁《庭訓格言》）就是說，讀書的方法，應當循序漸進，堅持不懈。從文字語義中，從容領會其真意；在德行操守方面，力行而體驗。然後，做到心中平靜，道理明晰，從而體味出妙旨。否則，即使博覽群書，一天讀書五車，於治學無益。

他在《御纂朱子全書序》中說：「朕讀其書，察其理，非此不能知天人相與之奧，非此不能治萬邦於衽席，非此不能仁心仁政施於天下，非此不能

外內為一家。」因此，康熙帝崇尚理學的期待是：其一，為了「天人合一」；其二，為了統治萬邦；其三，為了仁政治國；其四，為了天下一家。這就是強調從思想文化方面鞏固清王朝的一統天下。

四貴著述。康熙帝讀書，既重編，又重著。康熙帝認為圖書的功能是：「能令古今人隔千百年覿面共語，能使天下士隔千萬里攜手談心，成人功名，佐人事業，開人識見，為人憑據。」（玄燁《庭訓格言》）所以，他一方面親自組織、編纂了大量書籍，如《康熙字典》、《全唐詩》、《律歷淵源》、《皇輿全覽圖》、《古今圖書集成》等，既是古代典籍的整理，也是自身體驗的總結，形成了在中國版本史上極有影響的書品精良、版式美觀的「康版」；另一方面，他勤於筆耕，撰寫了詩文集。學習與著述，就像春蠶，讀書如吃桑，著述則如成繭。

康熙帝所著文，由臣下整理成《康熙御製文集》一至四集，共一百七十六卷，武英殿版，陸續雕印。康熙五十年（1711年）以前的著述，為一至三集，一百四十卷；康熙五十一年到六十一年（1722年）的著述為第四集，三十六卷。《康熙御製文集》中的大部分是他在世時親自主持，由大學士張英與詹事府詹事高士奇等人協助完成的。第四集則是在他身後由雍正帝刊行的。

康熙帝《御製詩集》收錄一千一百四十七首七言與五言詩及少量詞，題材廣泛，內容豐富，是他親歷活動的紀錄，可補正史之不足，具有重要的史料價值。

康熙帝《幾暇格物編》，共九十三篇文章。他喜愛讀書，留心考察，潛心研究，勤於著述。當他出師、行獵或巡視各地時，注意到各地的方言習俗、山川物產、動物蟲魚、藥材草木等的異同關係。如蝗蟲滋生的規律，各地農作物像水稻、小麥、西瓜、葡萄等等生產的情形。又因為他學過西洋的科學知識，他對自然界的若干現象也有所論述，例如他注意到黑龍江西部察哈延山「噴焰吐火，氣息如煤」的奇特現象。他從瀚海的螺蚌殼，推知遠古蒙古大沙漠曾是水鄉澤國。他也曾在一次打獵後，命人將一隻冬眠熊解剖實驗。這是他學習西方解剖學後的一次親身實驗。康熙帝探討人體生理構造，命令

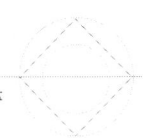

西洋人把西文《人體解剖學》譯成滿文本（《張誠日記》），由於大臣反對，沒有雕梓印行。

康熙帝《庭訓格言》更值得一提。他晚年體弱多病，親自口述，由皇子或侍從筆錄，雍正帝繼位之後出版。這本《庭訓格言》是以康熙帝一生體驗為主，告訴後人一些有益的做人處事、讀書修身的道理。全書兩萬七千四百一十九個字，共二百四十六條，講述養心、修身、齊家、治國、平天下的經驗與道理。其中多是《清實錄》與《聖訓》所闕，有重要價值。書中有六分之一條數是講讀書學習的。如康熙帝引述孔子「吾十有五而志於學」後論道：「聖人一生，只在志學一言，又實能學而不厭，此聖人之所以為聖也！千古聖賢與我同類，人何為甘於自棄而不學？苟志於學，希賢希聖，孰能御之？是故志學乃作聖之第一義也。」（玄燁《庭訓格言》）就是說，聖人不是高不可攀的，聖人之所以成為聖人，其關鍵是兩個字——志學。如果一個人立志於學，一以貫之，成賢成聖，誰能阻擋？所以，「志學」是做聖人的第一要義。

康熙帝過分推崇儒家理學部分，作為文化遺產，或許今天已不適用；他的讀書之道，今天卻仍可借鑑。康熙帝的讀書經驗，如讀書「四個階段」——少年好學、中年苦學、盛年博學、老年通學，讀書「四種境界」——欣然境界、憤然境界、敬然境界、陶然境界，讀書「四點經驗」——貴恆久、貴思悟、貴知行、貴著述，於今人，猶可鑑。

（本文是在《天津日報》一次講座的講稿，後加修改，收入本集時又做了補充。）

良師益友話讀書

大家好！

在南京圖書館建館一百週年、南京圖書館新館全面開放之際，我作為一個圖書館的讀者，向南京圖書館建館一百週年，向南京圖書館新館全面開放，表示熱烈的祝賀，並致以誠摯的敬意！

今天，我非常高興地到南京圖書館跟諸位見面。我是一個讀者，我們在座的諸位也是讀者，我以讀者的身分和諸位做一個讀者與讀者之間的文化交流。今天的主題是圖書，所以我演講的題目是「良師益友話讀書」。

一、書為師友

大家知道過去的八股文，開篇要破題。現在很多論文，開篇也是破題。我今天要講的第一個內容就是「良師益友話讀書」的解題。

先說「良師」。我是虛歲八歲（週歲七歲）開始正式上小學。我記得很清楚，上學的第一件事情，就是家長帶著到學校，老師旁邊引領，在孔夫子牌位前磕頭。磕完頭，老師就把我帶到教室開始上課。所以我腦子裡第一個印象是「師」，老師的師。第一位老師是誰？是孔夫子。我幼小心靈對老師是由衷地崇敬。大家知道康熙帝六次南巡，康熙二十三年（1684年）第一次南巡，途中到了山東曲阜，第一件事情就是祭拜孔夫子。他進曲阜文廟大成門之前，孔子後裔衍聖公孔毓圻率子孫迎駕，孔氏的子弟，年十六歲以上，跪著在道路兩旁夾道歡迎康熙帝。這說明什麼？說明孔子後裔接納了康熙帝對儒學的尊重。康熙帝是滿洲人，他坐著轎到了大成門前下轎，放下帝王尊嚴，步行到大成殿，對孔夫子塑像和牌位，行三跪九叩大禮。康熙是皇帝，大學士、六部尚書等都要給他三跪九叩，康熙帝卻向一個漢人、向孔子的塑像和牌位，行三跪九叩大禮，這說明什麼？說明康熙帝接納了漢族的儒家文化。然後康熙帝送了一個匾懸掛在大成殿正中，匾上四個大字：萬世師表。在這個地方，康熙帝還講過一番話：「先師德侔元化，聖集大成，開萬世之文明，樹百王之儀範，永言光烈，莫不欽崇。」先師指孔子，孔夫子開創了萬世之文明，樹立了百王之儀範。他以欽佩崇敬的心情，向孔夫子頂禮膜拜。然後就到了南京，明孝陵雜草叢生，明故宮也斷垣殘壁。他到明孝陵舉行祭禮，然後說了一番話：「明太祖係一代開創令主，功德並隆。」這個話不容易呀！他的爺爺是皇太極，他的曾爺爺是努爾哈赤，而皇太極怎麼對待朱元璋的？皇太極說：明太祖朱元璋原來不過是一個窮和尚而已。爺爺把朱元璋看作一個窮和尚，孫子卻說明太祖是一代開創令主。康熙帝後來又寫「治隆唐宋」匾額，懸掛在明孝陵。明太祖朱元璋治理的一代王朝，等同於唐太宗、

宋太祖，這就是接受了漢族的儒家文化，並表態要將滿洲東北漁獵文化融入漢族中原農耕文化。

我在這裡還是要強調一個「師」字。1966年，我從北京騎自行車沿著京杭大運河，經天津、德州、揚州、蘇州、南京，到達杭州。大約三千五百華里，其中我騎到了曲阜，我說看看曲阜「三孔」——孔府、孔廟、孔林（孔氏墳墓）。我先到了孔廟，這個時候是「造反派」譚厚蘭帶領紅衛兵到曲阜「批孔」，大成殿裡的孔子塑像被開了膛，裡面呢？我從來沒有見過，裡面塞滿了棉花，棉花被拽出來，大成殿的內外，到處棉花飛揚。這一夥人如此對待「萬世師表」的孔子，亙古所無，罪莫大焉！這是對中華傳統文化的踐踏和玷汙。

我還要說一點「師」。韓愈《師說》裡講：「師者，傳道、授業、解惑也。」師，有一時之師，有一地之師，有一事之師，也有一字之師，難得有終生之師。幼稚園、小學、中學、大學的老師，雖俗說是「一日為師，終身為父」；但老師往往是一個地方、一所學校、一段時間的老師，很少有終生的老師。當然，終生的良師更少。以上是說「良師」。

次說「益友」，朋友的友，師是傳道、授業、解惑，而友呢？友是同道交心、友好相助啊。朋友第一是同道，你不同道能做朋友嗎？第二是交心，有些高興的事情，跟朋友分享一下；有些煩惱的事情，跟朋友傾訴一下。第三是相助，朋友有益友，也有損友。困難時傾力相助的是益友，困難時落井下石的是損友。友，有一時之友，有一地之友，有一事之友，也有一助之友，但難得有終生之友。一個人一輩子有幾位終生良友就足矣。我個人認為，五同——同師、同學、同鄉、同事、同行，雖很友善，很親近，但不一定是朋友，更不一定是終生的朋友，只有圖書才是終生的朋友。

況且，老師和朋友還是雙向選擇，我想跟您交朋友，您不願意，我們還是不能成為朋友；老師也是這樣，我想拜您做師，您不願意，特別是藝術界更明顯，還是不能成為恩師。兩廂情願可以，一廂情願不行。我想：一個人有沒有終生的良師益友？我說有——這個終生的良師益友就是書，就是咱們南京圖書館藏的那些書。以上是說「益友」。

再說「讀書」。《三字經》一千一百二十二個字，反反覆覆，礪人讀書，開頭二十八句、八十四個字，講讀書；結尾十五個故事、八十八句、二百六十四個字，勸讀書。為什麼要讀書？因讀書有八益：長知識、悅心目、健身心、增智慧、辨正邪、利資治、悟道理、達至善。下面我講康熙帝「志學」讀書的故事。

康熙五歲讀書，八歲登極，萬幾之暇，手不釋卷。於儒家經典，日日必讀，字字成誦。十七八歲時，「好學不倦，丙夜披閱，每至宵分！」（《清聖祖實錄》卷一）讀書過勞，至於咳血，仍不肯休息。「自元旦以至歲除，未嘗有一日之間，即巡幸所至，亦必以卷帙自隨。」（《御製資治通鑑綱目序》）康熙帝說：「凡人進德修業，事事從讀書起。多讀書，則嗜欲淡；嗜欲淡，則費用省；費用省，則營求少；營求少，則立品高。讀書之法，以經為主。苟經術深邃，然後觀史。觀史，則能知人之賢愚，遇事得失亦易明瞭。」（玄燁《庭訓格言》）讀書能養身，科學有論證。有人做過調查和統計，心專志一的科學家、藝術家比一般人高壽。要讀書，必心靜。于謙詩云：「清風一枕南窗臥，閒閱床頭幾卷書。」（《忠肅集》卷十一）靜心讀書，平淡如水，忘卻煩惱，心裡平衡，有利健康。心境不靜，雜念叢生，內心躁動，生理失衡，免疫性弱，易染疾病。讀書學習，既能養心，又能養身，身心雙養，健康長壽。

人生當中，幼年時期以父母為伴，中年時期以事業為伴，老年時期以妻子為伴——然而，有沒有終生為伴的？有沒有單向選擇終生的良師益友？有，這就是書。所以說，圖書是我們終生為伴的良師益友。

古人說：「宇宙間物，人盡取之，獨書一事，留遺我輩。」（《戴名世集》卷一）人人都可以書做良師益友。所以，書是每一個人——不分男女老幼，不分貧富貴賤，不分民族宗教，不分時間空間，都可以作為良師益友的，而且可以做終生的良師益友。我今天講「良師益友話讀書」，破題就講這麼個意思，跟大家討論。

二、擇書「五要」

　　既然書可以做我們終生的朋友，朋友是要選擇的，選什麼書作朋友？書太多了，有一次我到北京圖書大廈參加和讀者見面的活動。這座圖書大廈是八層樓，排隊讀者順著樓梯排，從八層、七層、六層、五層、四層、三層、二層、一層，到地下一層、二層，完了又轉圈排。我順便問書店總經理上架圖書有多少？回答有三十萬種。有一次我到深圳新開的圖書城，單層面積據說是全世界書店最大的，何春華經理告訴我同時上架的書有三十萬種，而且每天在不停地更新。這麼多的書，怎樣選書？我想了幾條，跟大家討論。

　　第一，選讀經典。經典是一個時代文化和智慧的精華。我個人的體會，有一定文化的人，不分男女老幼，都應該讀一點經典。閱讀經典，思想深邃。中國儒學傳統經書叫做：「四書」和「十三經」，「四書」包括《大學》、《中庸》、《論語》、《孟子》，「十三經」包括《詩經》、《尚書》、《易經》、《周禮》、《儀禮》、《禮記》、《春秋左傳》、《春秋公羊傳》、《春秋穀梁傳》、《孝經》、《爾雅》和《論語》、《孟子》（有重疊）。這十三本經書，我們不參加科舉考試、不做專業研究，沒有時間，也沒有必要全讀。咱們簡化一點，從「四書」裡學。「四書」中《大學》一千七百五十三個字，《中庸》三千六百五十七個字，《論語》一萬五千八百七十六個字，《孟子》三萬五千二百六十一個字，共計五萬六千五百四十七個字。我建議讀經先讀一本書，就是讀《大學》。《大學》開宗明義曰：「大學之道，在明明德，在親民，在止於至善。」這是「三綱」，還有「八目」就是「格物、致知、誠意、正心、修身、齊家、治國、平天下」。過去念書，《大學》是一部入門書。《論語》、《孟子》我們現在也沒有時間讀，大家都挺忙的。今年五月份我和于丹老師去臺灣。她講《論語》，我講清史。臺灣的一位女記者，大概有三十歲左右，她說：「我跟您說，《論語》啊，《孟子》啊，我們全會背。」我說：「您是媒體精英，別人不一定會背。」她說：「我們不會背中學就不能畢業，所以中學畢業的全會背。」我當時愣了一下，後來我回到飯店就跟他們說這事。我們今天大陸大學中文系的，不要說學生，就是博士生導師能夠把「四書」

全背下來的，不敢說一個沒有，大概是幾乎沒有。所以，我建議讀一點經書，首先是讀《大學》，有朱熹註釋，並不太難懂。

第二，選讀史書。有人說：「我不是大學歷史系的，也不是做歷史研究的，而是做科技的，幹嘛要讀史書？」我覺得做自然科學，做社會科學，都要讀點歷史。閱讀史書，增長智慧。我講一個例子來說明這個問題。我看報紙登了一個消息，就是新上任的衛生部部長陳竺（2007～2013年任中國衛生部部長），他是學醫的，是院士，在一個討論中醫和西醫關係的研討會上，他發言先講《列子·湯問》中的一個故事：孔子有一次出去，看到兩個小孩在爭論，爭得面紅耳赤，爭論什麼問題呢？爭論太陽。一個小孩說，這個太陽早上起來的時候，很大，離我們很近，中午太陽離我們很遠，中午太陽會小；另一個小孩不同意，說不對，你說得相反，早上起來，太陽離我們遠，中午離我們太陽近，理由呢？中午太陽很熱啊，熱不離我近嗎？這實際上是引了歷史的故事，然後他就說這兩個小孩是各看一面，就跟人們看待中醫和西醫一樣。他說西醫看病局部清晰，整體模糊，胃長個瘤子，透過胃鏡、CT等能看得很細；中醫看病是局部模糊，整體清晰。他利用這個例子來說明中西醫的特點。他在討論中西醫關係的時候，用了歷史上的故事來進行討論，說明什麼呢？說明學習自然科學的，學習工程技術的，學一點歷史也有好處。學一點歷史從哪著手呢？你喜歡人物，就看歷史人物傳記，那我喜歡康熙，就看看康熙帝的傳，喜歡張居正，就看張居正的傳。或者喜歡某一段歷史，歷史的一個剖面，去年我講「明亡清興六十年」，就截取這段歷史的一個剖面。我們從人物、事件、典制等剖面入手也可以。

第三，選讀名書。就是讀名家、名著、名篇。名家的作品，代表了一個時代或者一個群體或者一個地域的智慧與精華。譬如先秦七子——老子、莊子、孫子、墨子、荀子、管子、韓非子，又如唐朝李白、杜甫、白居易，李、杜、白的詩就是唐詩高峰的代表。大家知道有個《全唐詩》，《全唐詩》是康熙帝讓江寧織造曹寅負責編纂的，南京的江寧織造署不是要復建嗎，這曹寅很有意思，他媽媽孫氏在康熙帝小時候給他當保姆，清朝有個規矩就是皇子皇女生下之後，從媽媽身邊抱走，誰看著呢？乳母餵奶，保姆照看，他媽媽很難再見到這孩子。康熙帝上學的時候，曹寅是伴讀，陪伴著讀書，所以

曹寅後來受到康熙帝重用，被派到南京這兒做江寧織造。康熙帝六次南巡，曹寅四次在這兒接駕。康熙帝委派曹寅主持編纂《全唐詩》，一年多的時間把它做出來不容易啊，四萬八千九百多首詩，收錄兩千二百多個作者，一共九百卷。我們今天看的《全唐詩》基本上還是那個本子。那兩千多個詩人你怎麼去看啊？所以選名人，唐詩如選李白的，但名人不是所有作品都是名著。一個人可能出了很多集子，其中有幾本集子具有代表性，有幾本集子搭配出書，所以要選名人、名著、名篇。讀名人、名著、名篇，省時間，收效大。如名人司馬遷，名著《史記》，名篇《太史公自序》。今人的書，也是如此。這樣就像蜜蜂採花一樣，從花蕊裡選擇最精華的東西來營養自己，從而可以事半功倍。

第四，選讀新書。看書要抓兩頭，一頭是古的，根源性的；另一頭是新的，現代性的。前者如《康熙字典》，為什麼受歡迎啊？其中一個原因就是它的例句，是用最早第一次出現的，有原生性，有學術性，這個例句漢朝有，唐朝有，宋朝有，元朝也有，但最早是漢朝，他選出漢朝那個例句，你一下就找到它的根源了。樹要挖根，水要探源，最新的那個著作是流，不是那個源，跟長江一樣，你要分清它的源和流。最新的著作，有代表性的著作，我建議翻一翻，我有時候書看不過來，但最近出版的影響大的書，我一定要翻一翻。反映當前文化和學術最新研究成果的書，要擠時間多讀一些的。

第五，選急需書。我舉一個例子，那天我看報看到兩個字，這兩個字我不認識：第一個字，左偏旁為「更」，右半邊為「差」，不知道在座的有認識這個字的沒有？第二個字，左偏旁還為「更」，右半邊為「取」。這兩個字唸什麼呢？當什麼講？不會讀，不認得，這叫急需，趕緊查——查《辭海》沒有；查《辭源》沒有；查《現代漢語詞典》更沒有；查《中華字海》（收了八萬多個字，據說到現在為止，是收字最多最全的一部辭書），也沒有；再查《中文大字典》（四十二卷本），還沒有。急需，你得查啊，查《康熙字典》裡有，而且還有讀音，前者唸「詫」，後者「聚」，古代音「詫聚」，現在音「茶渠」，是現在河北省行唐縣屬一個村的名字，村民叫甏甀村。什麼意思呢？我看過一個材料，說這兩個字意思是惡，善惡的惡，說這村過去

治安不好，所以給它起這個名。這是傳說或臆說。《康熙字典》沒有這解釋，說行唐縣北村名，就是個村名、地名。

再舉一個例子，大家都知道鄭成功收復臺灣，什麼時候收復的？查《辭海》，康熙元年（1662年）鄭成功收復臺灣。《辭海》還能有錯嗎？正好有幾個研究臺灣歷史的博士到我家，我說考考你們：鄭成功收復臺灣是什麼時候？兩個博士說康熙元年啊！我說不對，錯了，錯在哪兒？《辭海》怎麼錯了？這是急需解決的問題，要查！鄭成功收復臺灣，就是荷蘭總督向鄭成功投降、簽字這天，是順治十八年十二月十三日，順治十八年是西元1661年；十二月十三日呢？其公曆是1662年2月6日。《辭海》錯在什麼地方呢？如說帝王紀年，必須說順治十八年；如說康熙元年則不對，為什麼呢？因為順治十八年十二月二十九日是其最後一天，第二天就是康熙元年元月元日。而順治十八年十二月十三日收復臺灣，到康熙元年元月元日還有十六天呢！過了這十六天才進入康熙元年呢！事情沒有發生在康熙元年，而是發生在順治十八年，對吧？要說西元也可以，那就是西元1662年2月6日；要說帝王紀年也可以，那就是說順治十八年十二月十三日。《辭海》就在這個節骨眼上搞錯了。所以，帶著急需解決的問題看書，印象深，學得牢。

以上五點建議，聊供大家參考。

三、讀書「五貴」

怎麼讀書？我提點個人的看法和體會，就是讀書「五之訣」：博學之、精約之、恆久之、思悟之、篤行之，就是貴博、貴精、貴恆、貴悟、貴行。

第一，貴博。食要吃五穀雜糧，書要讀諸子百家。應當博覽群書，不能讀得太少、太窄，太少、太窄就會孤陋寡聞。這次我去臺灣，招待我的林載爵先生也是做書的專家，五十歲上下，吃飯的時候，一會兒背唐詩，一會背漢賦，博學多聞，素養很高，給人的感覺是「腹有詩書氣自華」。所以讀書要博，以康熙帝來說吧！經書，「四書五經」他都讀過；史書，「前四史」、《資治通鑑》他也都讀過，甚至通讀、熟讀；詩，他自己做詩選，做了宋、金、元、明的《四朝詩選》，還做《唐詩選》等。這是人文社會科學方面，還有

自然科學方面。他學數學、天文學、曆法學、物理學、化學、地理學、測繪學、輿圖學、生物學、醫學、藥學、音韻學、解剖學等。而且有些知識水準很高，比如說數學。做皇帝，處理完了公務，業餘時間研究科學，寫論文，他的論文集《幾暇格物編》，收錄九十三篇。康熙帝很有意思，到了山海關海邊，見到海浪思考為什麼有漲潮、退潮呢？到了錢塘江海邊，這兒的海怎麼也有漲潮、退潮啊？又問耶穌會士，知道地中海也有漲潮、退潮。他就看書研究，最後他的結論是月亮盈虧影響到地球海洋有潮漲、潮落，你看這做皇帝的都做這麼細，就是要博。清人張英書房自書聯曰：「讀不盡架上古書，卻要時時努力；做不盡世間好事，必須刻刻存心。」（姚元之《竹葉亭雜記》卷六）讀書應當廣博一些。

我有一個看法不一定對。我說康熙帝有大過人之處，別人做不到的他能做到；他為什麼有大過人之處？因為他有大過人的思想，思想指導行動；他為什麼有大過人的思想？因為他有大過人的學習。中華的經史子集他懂，國外的數理化生他也懂，他比別人知識多，比別人思考多，所以我說，康熙帝之所以有大過人之處，因為他有大過人的思想，之所以有大過人的思想，因為他有大過人的學習。因此，我建議讀書要博一點，這跟蓋樓一樣，我們大樓蓋的是十層樓，後來覺得矮了，想加蓋幾層，但不行，因為打的是十層樓的地基，往上加不了，如果當時打成十五層樓地基的話，當然還可以再往上加。知識也是這樣，你的知識博到什麼程度，思想的高度就能到什麼程度。

第二，貴精。朱熹說：「為學之道，莫先於窮理。窮理之要，必在於讀書。讀書之法，莫貴於循序而致精。」（《朱文公文集》卷十四）這裡強調讀書要精。《三字經》也說：「教之道，貴以專。」都是說讀書貴精、貴專。書讀了很多，應該有幾本書把它讀精、讀爛、讀熟、讀透！我建議在自己書案上放幾本看家的書，經常看，隨時看，長久看。哪幾本看家書？每個人情況不一樣，自己選擇。有一次有個記者問我：「閻老師，您就說一本書，您經常看的一本書。」我說：「好吧！我說一本，《說文解字》。」他一愣，說：「為什麼要看《說文解字》？」很簡單，像我們這樣的，吃飽飯就是看書，就是寫東西，這是專業，天天跟文字打交道，和書打交道，沒有一天不看書的，包括「五一」、「十一」、春節七天長假。你要看書，就要認字，字是所有

文章的基礎，要把字搞清楚。字要是搞不清楚，用北京的一句俗話——就是瞎掰！這個字的形音義要明白，訓詁也要明白。中國所有字典的根，就是漢朝許慎的《說文解字》。碰到一個字，就查一查。不但明白了意思，而且瞭解了這個字的根源。我最近講「御門聽政」，我這四個字都查了：「御」怎麼講，「門」怎麼講，「聽」怎麼講，「政」怎麼講，電視裡頭我也這麼說了。就說「御門聽政」的「聽」字，《新華字典》、《現代漢語詞典》、《辭海》、《辭源》都解決不了問題，但《說文解字》就能解決問題。「聽」，它的右偏旁是「直」和「心」，直心為德，有德你才能聽取正確意見，心歪了意見就聽歪了。右半邊是會意，左半邊呢？左邊，上面是耳，用耳朵聽；底下很多人認為是「王」字。那個「王」字就不好解釋了，底下為什麼是王字呢？查《辭海》就怎麼也查不明白，查《說文解字》就明白，那不是個王字，是上面一撇、中間一橫一豎，底下又一橫，這個字念廷，朝廷的廷。為什麼念「廷」呢？我們的辭書，基本全錯，那個字寫錯了。如果是「王」，它當中一豎，上面一橫為撇，中間一橫長、底下一橫短，那「聽」的讀音就不好理解了。應當是當中一豎，上面一撇、中間那橫短、底下那橫長，不信大家查《說文解字》，這樣「聽」的讀音就好理解了。所以讀書要精，一個字是這樣，一本書也是這樣。其實有幾本書應經常翻，弄熟了，可能受益比較大。具體看哪本書，就不一樣了，醫生有醫生的看家書，文學家有文學家的看家書，工程師有工程師的看家書，圖書館有版本學、目錄學的看家書。根據自己的情況，選幾本書，經常翻閱，把它讀透了，讀精了。

第三，貴恆。讀書貴在恆久。一個人，讀一本書不難，讀一時書不難，難的是常年讀書，手不釋卷。康熙帝說自己讀書：「自元旦以至歲除，未嘗有一日之閒，即巡幸所至亦必以卷帙自隨。」（《御製資治通鑑綱目·序》）顧炎武也說：「自少至老，未嘗一日廢書。」他常騎著二馬二騾，四方遊學，邊走邊讀。星雲大師談到讀書體驗時說：「讀書貴在有恆。」讀書要一以貫之，既有堅定不移之志，又有勇猛精進之心。我講一個終生讀書的故事。

張秀民（1908～2006年）先生，浙江嵊縣人，《中國印刷史》的著者，2006年底故去，虛歲一百歲。他到廈門大學中文系學圖書分類，1931年二十四歲時畢業。畢業以後到北京圖書館，現在叫國家圖書館，管圖書編

目。在圖書館裡工作的人太多了，能做出重大成績的人卻不容易。儘管守著圖書館這個金礦，而在這座金礦裡能開發、提煉出黃金來實在很難。他花了多長時間啊？他1971年退休，在北京圖書館工作四十年，退休後回老家，又繼續工作差不多四十年，還有上大學的幾年，總算起來是八十年的時間。張秀民先生花了大約八十年的時間，做了一件事情——編著《中國印刷史》。他在北京圖書館工作時，因我常去看書，所以認識張先生。他工作條件很好，在北京圖書館工作的人很多，他能利用這個條件，做出了突出成績。我特意買了一部《中國印刷史》，翻閱了一下，覺得他這部書可以說是空前絕後的。為什麼說空前？因為前頭人沒有做到；為什麼說絕後？因為後來人也難以做到。這是因為：第一，他看了三百五十五種宋版書，每本書都做了詳細的著錄，今天任何一個圖書館的人，很難看到三百五十五種宋版書的原書，且做著錄，大概更難。一般人給你看縮微膠卷就不錯，哪能親手摸這麼多的宋版書！第二，一般人六十歲退休，退休以後摸善本就更困難了。第三，花七十年到八十年時間，集中精力，絕不旁騖，專心致志地做一件事情的人，特別是在物慾橫流、人心浮躁的情況下，埋頭苦幹七十年、八十年的人不多。第四，還有個條件，他長壽健康，活了一百歲，還不糊塗，筆耕不輟。因此，要以這句話自勉：生命不息，讀書不止。

　　第四，貴悟。我這些年讀書的體驗是，讀書最難的就是一個「悟」字，水平高低和學問大小，其關鍵是這個「悟」字。讀書，眼睛「看」並不難，但悟其道就比較難。有些人讀書能悟出道理，就把書讀透了，讀破了，有收穫，有新見。在這裡，我講三個和尚「悟」的故事。

　　第一個是釋迦牟尼。他修行十二年，受盡磨難，終未開悟。一日在菩提樹下，冥思苦練，悟到正覺。他不是死讀書，而是思考，有個昇華，悟到佛的真諦，創立了佛教。

　　第二個是惠能。禪宗五世祖弘忍年老，他的衣缽要傳下去，傳給誰呢？大弟子神秀做偈曰：「身是菩提樹，心如明鏡臺，時時勤拂拭，勿使惹塵埃。」這不是很好嗎！但惠能是掃地的小和尚，他也作偈曰：「菩提本無樹，明鏡

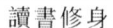

亦非臺，本來無一物，何處惹塵埃！」惠能達到佛學禪理的一個新境界。惠能的偈比神秀的偈，學理高明，禪心精明，悟出了佛教內在的精靈。

　　第三個是懷素。懷素苦練毛筆字，筆禿了，就扔掉，時間久了，形成「筆塚」。他還挑著擔子到陝西，周遊各地，尋師訪友，刻苦學習，摩拓碑帖，可「功到自然成」這句話只說了一半，功到未必自然成。你功夫到、感悟到，就自然成，否則功到而沒有悟到，就不會自然成。這個懷素啊，既是功到，也是悟到。有一天，天庭突然烏雲密佈，雷電交加，那個閃電亮光，龍飛蛇舞，他從中悟出一個道理，寫狂草就應該像閃電那樣「筆下惟看激電流，字成只惟盤龍走」。（懷素《自敘帖》）懷素從此之後，狂草昇華到一個新的境界，被後人譽為「草聖」，草書的聖人。

　　我講這三個和尚的故事，就是要說明一個問題：讀書啊，難就難在這個「悟」字上，最費心思也在這個「悟」字上，高明更在這個「悟」字上。王國維說過：「昨夜西風凋碧樹，獨上高樓，望盡天涯路。」望盡天涯路就是說的博；「為伊消得人憔悴」，最後悟出一個道理，「那人卻在燈火闌珊處」，才得到這個勝利的果實。

　　第五，貴行。讀書為了行，學習為了用。有人飽讀詩書，滿腹經綸，束之高閣，空無一用。這種例子，不勝枚舉。這裡講讀書的用，主要是兩層意思：一是述，二是用；當然，述中也有用。我還是分開來講。

　　先說述。讀書悟出道理，可能後來忘掉，應當把它著述出來。我講自己一個切身的體會吧！我講咸豐帝，電視臺只給我四十分鐘，要把咸豐朝歷史講了。咸豐朝十一年，那麼多的大事，那麼多的人物，四十分鐘怎麼講？你還要講得有意思，否則大家不愛聽。光講故事，不講事理，自然不行。中國社會科學院近代史研究所研究什麼？道、咸、同、光、宣五朝，宣統朝在民國史裡研究，近代史實際上重點研究道、咸、同、光四朝，每一朝都有若干個專家在研究。四十分鐘怎麼把咸豐朝講完、講好，我真是發愁，吃不下飯，睡不著覺。一天夜裡，我突然想起陸游的《釵頭鳳》：「紅酥手，黃縢酒，滿城春色宮牆柳。東風惡，歡情薄，一懷愁緒，幾年離索。錯！錯！錯！」我立刻披衣起床，打開電腦，把這個悟想，快速記錄下來。我想，咸豐皇帝

這一輩子就「三錯」：第一錯是，錯坐了皇帝寶座（這個寶座不應該他坐他卻坐了）；第二錯是，錯離了帝都北京（不應該逃跑到避暑山莊）；第三錯是，錯定了顧命大臣。我心想，我這四十分鐘——每個「錯」講十分鐘，開頭五分鐘，結尾五分鐘，正好是四十分鐘。後來一講，大家說行！再舉個例子，「明亡清興六十年」最後一講怎麼講？真發愁，就像咱們吃宴會一樣，最後那道菜——酒足飯飽最後那道菜和那碗湯，最難辦！怎麼做都不是味道。寫文章的結尾最難寫，重要的話前頭都說了，重複顯得囉嗦，離題又不行，實在難寫。這怎麼辦呢？明朝怎麼亡的？清朝怎麼興的？一百萬字也說不清楚啊，只給那三十二分二十秒，讓你把明亡清興的事做個整體交代，我思索好幾個月，一開始就思索結尾，但始終沒解決這個問題。離講大概還有一個月，有一天夜裡兩點鐘，迷迷糊糊地突然想明白了，這時候千萬別睡覺，一睡覺肯定會忘了，大家都有這個經驗吧！我趕緊起床披上衣服，把電腦打開，就敲了兩個字，關電腦睡覺。第二天早上醒了，噼噼啪啪，大概是三個小時就把文案稿敲完了。我晚上敲了哪兩個字呢？明朝的滅亡就是一個「分」字——民族分、官民分、君臣分；清朝興起就是一個「合」字——民族合、官民合、君臣合。一分一合，決定興亡。當然還有別的原因，我就是從一個角度來說，你現在只有三四十分鐘，只能從一個角度，只能做一字分析。讀書的感悟，要總結，要著述。

再說用。讀書之用，包括修身、齊家、治國、平天下，包括提高文化素養。公務員應帶頭讀書，「凡為仕者，無論文武，皆須讀書，探討古今得失，加以研究」。（《康熙起居注冊》）我們往往不大注意用。有一次遇到比我年長的一位先生，他身體非常好，我說您身體為什這樣好？有什麼經驗？他說我的這點經驗誰都知道，就是人們不能一貫地堅持做下去，我卻能堅持一貫地做下去，我就能「行」、能「用」。我想他說得有道理。其實，「知」人都知道，就是不能「行」；「理」人都知道，就是不能「用」。知與行的關係，理與用的關係，既重知、也重行；既重理、也重用。讀了書，就要行，就要用。總之，既讀書，又要用，會幫助我們達到一種境界：上與天合，下與地合，外與人合，內與己合，以攀升「止於至善」——天合、地合、人合、己合的境界。

四、讀書之用

讀書學習，至為重要。孔子說：「好仁不好學，其蔽也愚；好知不好學，其蔽也蕩；好信不好學，其蔽也賊；好直不好學，其蔽也絞；好勇不好學，其蔽也亂；好剛不好學，其蔽也狂。」（《論語·陽貨》）

人的一生，重在志學。孔子說：「吾十有五而志於學。」這裡有兩重意思，一是立志，二是勤學。康熙帝認為，聖人與凡人的重要區別，在於「志學」二字。他說：「千古聖賢與我同類人，何為甘於自棄而不學？苟志於學，希賢希聖，孰能御之？是故志學乃作聖之第一義也。」（玄燁《庭訓格言》）

孔子說：「仕而優則學，學而優則仕。」（《論語·子張》）人們在說到讀書時，常強調「學而優則仕」，其利在於督促子女的學習；而常忽略「仕而優則學」，其弊在於放鬆自己的學習。說到讀書之用，我講一個故事。

陳夢雷（1650～1724年），福建侯官（今福州市）人，聰明穎異，十二歲成秀才，十九歲中舉人，二十歲中進士，虛歲二十歲就把「四書五經」讀透了，容易嗎？有的人六十多歲，沒有中進士，沒有中舉人，也沒有成秀才。陳夢雷入翰林院，後任編修。他父母到北京看兒子，挺高興的，但水土不服，母親生病。陳夢雷送雙親回福州。剛一到福州，康熙十二年（1673年），發生「三藩之亂」。福建耿精忠也跟著吳三桂發動叛亂，並讓陳夢雷為他做官。陳夢雷做不做？做了就背叛清朝，不做就要被殺頭。陳夢雷想了個辦法：裝病，到廟裡穿上袈裟，養一養、躲一躲，是個託辭吧。這時候一個叫李光地的很有名的福建人，也因故回到了福建，正好也回不了北京，他倆人談了三天，找到一個脫身的辦法，就是把他們掌握的軍事情報，寫出來，做紙團，用蠟封起來，偷著運到北京，給清廷提供軍事情報，立了功啊！三藩之亂平定後，李光地背棄前約，沒有語及夢雷，將此事貪為己功。陳夢雷被流放到盛京（今瀋陽），給八旗披甲為奴。從北京到瀋陽一千五百華里，到那兒因又氣又累，病了。有個和尚幫助他，在一個廟裡養好了，他就在那兒看書，看了十七年書，加上三藩之亂八年，共二十五年！他這二十五年主要做的一件事就是看書，「目營手檢，無間晨夕」，其草堂自書聯句：「四

壁圖書列，煙光一逕深。」他把各種各樣的書類如物理、化學、天文、地理、歷史等分類，用我們今天話說是分類做「卡片」。

康熙三十七年（1698年），康熙帝東巡到新賓（今遼寧新賓縣），他去那兒跪著要見康熙帝，侍衛不允。他說我寫了詩歌頌康熙帝，於是受到接見。康熙帝問：「當年你學了滿語，現在還會嗎？」答：「現在還會。」君臣就用滿語對話。接見之後，他把寫的詩呈上。康熙帝說：「因為我東巡祭祖，回來的時候你跟著我回去。」於是他回到北京。回到北京做什麼？康熙帝讓他給皇三子誠親王胤祉做老師。又賜給他一所房子居住、讀書。胤祉看他學問大，又有志向編纂圖書，就跟皇父舉薦。康熙帝正想分類編書，說乾脆就交給他做得了。陳夢雷接受聖命，夜以繼日地做，最後把這部書基本完成，總共花了五十年的時間，約一億字。我初步計算，平均一天要抄六千字，毛筆字，一天六千，十天六萬，一個月十八萬，一年大約二百萬字，十年二千萬字，五十年一億字。書做完了，就要刻版，怎麼刻呢？當時不是木版，是銅鑄活字。陳夢雷這個人真是命運多舛。書快印完了，就差幾個月書就全部印完，但康熙帝死了，雍正皇帝即位。雍正帝命誠親王胤祉到康熙帝的景陵去守靈。爾後又調到景山給軟禁起來，過一段時間誠親王就死了。這陳夢雷因是胤祉的老師，受到牽連，又被流放到卜魁（今黑龍江省齊齊哈爾市），這時他已經七十三歲，後來就病死了。他編的《古今圖書集成》，雍正帝命蔣廷錫對該書進行修改，加以出版。出版時把陳夢雷的名字抹掉。今天已經查清楚，可以恢復歷史原貌，《古今圖書集成》主要是陳夢雷做的。我講這個故事是想說明一個道理，就是他從二十歲中進士算起，到他第二次發配，五十多年的時間，就做了一件事情，用他的話說，就是把「十三經」和「二十一史」等書，全部分類抄錄，類編彙纂，成一萬卷，共一億五千萬字，而成《古今圖書集成》。陳夢雷作為個人是個悲劇，但他對中華文化的傳承，做出巨大貢獻。他的學習精神與執著態度是值得學習的。

前面我講了康熙帝、張秀民和陳夢雷三個讀書的故事，想說明一個問題：他們終生以書為師，以書為友，以書為伴，以書為樂。一個人，如果把時間和精力集中起來，認真讀書，一以貫之，將一件事情做好，為社會文化事業發展，竭盡自己綿薄之力，做出一點貢獻，是值得敬仰的，也是很不容易的。

既要提倡個人讀書，又要推動社會讀書。《漢書·韋賢傳》說：「遺子黃金滿籯，不如一經。」家長留給子女的，不是金銀和財寶，而是知識和智慧。《顏氏家訓》也說：「積財萬貫，無過讀書。」但是，讀一本書、兩本書並不難，難的是能終生讀書、手不釋卷；一人讀書、兩個人讀書不難，難的是全社會讀書、蔚然成風。因此，要提倡全社會、全民族的讀書風氣。

我今天真的是向在座諸位，就讀書學習，跟大家交流，不當之處，希望指正。

（本文為南京圖書館建館100週年紀念、南京圖書館新館開館會上的演講稿，被列為「南圖講座」系列，收入《人文大家談》，南京師範大學出版社）

治學「八議」

說實在話，我作報告的次數不少了，但我就怕到故宮博物院作報告。給外國人作報告我不怕，像美國的哥倫比亞大學也好，耶魯大學也好，給他們作報告，他們是外國人，我怎麼也能說過他們。美國耶魯大學歷史系教授的中國名字叫史景遷，他當時是美國歷史學會的主席，也是耶魯大學歷史系主任。他說閻教授請您給講講康熙，我說行，我講康熙肯定能講過他，我看過的有關康熙帝的材料肯定比他多。你到大學講也可以，大學裡主要是學生，最高的是博士，博士研究一個小的專題，別的方面也未必能深入，我去講也不發怵。故宮博物院研究室的小秦跟我說了，我說到哪兒講都可以就是不能到故宮來講，主要因為故宮博物院裡每一位都是專家，給專家講是最困難的。單士元先生曾說過：我們故宮都是專家。我非常贊同這句話，大家都是專家我可就沒有發言權了。後來我想就談談我這些年學習失敗的教訓吧，把我碰的釘子、失敗的教訓講講，不是「治學」八議，是「失敗」八議，不一定對大家有什麼幫助，主要是想跟大家在一起就治學方面進行交流。

我從學歷史到現在有五十年，從學清史到現在有四十四年，中間不停地碰釘子、受挫折，也不停地失敗。我所在的北京社科院每年都招一批博士，招了博士要辦培訓班，院裡每次都要讓我給他們講一講經驗體會，我開始說

一條，後來說兩條，再後來說三條、四條，到現在有八條了。現在我就把治學的八條失敗和教訓，分條來議說。

一、定向

　　我是因一個比較偶然機會學歷史的。初學歷史，就感到一種迷茫，不知道該怎樣往下深入，研究上漫無目的地瞎碰，像先秦諸子、「四書五經」、《十三經注疏》、《史記》、《漢書》、《資治通鑑》等書亂看。二十多歲時寫了一篇小文章，登門向中國科學院（今中國社會科學院）歷史研究所明清史研究室主任楊向奎先生（現已故）請教。楊先生到北京之前是山東大學歷史系主任。他有一個特點是中國古代史貫通，先秦史通，明清史也通。他在山東大學任教時經常到曲阜去查閱、研究孔府檔案資料，因此，對中國古代史更為貫通。那時候我二十多歲，他五十多歲，見老先生我是既恭敬又緊張。他看完我的文章後說寫得不錯，可以在《新建設》雜誌上發表（那篇文章到「文革」後才發表）。後來他給我寫了封信，讓我別做先秦史研究，因為在先秦史研究上西安有優勢，雖然文獻材料大家都可以看，但考古第一手材料北京沒有，人家在《考古學報》上發表後我們看到的是第二手材料。做學術研究要看第一手資料，看第二手資料怎麼行？他建議我根據北京的特點研究清史。在當時流行一個口號叫做「厚今薄古」，研究中國古代史的「今」就是清史，中國古代史的「古」就是先秦史，為了適應國家的需要，楊先生說你就研究古代史的「今」——清史吧，況且明清的首都在北京，北京有許多的優勢，宮殿、壇廟、文物、園林等，更有大量文獻檔案，特別是清宮的檔案，查起來比別的地方便利。我整整想了一個月，覺得楊先生說得有道理，這是1962年的春天，我就照著楊先生的指點開始研究清史。

　　現在回想起來，覺得對研究者來說，頭等的大事就是確定研究方向。從確定研究清史以來到現在四十四年了，雖然中間遇到過很多的挫折和困難，但我始終沒有動搖過，也沒有中斷過。有人問我，你要是研究先秦史的話會是什麼結果？我想如果這四十多年研究先秦史，按照我這山東人的倔脾氣也會有一點成績，但比清史研究的成績可能要小一點。為什麼呢？當時楊先生說了，清史是一塊處女地，隨便挖個坑、丟粒籽，都會有收穫；但先秦史的

研究，隨便挖個坑、丟粒籽，卻可能顆粒無收。所以，我建議我們作研究工作的人員，千萬謹慎研究目標的選擇，一旦確定方向之後，不要輕易改動，堅持下來，十年、二十年、三十年、四十年甚至五十年，滴水穿石，鍥而不捨，肯定會有成績的（成績大小另說）。說到這裡，我再舉一個例子。

我們北京社會科學院每年要進一批博士，讓我去講治學，我每次都強調治學要抓住「定向」這一條，最好在三年之內把研究方向確定下來，定下以後不要輕易調整。我認識一個朋友，他比我聰明，比我用功，精力、體力都比我好，他要是幾十年「鑿」在一個問題上，肯定會研究得很好。他開始研究宋史兩三年，剛有點成績就轉了，接著又研究別的三年，在《歷史研究》頭篇發表了長篇論文，之後又轉了，三年左右再換了個領域，換一個領域發幾篇文章，不到四年又換領域，我眼見他換了五個領域，而且領域跨度都比較大，宋史、明史、清史、地方志書，還有文學、藝術領域等等。這位朋友在經濟大潮時辭職下海了，退休金一分錢沒有，今年七十歲了，醫療保險一分錢沒有。由此聯想，若研究方向老變，雖然每個方面上都有一點成就，但到最後在任何一個研究領域都沒有自己的學術地位。我們中國人太多了，十三億，聰明人也太多了，任何一個領域都有很多人在研究；還有，國際上有許多專家學者也在研究相同或相似的問題。在同一學術領域裡，在中國國內、在國際處於領先地位是多麼的不容易！儘管個人聰明、精力充沛，但是不能長期堅持、執著不變，最後的成績可能還不如別人。

我看今天在座的年輕朋友比較多，故宮博物院有很好的研究條件，非常好的學術研究資源，還有一大批老專家指導，如果在一個問題上，不一定太大，小一點也沒有關係，「鑿」上十年、二十年、三十年、四十年、五十年甚至六十年，絕對可以在這個領域裡成為一位很優秀或很傑出的專家。如果東一榔頭西一棒子，像狗熊掰棒子，掰一個丟一個，最後一輩子夾住的還是一個玉米，而成不了一筐玉米、一囤玉米。治學首要的是要確定研究方向，這是我要講的第一點。

二、執著

　　我們的研究方向確定之後，勢必會受到種種干擾，天的干擾，地的干擾，人的干擾，自我的干擾等等，在各種各樣干擾之下，能保持始終不變是不容易的。短期可以，三五個月並不難做到，十年、二十年、三十年，排除種種干擾，沿著既定的目標、既定的方向、既定的課題，不動搖地去做，可是不容易的。這幾年總有人不停地問我，您做研究碰到什麼困難沒有？這使我對這個問題做了一些回憶性思考。在中國，五六十年代，一個中心口號叫做「又紅又專」，你要是不紅會受批判，你光專不紅也要受批判。我是常受批判的，因為上班的時候看線裝書。研究清史當然要看線裝書，於是就受歧視、受批判。批判會一開就是十天，批判我白專。我這個人有股子「擰」勁，你批你的，我還是看我的線裝書。我就是不「入時」，結果就有人治我了。把我下放到北京南苑紅星農場，現在年紀大一點的人都知道下放，就是勞動改造。領導交代下放我有三件事：第一是轉戶口，城市戶口轉為農村戶口；第二是工資只發一個月，第二月就停發了；第三就是掙工分。我想戶口無所謂，都是在北京；第二月不發工資，靠掙工分生活，這是一個大問題。我當時體重是九十八斤，很瘦，很弱，按照我的身體條件，一天勞動能掙五、六分。當時十分是兩毛五分錢，我每天掙六分，只有一毛五分錢，一個月勞動三十天，也只能掙四元五毛錢。自己吃飯都成了問題，還要養家呢！不行，我找了有關方面。後來改到南口農場勞動，說第一戶口不轉，第二工資每月照發，第三勞動改造思想，改造好的話適當的時候就回城，改造不好就留在農場繼續勞動。我當時想只要每月發工資就可以，自己有飯吃還可以養家餬口。到了南口農場之後，每天白天要勞動，晚上天天政治學習，堅持研究就困難了。我想勞動還可以，不學習（看書）就不行了。於是我就把線裝書帶到農場，包了一個書皮，書皮上用紅筆寫著「祝毛主席萬壽無疆」。有人匯報到領導那裡，領導找我談話，說有人反映你看線裝書，有這個事沒有？我說有。他說你知道這裡是幹什麼的地方嗎？我說知道，這裡是「下放勞動，改造思想！」領導又問：那改造思想你為什麼看線裝書？我說我是學清史的，清朝「康雍乾」時沒有洋裝書，書都是線裝的，所以我只能看線裝書。這位領導聽後說那你回去吧。我想肯定要開會批判我，批判不怕，只要讓我看書就行。

過了幾天領導又找我談話，說經過考慮，第一你學習精神是可貴的，別人下班聊天你卻看線裝書；第二你這樣做對群眾影響很壞，大夥在看馬列書，你在看線裝書。為此他考慮了一個兩全的辦法：安排你值夜班，農場有果樹隊、農業隊、基建隊、乳牛場、養雞場等，你值夜班吧，這樣晚上看書不會影響別人，白天別人上班你一個人在房間看書，對群眾也造成不了壞的影響。這位領導叫麻自通。後來，我對這個領導特別感謝，他很通情達理，「文革」後我去看他，對他表示敬謝。他說那時候他也冒著很大政治風險。由此，我想：要堅持自己的研究目標，在困難時，迎著克服，執著一貫，堅持不懈。

經幾年勞動後，我被調回城裡。領導說這個人喜歡看書，就做圖書館管理員吧。我覺得挺好，搬了一張桌子、一把小凳，就在圖書館書庫看書。上班我沏點兒高末茶（茶葉末），中午吃完飯，下午接著看，六點下班騎車回家，感覺特別好，等於專業研究。我在書庫的那個同事人很好，他家在北京南苑，父親早亡，他上大學時土改，因為他是戶主，就把他劃為地主成分。這個人工作勤懇，掃地、端水等什麼事都幹，我們兩個人，一個「右」、一個「地」，配合得挺好。在「文革」期間，當時的保皇派、造反派我都沒有參加，做了一個「逍遙派」。「文革」結束以後，1981年，有一個學習，實際上就是運動，叫做「否定文化大革命」，是審查第三種人。北京社科院是重點。「文革」時北京有一個寫作團隊叫「紅廣司」，那批人後來被吳德保下來，有的放在北京社科院。當時我在歷史所，歷史所又是院裡的重點，我也是重點。運動開始的會上，讓我第一個發言。會場氣氛很嚴肅，院裡長官、市裡工作組都來了，他們想閻崇年肯定是會否定「文化大革命」的。我發言說：「文化大革命」對我來說覺得很好。工作組成員和院長官當時臉色都變了，沒想到居然有人跳出來肯定「文化大革命」！他們就讓我說「文革」怎麼好。我說：「文革」至少對我有兩點好處——第一，「文化大革命」十年，我保皇派沒參加，造反派也沒參加，而是逍遙派，看了十年書，寫了一本書稿《努爾哈赤傳》（後由北京出版社出版），十年寫一本書太少，如果搞第二次「文化大革命」肯定能寫兩本書，第三次「文革」可以寫三本書；第二點，我參加紅衛兵沒有資格，大串聯也沒資格，但我是研究明清史的，京杭大運河我沒有機會去考察，藉「文革」之機，我騎自行車從北京沿著京杭大運河一直騎到杭州，把

京杭大運河考察了一遍,收穫很大,真是千載難逢啊!如果有第二次「文革」我就考察黃河,有第三次「文革」我就考察長江。這樣我就過關了。後來我有所悟:「文革」期間,許多人不做研究了,包括研究所和大學,而我得益於十年「文革」期間看了點兒書,寫了點兒東西。後來山東大學馬瑞芳教授寫文章說:「閻崇年白撿了十年的時間。」執著,就是在困難的時候,躲開各種干擾,把研究方向堅持下去,這樣做最後是一定會有好處的。

再舉一個例子。我們院當時研究員不管男女都六十歲退休,前幾年有一位女研究員退休,所裡開了一個座談會,大家一起吃飯,她非常難過,哭得一塌糊塗。我說你別哭,你應該高興。她說:為什麼呢?我說:一個人通常有三個青春:第一個青春是二十歲到四十歲,這個時期主要是學習;第二個青春是四十歲到六十歲,主要是做事並初有成績(我這裡指的是歷史學科);第三個青春是六十歲到八十歲,在前四十年積累的基礎上再經過二十年的努力,就會有比較好的成績。因此,我祝賀你第三個青春今天剛剛開始!她就笑了,說:「我還有二十年的研究時間啊!」我說您若健康活到一百歲,第四個青春你還做研究,那你肯定是這個學科的泰斗了。她聽了挺高興。一般的人大概到六十歲後就不做學問了,少數人還堅持,如果能夠在研究方向確定以後執著去做,笨一點也好,或者差一點也好,我想經過幾十年的執著,鐵杵磨成針嘛,總能磨出一點成績來。因此,我建議年輕朋友確定研究目標之後,不要隨風動搖,力排各種干擾,堅持研究到底。

三、貴悟

在學習和研究過程當中還應當重視什麼?應當重視「悟」字。前不久,黑龍江大學、哈爾濱師範大學要我去做報告。他們的院長、系主任、博士生導師等幾個人到機場接我。我在車上跟他們討論:做一個博士研究生最主要的素質是什麼?他們有的說要刻苦,有的說要勤奮,也有的說要堅韌等。我認為一個研究者,刻苦、勤奮、堅韌等素質都很重要,但做一個優秀的研究人員來說這些還不夠。系主任說我們為研究生素質定了八條,我說這還可以討論。不久,我們北京社科院新招聘進十六個博士、碩士,要我向他們做報告。我讓他們每人寫一張紙條,列出自己認為做研究者應具備的素質。他們

每人寫了一張紙條，公開唸完自己寫的紙條之後，我說需要討論。我認為：做一位優秀研究員重要的素質是兩個字——貴悟。悟在書之外，不在書之內。一個研究者最可貴的素質是悟，這一點我是做不到的，但我可以體會其中的道理並朝這個方向努力。懷素和尚吸收閃電的靈感，從中「悟」出了狂草的道理——奔蛇走虺勢入座，驟雨旋風聲滿堂；筆下惟看激電流，字成只惟盤龍走。惠能法師「悟」出了禪宗的真諦，禪意超群，將禪宗佛理提高了新層次。我想做學術研究，一般的刻苦、勤奮、虛心、堅韌，可以有一般的成果，但是要出神入化，大概需要上一個新的境界，其關鍵就是一個「悟」字。我悟性不夠，但我體會人家做事這樣，我們怎麼想辦法努力去做。

我舉個小例子。有年杭州開「于謙學術研討會」，發來一份請柬要我參加，我說「我不參加，謝謝！」對方來電話問：「您為什麼不來？」我說對于謙我只是有一般的瞭解，論文寫不了；人家說您不寫論文，講講話就可以，我說講話也不行，因我對于謙沒有很深的研究，講不了；人家又說那您來坐坐就可以，為什麼呐？因為于謙與北京有關，您是北京社科院的，您來就代表北京有人來。我就去了，開完會還派了兩個研究文物的人專門陪我逛西湖，邊逛邊交流，中午人家還請吃飯，然後送上飛機回來了。不想回來第二天杭州就來人了，說閻老師您得寫篇文章。吃人家嘴短，沒法推辭了，寫吧！寫什麼呢？與于謙有關材料的卡片我集有一疊，總覺得材料準備不足就始終沒寫，我把卡片翻出來，看到那首于謙著名的《石灰吟》：千錘萬鑿出深山，烈火焚燒若等閒；粉身碎骨全不惜（怕），要留清白在人間。覺得這首詩挺好就用上了。我為什麼對這首詩有特殊感情呢？因為下放的時候我在石灰窯勞動過，在基建隊還做過泥瓦匠，我曾經跟著卡車到石灰廠拉石灰，看見人家從山上鑿石頭，鑿下石塊放在爐裡燒，燒完了用車運回來，把石灰塊放到水池子裡咕嚕冒泡，最後是用灰膏抹牆。我想把我下放勞動的生活聯想起來結合這首詩寫一篇文章。

大家知道，咱們做歷史研究的人有一個「病」，就是要查材料出處。于謙這首詩出處在什麼地方呢？我一查說是《于忠肅公集》。做歷史研究的人還有第二個「病」，就是要核對材料出處，我再一查沒有，奇怪了！我就到國圖的工具書閱覽室查，凡是與其有關的詩選、文學史、辭典等，我能找到

的有二十五種，所有出處都是《于忠肅公集》，他們都這麼說，肯定會有根據，我就查《四庫全書》的《于忠肅公集》，四百一十首詩全看了，沒有這首詩。我非常納悶！又到國圖善本部查找有關于謙的詩文集，各種版本都查了，沒有！我到北大圖書館、中國社科院文學所圖書館、中科院圖書館等凡是北京能查的全查了，全沒有這首詩。既然于謙所有集子裡沒有這首詩，我只好打電話告知這篇文章交不了，要晚一年。故宮博物院圖書館編有《中國古籍善本書目》，因為歷史學、目錄學、版本學都是分不開的，我就把目錄、版本類裡能查的從古到今所有于謙的詩文集，一本一本地查，能查到的全查了，有一個孤本在上海圖書館叫《節庵存稿》，是于謙兒子于冕編的，明成化十二年（1476年）刻本。我立刻去了上海圖書館，快下火車的時候發現身分證、介紹信都沒有帶，在北京看善本書要有介紹信，而且期限兩週，我跟他們雖熟，人家說您書可以看但介紹信必須補。到上海圖書館特藏部，我一進門就檢討，說非常不好意思，我來忘帶介紹信了，也沒有帶身分證和工作證，我是北京社科院的閻崇年。圖書館的館員說，閻老師您不用介紹信，我們知道您，這兒還有您的書。我要查的書也很快地提出來了，為了節省時間上圖還特派了一個人陪同（因為此類善本書中午必須回庫），從11點多一直看到下午4點多，我把四百多首詩看了一遍，沒有；後來到寧波天一閣查隆慶年間的孤本，還是沒有；又到福州的福建省圖書館，查一個孤本，還是沒有解決。可見轉引者全是你抄我、我抄你，沒有一個人認真核對過。

　　這首詩沒有出處，但得有一個解釋。於是我做了一個解釋，這首詩是別人的詩，明人孫高亮在章回體歷史小說《于少保萃忠全傳》（又名《于謙全傳》）裡寫的，混到了于謙的集子裡面。我寫了篇一萬七千字的文章《于謙「石灰吟」指疑》，由《明清論叢》（第一輯）發了。第二年杭州又開會，我就把這篇文章影印提前寄去。我到了杭州後人家說您這篇文章惹大麻煩了。因為杭州古代史上最著名的英雄人物就于謙一個，岳飛是河南人，死後埋在杭州。為了這個事情，杭州市委、市政府特撥款兩千萬元修復于謙祠，並請書法家沙孟海先生在于謙祠影壁上寫下這首詩，您現在說這詩不是于謙寫的，怎麼辦？這詩是撤還是不撤？我們專門開了一個學術研討會，叫「閻崇年《石灰吟》論文學術研討會」，浙江大學歷史系、中文系、古籍所，杭州大學歷

史系、中文系、古籍所，杭州師院、省社科院等等，凡研究于謙政治思想、哲學思想、文學的、詩歌的、歷史的等等，集中了二十六個人開了一天會，專門研究這篇文章，結論是：感情上不接受，理智上接受。我覺得杭州人胸懷是比較寬大的，對我還是很熱情的。第二天學術研討會開幕，很隆重，書記、市長、學者等都很鄭重，安排讓我第一個作學術報告，給我一個小時的時間，我說十五分鐘足夠。講完後請大家討論這個觀點，十分鐘沒有人發言。最後，大會的主席、浙江大學歷史系系主任包偉民教授，一位六十歲左右的老先生說，閻教授的這篇文章把于謙所有材料一網打盡，要說 20 世紀于謙研究有突破的話，就是這篇文章。現在他們杭州接受了這個觀點。

我們研究所有一個朋友經常問我，寫文章腦子裡總是沒有「問題」，您給出個題目我寫。我就出了一個題目，他說不行，不思考、不積累這個題目就做不了。做研究工作，腦子裡經常要有許多「問題」，七上八下，來回翻騰，看到有關材料，就摘記下來。到觀點、資料成熟了，就動筆撰寫，然後再做別的題目。腦子裡沒有題目怎麼可以呢？我們大家做學問的時候，千方百計地要想有一點悟性，從大家很習以為常的問題中發現問題並去證明，越是這樣的問題證明起來就越困難。浙大古籍研究所的所長介紹，研究所研究的重點之一就是于謙的集子，花了十年時間，請博士、碩士等參與標點、註釋、研究，出了一本《于謙集》，但對《于謙集》的幾個孤本、善本沒有看，就看了《四庫全書》一個本子。研究工作要想法找一點悟性，提出一個很好的問題之後再認真去論證它。這是我跟大家交流的第三個問題。

四、學機

商人講商機，軍人講戰機，做學問也要講學機。商機大家都清楚，股票市場差一個時辰可能滿盤皆輸。戰機也是一樣，兩軍作戰差一天的時間可能導致全軍覆沒。大家知道著名的明清薩爾滸大戰，前後就差三天的時間，如果明軍四路大軍同時集中到赫圖阿拉，恐怕努爾哈赤會有滅頂之災。努爾哈赤打了一個時間差，明軍每路軍隊差一天到赫圖阿拉，努爾哈赤利用這個時間差，集中兵力，逐路擊破，這就是戰機或稱軍機。

我覺得也有學機。我有一個非常好的朋友是研究先秦史的，1963年北京大學歷史系畢業，到1983年已做了二十年的研究，就研究先秦史，僅書稿就將近三十萬字，先秦史有關資料他基本都看了，是一位非常執著、非常用功的學者。先秦史，純學術著作沒有人給出版，他很著急。一個非常巧的機會，陝西省管文教的一位省委副書記到北京開全國人大會議，經別人介紹他請我吃飯，席間他說閻老師能不能給我們個稿子，我們陝西人民出版社需要些好書稿。我說我是研究清史的，跟你們陝西關係不大，他說您能不能介紹一位研究秦朝歷史的，學術稿沒有問題，多少錢都可以出。我就向這位書記推薦了這位研究先秦史的朋友，書記表示可以負責給出版。我當天就告訴這位朋友，他也很高興，說稿子差不多了，整理整理明年交稿。第二年這位書記又來開會，打電話問這稿子怎麼樣啦？朋友說還差點，我說你交了吧！他說還有一點兒材料，很快完了。又過了一年開人大會，這位書記又請我吃飯，問書稿怎麼樣了，我就催他，他說已經完了，但有一部書還沒有看，叫《皇清經解》。這部書是清朝解經書的彙編，收書二百零九種，一千四百三十卷。這書三五個月看不完，我建議他先把書稿交了，出版後過三五年再修訂、增補。他說我不看完全部文獻心裡不踏實，我勸他說材料沒有窮盡啊！他還是堅持要看，這就又過一年了。再過一年這個書記又到北京了，挺關心這部書怎麼樣了，他說他在職好辦，要退了就沒法辦了。我於是又催我朋友說你快點，這位朋友的確是在努力，他是專業做研究的。又過了一年，人家打電話給我問書稿怎麼樣了，我說基本上完了，這位書記卻說已經宣布退休了，這次人代會是他最後一次到北京，下次他不是人大代表了，不是省委領導了，就無權下令讓出版社出版了。結果朋友的這書稿算完了，純考據的學術著作，三十多萬字，自己也沒有出版補貼，一直到現在也沒法出版。而他這些年因集中寫書稿，沒有時間寫論文，評副研究員時很困難，評正研究員專著沒有，論文沒有，水準絕對夠，人的確也很努力，但解決不了正研，他精神受到很大刺激，一輩子做一本書沒有地方出版，錯過了一個很難得的機會。如果第二年把書出了，副研、正研都可以解決，將來做修訂，過幾年再出版就比較完善了，但他要求一次完善，喪失了一個很難得的學術出版機會。

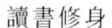

機不可失,時不再來。學術研究,要抓時機。《嘉靖通州志·序》說:「做大事本乎機,成大事存乎會。」古今中西,概莫能外。大家社會經驗都很豐富了,重要的機會一個人一生我想也就是一兩次,三次就很難得了,影響一生的關鍵機會千萬不能錯過,千萬要抓住。

五、膽識

打仗要勇敢,做學術研究為什麼還要膽識呢?似乎兩者關係不大,最近有記者問我,說閻老師你認為做一個研究員來說最重要品格是什麼呢?我回答是兩個字「勇敢」。研究學問為什麼要勇敢啊?做一個學者,你每有一個新的發現或新的突破,必然會使很多傳統勢力不悅,學術上每邁一個臺階,必然有很多人不滿意,如果沒有一種勇敢的精神,突破這些傳統的觀念,大概就不大容易做成事情。大家都知道,袁崇煥有一段話:「勇猛圖敵,敵必仇;奮迅立功,眾必忌。任勞則必招怨,蒙罪始可有功。怨不深,則勞不著;罪不大,則功不成。謗書盈篋,毀言日至,從古已然。」謗書毀言紛至沓來,所謂高危滿盈。

一次在大學裡舉辦「高端培訓班」,參加者都是地、市一級的長官,我去講清史,在講課中,有一個人突然站起來問:「碰到小人怎麼辦?」我當時真沒有料想到會問這樣的問題,思考了一下說,對待小人就是兩個字:「感謝!」底下沉默了二三十秒後,全場長時間鼓掌。有人問我,你碰到過小人沒有?我想我們沒有人不碰到小人,小人水準越高,地位越高,手段越狡猾,你戰勝小人,就更前進一步。科級的小人你戰勝他肯定比他高明一步,處級的小人你戰勝他肯定比他更高明一步,局級小人你戰勝他你就更高一籌。

要能戰勝小人,確實需要膽識。有一段時間我也挺苦惱,我就對我們的一把手方玄初院長說我要辭職,所長我不做了,社科院我也不待了。他說我給你講一個真實的故事吧:北京有一個馬戲團養了三隻猴子,其中一隻比較乖巧,演出的時候總讓這隻猴子上場,逗得觀眾非常高興,下來之後飼養員就用香蕉獎勵給這隻猴子吃,另外兩隻就不給。有一個星期天休息,飼養員到城裡去了,把三隻猴子留在家裡。等晚上回來以後再看猴子的時候,大家最喜歡的那隻猴子被另外兩隻猴子給咬死了。他說:「你想想看,猴子都會

嫉妒，何況人乎！」還有人說我們中國人愛嫉妒，美國人不這樣。我1980年代做訪問學者到美國，發現美國人也嫉妒，男人、女人、黑人、白人、西方人、東方人都有嫉妒心理。有人問我你看《西遊記》沒有，我說看，我說我是看哲學，說有佛的地方必有魔，戰勝了魔，才可能成佛。你戰勝不了魔，就只好被魔吃掉。有本事就要戰勝魔，唐僧戰勝魔，到達西天，取得真經，修成正果，才成了佛。學界、政界、商界、軍界等，各界道理是一樣的。因此，做一個學者要勇敢，要有膽識，要衝破重重困難，遇到小人也不要怕，也不要生氣，就是兩個字「感謝」。這兩個字我是在飛機上悟到的。我1980年代第一次到美國，挺興奮，在太平洋上空要飛九個小時，我就邊回憶邊思考，突然悟出了一個道理，有小人磕你一下，你就長進一步；失敗了，磕不過，也不要怨天尤人。這些年我覺得做學問、做學者也不是一片淨土，也有人事的關係，也要妥善處理，也要戰勝一切困難才可能前進。猴子在籠子裡被同類咬死，人總比猴子聰明吧，只要逃出籠子，就不會被咬死。

六、改錯

做學術研究是經常犯錯誤的，一本書會錯誤百出，其實真正有一百個錯誤的書應當是好書，高質量的書。我最近出版一本小冊子叫《正說清朝十二帝》（中華書局出版），責任編輯親自看了並改了三遍，又經二審（主任）、三審（副總編），三審也是認真的，說從頭到尾每個字都看了，仔細看了，這就五遍了；還請一位資深老編輯，今年八十歲了，負責核對引文，從頭到尾看過，六遍了；再請一個做文字學的，負責文字、注音、標點符號、語法、邏輯，從頭到尾看一遍，七遍了；我在我們單位請了兩個編審改錯，八遍了；我請我們這兒剛來的一個博士核對西元、帝王紀年，我也看了一遍，十遍了。按說應該沒有問題，錯誤率肯定很低，結果印出來第二天電話就來了，說有錯，責任編輯的一個同事自己借了一本樣書拿回家，他的小孩，一個四年級的學生搶先閱讀，這小孩說：「爸，這書有錯誤，這光緒珍妃的『珍』，印成診所的『診』字了。」這個同事趕緊跟責任編輯說了。我說我簽字送給那孩子一本書，找一個特快專遞送去。這孩子特高興，把書拿到小學給校長看，校長在全校表揚他。後來，我在我們院開大會時說，請大家挑錯，挑出一個

錯獎十塊錢，結果挑出五、六處，像「故宮博物院」，印成故「官」博物院。後來我又放大話，說挑出一處錯誤獎一百塊錢，同事又挑出來二處，我請幾位挑錯的同事吃了飯。現在已經印了二十二版，改了二十一次，沒有一次不改的。

　　舉個例子。我書中轉引光緒帝的《圍爐詩》：「西北積明雪，萬戶凜寒飛；唯有深宮裡，金爐獸炭紅。」當時沒看光緒帝的《御製詩文集》，引完了不放心，又查了《光緒帝傳》；還不放心，我又看了一本相關光緒帝的官書，但沒有核對原文。後來中國傳媒大學張蔚同學寄來一封信，說她是學中文的，研究過韻律，按韻律這裡的「飛」字應該是「風」字，請您查一下，信寫得非常客氣。我就請人幫我查一下光緒帝的《御製詩文集》，結果說：「風」字是，「飛」字誤。我還是不放心，親自到故宮博物院圖書館查光緒帝的《御製詩文集》。我一查原詩，又發現一個錯字──「凜寒風」，凜是冷，寒也是冷，字意重疊，顯然不妥；原文是「凜嚴風」，嚴意思是大，風既冷又大，這就通了。所以做學術研究一定要親自查核第一手資料。類似這樣的錯誤，像標點符號、掌故等，總共查出來一百二十一處，可說錯誤百出，到現在（二十二版）還有一個錯處，是天津一位讀者發現的，這位讀者真是不得了，認真給你核對。對待別人指出的錯誤，有人心裡不高興。我說對待別人指出的錯誤，正確的態度是四個字：聞錯則喜。誰指出了錯，我就送本書，再挑出錯來，我就請吃飯。總之，我覺得有了錯，我們的正確態度應該是：虛心對待，認真修正。

七、不器

　　做一個學者，怎樣對待「器」，是個值得思考的問題。人們通常說：這個人不成「器」；或者說：這個人成「器」。「治學」與「成器」的關係，《禮記·學記》上有句話：「大道不器。」這句話，對做學問來說，是極為重要的。《禮記·學記》的「大道不器」，孔穎達解釋說：「大道不器者，大道亦謂聖人之道也，器謂物堪用者。夫器各施其用，而聖人之道弘大，無所不施，故云不器。不器而為諸器之本也。」不器而為諸器之本，就是不器而高於諸器、大於諸器。孔子也說過類似的話。《論語·為政》說：「君子不器。」朱熹註

解說：「器者，各適其用，而不能相通。成德之士，體無不具，故用無不周，非特為一材一藝而已。」

治學，既要在器，又要不器。陸賈《新語》說：「書不必起仲尼之門，藥不必出扁鵲之方。」孔子為文聖，扁鵲為醫聖，既要尊重文聖孔子和醫聖扁鵲，又要出新於孔子之門、創新於扁鵲之方。所以，在器易做，不器難為。治學不器，可貴在於：不斷開拓，不斷求新。我想這應是「不器」的意義與價值之所在。

要「大道不器」，就要勇敢堅強。真想自己做點事情，出點成績，在器裡裝著大概是難。澳大利亞醫學教授、醫生巴里·馬歇爾，跳出器，反主流醫學觀點，對胃潰瘍、十二指腸潰瘍病因是由於性情陰鬱等觀點提出挑戰，透過研究得出幽門螺桿菌導致胃潰瘍、十二指腸潰瘍的結論，從而獲得2005年諾貝爾醫學獎。中國歷史上，凡是有大成就的學者，如郭守敬、李時珍、徐光啟、宋應星、徐霞客、朱載堉、王清任等，有大創新的書畫家如懷素、八大山人等，都是在「不器」中做出成績的。

「不識廬山真面目，只緣身在此山中。」身在潮流裡，要超脫一點。潮流兇猛，在潮流邊上看得清楚些，完全跟著潮流走很難成大器。三反五反跟著喊口號，肅反跟著批鬥，大躍進跟著煉鋼鐵，下放跟著去勞動奪紅旗，「文革」的時候又造反、又保皇，開放以後又治學、又下海，最後退休了，這樣的人可能一事無成，如有成也是小成。治學就是要在潮流中，卓而不器，沿著目標，堅不動搖，執著往前。

八、四合

我經常看歷史書，特別喜歡看歷史人物傳記。《清史稿》傳記人物十萬以上，明清人物傳記二十萬以上，算上地方志中人物傳記至少在百萬人以上。我思考一個問題，歷史上的人物，成功者少，失敗者多。成功的人物原因很多，諸如門第高，天時好，特殊機遇等等；但是所有成功人物都有一個共同的特點，就是兩個字「四合」——天合、地合、人合、己合。那麼多失敗的人物，可以說各有各的原因，諸如性格不好，人際關係不好，總而言之，各

有其因。但是，所有失敗的人也有共同的原因，就是三個字「四不合」——天不合、地不合、人不合、己不合。《孟子·公孫醜》說過：「天時不如地利，地利不如人和。」《孟子》重點是說天時不如地利、強調地利，地利不如人和、強調人和；但並沒有論述天、地、人、己之間的歷史哲學關係。每一個人都處在天、地、人、己的四度關係之中。

　　首先是天合。司馬遷說過：「究天人之際，通古今之變，成一家之言。」董仲舒也說過：「天人之際，合二而一。」天，可以有多種解釋，天理、天道、天命、天意、天帝等，我這裡重點是說天時。天時太重要了，如果努爾哈赤早生一百年，明朝還處在強大的時候，你在東北稍一動就把你消滅了，不會有清朝；同樣，努爾哈赤晚生一百年也沒有清朝，李自成在北京做皇帝了。我們做事情要有一個天時。我去深圳，深圳市委書記李鴻忠先生請我去給常委們做報告。我在報告裡說，深圳現在一年幾千個億，這裡有「天時」，沒有改革開放的大天時，深圳還是個小漁村呢。

　　其次是地合。地合是一個人成敗的重要因素。比如被《清史稿》纂者譽為「中興以來，一人而已」的曾國藩，湖南湘鄉人，進士出身，在北京做禮部侍郎。母親病故，回鄉守制。太平軍興，打到湖南。曾國藩招募「湘勇」，組織湘軍，為清社稷，立下大功。如果曾國藩還是在北京做禮部侍郎，那就不會出現後來的曾國藩。湖南的「地合」對曾國藩的成功起了重要作用。再舉個當代的例子，我去廣東東莞袁崇煥的老家考察。我請村支部書記帶我到村裡最窮的那家去看看，一看，不得了，這家居住獨立一棟六層小樓，一層是客廳，二層是主臥，三層是兒子的臥室，四層是女兒的臥室，家電家具等都是全套，第五層是倉庫，第六層沒有裝修。我問為什麼六層不裝修？回答說因為沒有用。我又問蓋這麼多層做什麼？回答：攀比。我看村長的辦公室有我們屋的兩個大，房高大約十公尺，屋裡可種樹，他說當村長損失很大，他不願做，其實村長工資一年二十多萬。我說這就是地合，因你毗鄰香港。地合是非常重要的，當下的如諸位在故宮博物院工作占有地利，如研究家具、陶瓷、字畫、典籍等，隨便拿出一件東西都是國寶，多好的地合條件，換一個地方就不行。

再次是人合。人際關係，大家都很熟悉。我不多談。

復次是己合。現在好多人不重視己合。有人問己合是什麼意思？我認為主要是兩條：一是生理平衡，二是心理平衡。關於生理平衡，《史記·太史公自序》說：「神大用則竭，形大勞則敝，形神騷動，欲與天地長久，非所聞也！」所以要注意生理平衡，勞逸結合，強身固本，健康長壽。張仲景在《傷寒論·序》也告誡：「競逐榮勢，企踵權豪，孜孜汲汲，惟名利是務。崇飾其末，忽棄其本；華其外而悴其內，皮之不存，毛將安附焉！」今天追名，明天逐利，天天繁忙，就是不注意自己的身體，最後病了，聽任醫院擺布，甚至於一命嗚呼。英年早逝者固然可敬，但忽視生理平衡，造成人生一大悲劇，則警然可鑑。關於心理平衡，也非常重要。最近幾年我做了一個分析，凡中年得癌死的人除了遺傳基因外，百分之八十是長期心理鬱悶。我有一次在一個高端報告會上說了上述統計數字，某市委組織的部長站起來說，他對管轄幹部得癌死的做了統計、分析和研究，結論是凡得癌死的百分之百長期心理鬱悶。北京精神病患者比例高得出奇。咱們做家長教育子孫，都希望他們在校考第一，考重點大學，很少教育他們「四合」，應該教育他們懂得處理天、地、人、己的關係，這個受益終生。北京有一個五百強俱樂部，都是石化、首創、首鋼等大企業的老總，有一個統計數字，這幾年民營資本家跳樓、自殺、猝死的有一千多人，他們為什麼死了，就是己合沒處理好。成功人物也有失敗的時候，努爾哈赤整體是成功的，但寧遠戰役就是失敗的，失敗的原因也是四不合。薩爾滸大戰勝利者四合，失敗者則四不合。一個人成功了，基本因素都是四合；一個人失敗了，基本因素都是四不合。

今年8月份，我國從海外邀請有成就的華人（醫生、律師、教授、藝術家、企業家等）回來，讓我給他們講傳統文化。他們都是很有成就的，我講述的最後，說送你們一句話，就是「四合」。一個美國的女教授，華人，她站起來說：「閻教授的『四合』——天合、地合、人合、己合的邏輯關係，我反對。」她又說：「我在美國某某大學做數學系教授，我在美國多年，歷經磨難，受盡坎坷，之所以沒有被摧垮，而且活下來，成功了，原因是什麼？我原來沒有想清楚，今天聽了閻教授講的『四合』，我想清楚了，主要是己合。我的意思是您應當把『四合』倒過來——己合、人合、地合、天合。做事情

先考慮自己條件夠不夠，心理條件、生理條件都夠了再考慮人合，人合條件可以了再考慮地合，地合條件夠了再考慮天合，這樣天合、地合、人合、己合，其核心是己合，是自己的心理平衡和生理平衡。」我想她說得有道理，我們有時候做事情先考慮外部條件，最後或者很少考慮自身條件，實際上若己合沒有了，還有什麼天合、地合、人合？小孩懂事時就要灌輸，要善於處理天、地、人、己的關係，不要只考慮一條。四合終身都在處理，直至生命終止。

我有一個習慣，參加學術研討會時，凡是八十歲以上長者，我都跟他們聊天，請教他們健康高壽之道。一次有一位山東省政協副主席蒞會，身體很好。他說他原來是山東省委的祕書長，與他同事的兩個人一到調工資、晉級時都力爭，但他不爭。當年和他爭得最厲害的兩位，一人六十歲死了，另一位六十一歲死了，我比他們已經多活二十多年，想想看這二十多年我的工資比他們多多少啊！這就是己合，說明心理平衡太重要了。

我是學歷史的，從歷史人物的成敗看，人生應重視修煉「四合」。「四合」是我學習歷史的一點感悟，也是治學的一點感悟，今天和諸位一起分享吧！謝謝大家。

（本文初以《治學「五議」》為題，在蘭州大學歷史文化學院為研究生等演講，後經修改，以《治學「八議」》為題，在故宮博物院學術講座上談講，發表在《故宮學術講壇》第一輯，故宮出版社）

注　釋

[1]. 從子，有兩解：其一，為侄子，《朱子語錄》載：漢人謂侄為從子；其二，為姨母之子，《大學衍義補·明禮樂·家鄉之禮》載：母姊妹為從母，則當稱其子為從子。

人物地方

- ●康熙：千年一帝
- ●康熙帝的勤奮學習與嚴格教子
- ●袁崇煥其人、其事、其精神
- ●揚州：康熙南巡下揚州
- ●北京：「平西府」是吳三桂的王府嗎
- ●鎮江：文宗閣與《四庫全書》

康熙：千年一帝

一、三種評價

康熙帝的歷史評價，古今中外，眾說紛紜。概括說來，主要有十：

第一種觀點，對康熙帝歷史功過、對康熙朝歷史地位，清朝人的評價是讚揚的。清朝皇廷對康熙帝的評價，集中反映在其謚號、廟號上：「大清聖祖合天弘運文武睿哲恭儉寬裕孝敬誠信中和功德大成仁皇帝」，（《清高宗純皇帝實錄》卷十四）共二十九個字。這是對康熙皇帝的最高評價。康熙帝六十一年（1722年）十一月十三日賓天後，雍正帝二十日在大行皇帝梓宮前即皇帝位的當日，命禮部議「尊謚」。二十四日，雍正帝諭曰：「我皇考大行皇帝，纘繼大統，舊典本應稱宗，但經云『祖有功而宗有德』，我皇考鴻猷駿烈，冠古轢今，拓宇開疆，極於無外。且六十餘年，手定太平，德洋恩溥，萬國來王。論繼統則為守成，論勛業實為開創。朕意宜崇祖號，方副豐功。」（《清世宗憲皇帝實錄》卷一）因命諸王大臣等，會同九卿詹事科道、文六品以上、武四品以上，詳考舊章，從公確議。二十八日，眾議：廟號突出「仁」，尊謚突出「聖祖」。其仁，《禮記》雲：「為人君，止於仁。」同心合詞，恭上尊稱，廟號為「仁皇帝」。其聖祖，古有三祖之例，謚義帝王功業隆盛

得稱祖，因謂：「惟聖字，可以讚揚大行皇帝之峻德；惟祖號，可以顯彰大行皇帝之隆功。」所以，尊諡仁皇帝，廟號曰聖祖。雍正帝「持針刺中指出血，將奏內『聖祖』二字圈出」，康熙帝的尊諡和廟號遂定。

第二種觀點，清史館纂修者的評價。《清史稿·聖祖本紀》「論曰」：「聖祖仁孝性成，智勇天錫。早承大業，勤政愛民。經文緯武，寰宇一統。雖曰守成，實同開創焉。聖學高深，崇儒重道。幾暇格物，豁貫天人，尤為古今所未覯。而久道化成，風移俗易，天下和樂，克致太平。其雍熙景象，使後世想望流連，至於今不能已。傳曰：『為人君，止於仁。』又曰：『道盛德至善，民之不能忘。』於戲，何其盛歟！」（《清史稿·聖祖本紀》卷八）這比《清高宗純皇帝實錄》對康熙帝的評價略低一些，如沒有「合天弘運」、「文武睿哲」、「誠信中和」、「功德大成」等字樣。

第三種觀點，康熙帝自我評價。他晚年自我評價說：「朕自幼強健，筋力頗佳，能挽十五力弓，發十三握箭，用兵臨戎之事，皆所優為。然平生未嘗妄殺一人，平定三藩，掃清漠北，皆出一心運籌。戶部帑金，非用師賑饑，未敢妄費，謂此皆小民脂膏故也。所有巡狩行宮，不施采繢，每處所費，不過一二萬金，較之河工歲費三百餘萬，尚不及百分之一。幼齡讀書，即知酒色之可戒，小人之宜防，所以至老無恙。」又說：「朕之生也，並無靈異；及其長也，亦無非常。八齡踐祚，迄今五十七年，從不許人言禎符瑞應，……惟日用平常，以實心行實政而已。」（《清聖祖仁皇帝實錄》卷二七五）康熙帝的自我評價，簡而言之——沒有功勞，也有苦勞。這種評價與清人不乏溢美之詞的讚語相比，既更為謙遜，也更為中肯。

第四種觀點，辛亥反滿派學者的觀點，對康熙帝、對康熙朝的歷史是否定的，主要的論點說康熙朝是「封建專制」。封建君主專制從秦始皇起，到宣統帝止，期間二千一百三十二年，三百多位君主，不可一概而論，不可不加分析。歷史上的「文景之治」、「貞觀之治」、「洪宣之治」等，也都是「封建專制」。因此，以「封建專制」而全部否定康熙皇帝功績、否定康熙盛世歷史的觀點，在當時有特定的歷史背景，是值得商榷的。

第五種觀點，1990年代初，香港回歸之前，香港大學要做一個歷史研究課題：「論黃金時代——康乾盛世」。時擬成立一個由香港、北京兩方面學者合作的課題組。但課題組主持人說：這個課題的立項，需要經過一個專家委員會審議通過。結果沒有被通過，其理由是——康乾時代不是歷史的盛世，而是專制黑暗時代。這就啟發人們思考一個嚴肅的課題：康熙朝的歷史地位怎樣評價？

第六種觀點，論者雖認同康熙朝「輝煌」，卻是「落日的輝煌」。這個提法有道理，但值得深究。所謂日昇日落，雖可用來喻指興盛衰亡，但應當有明確的本體。如將討論限定於清朝，康熙時期將清朝推向了盛世，恰如旭日向中天攀升，顯然不能算「落日」。而如將討論擴展到兩千多年的皇朝史，那麼所謂「落日」，就是喻指皇朝社會走向沒落的歷史大勢。清朝處於中國皇朝序列的末端，從宏觀上當然帶有皇朝社會衰落的色彩。但是，中國皇朝社會的衰落，並不自清朝始，更非自康熙始；中國與世界差距的迅速拉大，更不全是，且主要不是康熙帝的歷史責任。

第七種觀點，耶穌會士的評價。法國耶穌會士白晉在給其國王路易十四，題名為《康熙皇帝傳》的報告中說：「他是自古以來，統治天下的帝王當中最為聖明的君主。」又說：康熙帝不僅在「國內享有絕對的尊嚴，而且以其具有高尚而賢明的品德、豐富的閱歷，以及非凡的見地和誠意，受到鄰近各國國民的尊敬和頌揚，他在亞洲的所有地方是赫赫有名的。」（白晉《康熙皇帝》）

第八種觀點，康熙五十二年（1713年）三月三十日，朝鮮謝恩兼冬至使金昌集、尹趾仁向其國王報告時，評價康熙帝說：「清皇節儉惜財，取民有制，不事土木，民皆按堵，自無愁怨。」（《李朝肅宗大王實錄》卷五十三）

第九種觀點，「文化大革命」時期造反派觀點，認為康熙皇帝是封建地主階級的總代表，是封建社會最大的剝削者、寄生蟲，是人民的罪人、民族的罪人，對康熙帝、康熙朝的歷史予以全面否定。

第十種觀點，贊成《清史稿·聖祖本紀》「論曰」中的部分論斷：「早承大業，勤政愛民。經文緯武，寰宇一統。雖曰守成，實同開創焉。」這

二十五個字的評價，還是比較符合歷史的。康熙帝及其子雍正帝、孫乾隆帝朝的版圖，東瀕大海，南及曾母暗沙，西南到喜馬拉雅山，西達薩雷闊勒嶺，西北到巴爾喀什湖，北達貝加爾湖以東、外興安嶺以南，東北至庫頁島（今薩哈林島），總面積約一千四百萬平方公里，是當時世界上幅員最為遼闊、人口最為眾多、軍事最為強盛、實力最為雄厚的大帝國。康熙大帝吸收了中華多民族的、西方多國家的悠久而又最近、博大而又深厚的文化營養，具有其時最高的文化素養。這為他展現雄才大略、帝王才氣，實現宏圖大業，陶冶了性格，開闊了視野，蓄聚了智慧，奠定了基礎。康熙大帝奠下了清朝興盛的根基，開創出康熙盛世的大局面。

說康熙帝是中國皇朝史上的千年一帝，不僅指其歷史功業，而且含其個人品格。康熙皇帝的個人品格，在中華自北宋以降近千年九十位君主中，內聖外王，修養品格，嚴於律己，可謂僅見。天性好學，手不釋卷，性情仁孝，兼俱智勇，為政勤慎，敬天恤民，崇儒重道，博學精深，幾暇格物，學貫中西，十拒尊號，知行知止。一個以滿洲語為其母語的皇帝，其漢文書法，其漢文詩篇（一千一百四十七首詩），便是康熙帝人格與學養的一個例證。

目前學術界對康熙帝、康熙朝歷史的評價，主要有三種觀點：康熙朝的歷史是中國皇朝社會一個黑暗的時期；康熙朝的歷史是中國皇朝社會一個盛世的時期；第三，康熙朝是在中國皇朝史上一個落日輝煌的時期。

古今中外的偉大人物，都有其傑出的過人之處，也都有其突出的歷史貢獻。康熙帝以其才華與天賦，智慧與膽識，勤政與謙虛，好學與著述，頑強與堅韌，寬容與簡約，在人生旅途中，克服諸多艱難，完成重大使命。康熙帝的文治與武功，學養與行事，都令人稱道，也都有特殊貢獻。他幼年登極，以智取勝，親掌朝綱；他崇儒重道，治理中國；他獎勵農桑，蠲免田賦；他重視治河，興修水利；他重視士人，協和滿漢；他提倡學術，編纂群書；他勤奮好學，工於詩書；他平定三藩，鞏固中原；他重用施琅，統一臺灣；他悉心籌劃，打敗俄軍；他善撫蒙古，安定北邊；他進兵安藏，加強管理——這是兩千年帝王文治武功所罕見的。

我個人觀點，不提「雍正盛世」，因為雍正朝十三年，時間太短；也不提「乾隆盛世」，因其「持盈保泰」，無視西方進步，不做社會改革，在國內外爭議較大；而認為康熙帝是中國皇朝史上的千年一帝，康熙朝是中國皇朝史上的「康熙盛世」。

我的論點的主要依據，是康熙帝的歷史貢獻。

二、主要貢獻

康熙帝（1654～1722年），姓愛新覺羅，名玄燁，是清朝自努爾哈赤起第四代君主、清入關後第二任君主。他八歲繼位，在位六十一年。其間，曾經先後智擒權臣、平定三藩、收復臺灣、打敗帝俄，還有綏服蒙古、撫安西藏，武功盛極一時，前朝無人可比。他重視個人修養，好學習武、敬孝仁愛、克己修身。他又能重視學術、弘揚文化、編纂圖書、獎勵學者，文治上的成就也很高。他畢竟還是中國歷史上難得的皇帝，占有歷史偉人之地位。

康熙帝六十一年的君主生涯，對中國歷史和世界文明的發展，做出重大貢獻。就其貢獻而言，概括說來，主要有五──中華版圖奠定、民族關係穩定、中華文化承續、經濟恢復發展、社會秩序安定。

第一，中華版圖奠定。打開中國地圖和東亞地圖，看看康熙時的清朝疆域。

在東南，征撫臺灣，金甌一統。明天啟四年（1624年）荷蘭人侵占臺灣。順治十八年（1661年）十二月十三日（1662年2月1日），[1]鄭成功從荷蘭人手中收復臺灣。鄭成功死後，兒子鄭經奉南明正朔。康熙二十二年（1683年），康熙帝抓住鄭經死後，其子鄭克塽年幼、部屬內訌、政局不穩的時機，以施琅為福建水師提督，文武兼施，征撫並用，率軍統一了臺灣。設臺灣府，隸屬於福建。臺灣府下設三縣──臺灣縣（今臺南）、鳳山縣（今高雄）、諸羅縣（今嘉義）。派總兵官一員、率官兵八千，駐防臺灣。從而加強了清廷對臺灣的管轄，並促進了臺灣經濟文化的發展。

在東北，抵禦外侵，締結和約。黑龍江地域在努爾哈赤和皇太極時已經逐漸歸屬清朝。清軍入關後，沙俄東進侵入中國黑龍江流域地區，占領雅克

薩（今阿爾巴津）、尼布楚（今涅爾琴斯克）、呼瑪爾（今呼瑪）等城。康熙帝統一臺灣後，調派軍隊進行兩次雅克薩自衛反擊戰，取得勝利。康熙二十八年（1689年），同俄國在尼布楚簽訂《中俄尼布楚條約》，規定：格爾畢齊河、額爾古納河以東至海，外興安嶺以南，整個黑龍江流域、烏蘇里江以東到海地域（包括庫頁島）土地，歸中國所有。康熙帝設立黑龍江將軍衙門、吉林烏喇將軍衙門，加強了對黑龍江地區和烏蘇里江地區的管轄，初步奠定後來黑龍江和吉林等行省的規模。

在正北，會盟多倫，善治蒙古。努爾哈赤和皇太極解決了漠南蒙古問題，康熙帝則進一步解決漠北蒙古、初步解決漠西蒙古的問題（後雍正和乾隆解決漠西蒙古問題）。從秦漢匈奴到明朝蒙古，兩千年古代社會史上的北疆難題，到康熙帝時才算真正得解。康熙帝說：「昔秦興土石之工，修築長城。我朝施恩於喀爾喀，使之防備朔方，較長城更為堅固。」（《清聖祖仁皇帝實錄》卷一百五十一）秦漢以來，長城是中原農耕民族用來防禦北方南進勢力的屏障；康熙之後，蒙古是中華各個民族防禦沙俄南進的長城。

在西北，三次親征，敗噶爾丹。康熙帝先後三次親征，遏制噶爾丹勢力東犯，不僅穩定漠北喀爾喀蒙古局面，也穩定漠南蒙古社會，更有利於中原地區的社會安定。

在西南，進兵高原，安定西藏。清初，順治帝冊封達賴喇嘛，康熙帝又冊封班禪額爾德尼，西藏已經完全歸屬於清朝。康熙帝派兵平定西部蒙古勢力對西藏的擾犯，維護西藏的社會安定。

康雍乾盛清時的版圖，東瀕大海，東南包括臺灣，南及曾母暗沙，西南到喜馬拉雅山，西接薩雷闊勒嶺，西北到巴爾喀什湖，北達外興安嶺，東北至庫頁島（今薩哈林島），總面積約一千四百餘萬平方公里。清康熙朝是當時世界上幅員最為遼闊的大帝國。

康熙朝國家一統、國力強盛，周邊國家沒有出現威脅，也沒有出現動盪，僅有的俄國侵犯亦被擊退。這既是康熙帝治國的功績，也是康熙盛世的表現。

第二，民族關係穩定。清代民族關係，從康熙朝開始，是中國皇朝史上最好的時期。在東北，打敗俄國的侵略，解決並鞏固了自遼河到黑龍江流域各民族的問題。東北的達斡爾、索倫（鄂溫克）、鄂倫春、赫哲、錫伯等，前代所謂的「邊徼」之野，在清朝則成為「龍興之地」。在北方，中國自秦、漢以來，匈奴一直是中央王朝北部的邊患。明代的蒙古問題，始終未獲徹底解決，「邊境之禍，遂與明終始云」。（《明史·韃靼傳》卷三二七）己巳與庚戌，蒙古軍隊兩次攻打京師，明英宗皇帝甚至於成為蒙古瓦剌部的俘虜。清朝興起後，對蒙古採取了既完全不同於中原漢族皇帝、也不同於金代女真皇帝的做法，先後綏服了漠南蒙古、漠北喀爾喀蒙古、漠西厄魯特蒙古。清朝對蒙古的綏服，「撫馭賓貢，夐越漢唐」。（《清史稿·藩部一》卷五一八）在西北，完成天山南北大統一，設立伊犁將軍府，後設新疆省。在西南，進兵安藏，加強了對西藏的統治。後乾隆《欽定西藏章程》設駐藏大臣、在西藏駐軍、冊封達賴和班禪、設立金奔巴瓶制度；西南雲、貴、川的苗、瑤、彝等，改土歸流，加強了對這個地區各民族的管理。清朝實現了中國皇朝史上多民族國家新的協合。

康熙朝國家一統、國力強盛，多民族協合在一個中華民族中，沒有出現大的民族動盪、大的民族分裂。這既是康熙帝治國的功績，也是康熙盛世的表現。

第三，中華文化承續。清朝帝王為了箝制知識分子的思想、鎮壓異端、打擊政敵，實行文字獄。清代文字獄始於順治、康熙，發展於雍正，大行於乾隆，約計百起。康熙帝親政後重大文字獄，主要有一起即《南山集》案。這是應當批評的。在文化方面，康熙帝主要有幾件事情：其一，興文重教，編纂典籍。他重視文化教育，主持纂修了《康熙字典》、《古今圖書集成》、《佩文韻府》、《律曆淵源》、《全唐詩》、《清文鑑》、《皇輿全覽圖》等，總計六十餘種，二萬餘卷。特別值得一提的是，康熙帝下令在熙春園設「古今圖書集成館」，用銅活字印刷了一萬卷、一億六千餘萬字的《古今圖書集成》。於雍正初，最後完成。其二，移天縮地，興建園林。康熙帝先後興建暢春園、避暑山莊、木蘭圍場等，雍正、乾隆又興修「三山五園」——香山靜宜園、玉泉山靜明園、萬壽山清漪園（後改名頤和園）、暢春園和圓明園等，

將中國古典園林藝術推向高峰。其三，引進西學，學習科技，設立被譽為皇家科學院的蒙養齋等。李約瑟博士稱康熙帝為「科學的皇帝」。康熙帝和法國路易十四、俄國彼得大帝等都有文化往來與交流。

世界四大文明古國——古埃及、古巴比倫、古印度和古中國，其中古埃及、古巴比倫、古印度的文明都中斷了，中華文明在清朝不僅得到薪火傳承，而且延續活力。

康熙朝國家一統、國力強盛，中華文化在交融中傳承、在曲折中發展。這既是康熙帝治國的功績，也是康熙盛世的表現。

第四，經濟恢復發展。清軍入關後，最大的弊政，莫過於圈占土地，也就是跑馬占田，任意圈奪。康熙帝頒令，停止圈地，招徠墾荒，重視耕織，恢復生產。治理黃河、淮河、運河、永定河，並興修水利。培育新的稻種，取得很大成績。康熙四十八年（1709年）十一月，戶部庫存銀五千萬兩，「時當承平，無軍旅之費，又無土木工程，朕每年經費，極其節省，此存庫銀兩，並無別用。去年蠲免錢糧至八百餘萬兩，而所存尚多」云云。（《清聖祖仁皇帝實錄》卷二四〇）上年十二月，徵銀二千七百八十萬四千五百五十三兩，加上課銀二百九十五萬零七百二十八兩，共徵銀三千零七十五萬四千二百八十一兩。（《清聖祖仁皇帝實錄》卷二三五）康熙帝既使戶部庫儲充盈，又強調藏富於民——普免天下錢糧共達五百四十五次之多，其中普免全國錢糧三次，計銀一億五千萬兩。

康熙朝國家一統、國力強盛，社會經濟在經過戰亂、災荒後，有所恢復，也有所發展。這既是康熙帝治國的功績，也是康熙盛世的表現。

第五，社會秩序安定。我說康熙朝社會安定，主要是指康熙二十二年（1683年）統一臺灣之後，雖然社會矛盾也有，民族糾紛也有，但沒有大的、嚴重的社會動盪。康熙帝很幸運，他生活的後四十年，中國社會處於由亂到治、由弱到強、由分到合、由動到靜的歷史時期。原有的社會衝突、原有的動亂能量已經釋放殆盡，新的社會衝突、新的社會動亂能量還沒有積聚起來。康熙朝的社會安定，我舉三個例子：

(1) 從康熙二十一年（1682年）到六十一年（1722年），中原地區四十年間，沒有大的廝殺爭戰，沒有大的社會動盪，也沒有大的社會危機。在中國兩千年皇朝史上，統一王朝皇帝在位四十年以上的皇帝，只有六位：漢武帝在位五十四年，但有天漢民變；唐玄宗在位四十四年，但有安史之亂；明世宗在位四十五年，但有庚戌之變和壬寅宮變；明神宗在位四十八年，但有薩爾滸大戰；清聖祖在位六十一年，中原地區無大亂；清高宗在位六十年，但有王倫起義。所以，在位期間中原地區連續四十年無戰爭的，只有康熙帝一朝。

(2) 秋決死刑數字比較少。秋決死刑的案件，康熙十二年（1673年），「死犯共有八十餘名」。後來「決一年之罪犯，減至二三十人」。康熙十六年（1677年），終歲斷獄死刑，「不過十數人焉」！當時的全國人口，當在一萬萬以上。當時全國設十八個省，包括直隸、江蘇、安徽、山東、陝西、河南、陝西、甘肅、福建、浙江、江西、湖廣、偏沅、四川、廣東、廣西、雲南、貴州（以康熙六十年為例）。平均每省每年死刑不到一人。對於一個上億人口大國來說，一年死刑十餘人，數字算是很少。這就說明：當時社會，相當安定。

(3) 康熙帝多次四方出巡。他三次東巡、六次南巡、五次西巡、三次北征，還四十八次去木蘭秋獮、五十三次到避暑山莊。試想：如果社會動盪，康熙四方出巡，那是不可能的。如康熙帝第五次南巡到山東，民眾扶老攜幼，隨舟擁道：「夾岸黃童白叟，歡呼載道，感恩叩謝者，日有數十萬。」（《清聖祖仁皇帝實錄》卷二一九）到江南，史書載：自古帝王不憚跋涉之勞、為民閱視河道，現場指示，亙古未有；縉紳士民，數十萬人，歡聲雷動，夾岸跪迎。（《清聖祖仁皇帝實錄》卷二一九）以上兩則史料，難免有官員組織民眾夾道歡呼以博得聖上喜歡，也難免有官方誇大輿情的現象，[2] 但可以透露當時社會比較安定。

康熙朝國家一統、國力強盛、民族協合、文化發展，社會秩序比較安定。這既是康熙治國的功績，也是康熙盛世的表現。

「盛世」的「盛」是強盛、繁盛、興盛的意思。康熙朝的後四十年，在中國皇朝史上，的確是一個相對強盛、繁盛、興盛的局面——「強」，當時是世界上強大的帝國；「繁」，當時是比歐洲國家繁榮的帝國；「興」，當時是東亞興隆的帝國。

概括地說，康熙帝超越前人的重大貢獻是，在中華二千年皇朝史上，實現了中原農耕文化、西北草原文化和東北森林文化的空前的大融合。

但是，康熙大帝有缺憾，也有缺失，有疏誤，也有錯誤。這主要表現在四個問題上：於皇位傳承，立之過早，立而廢，廢而立，立而再廢，晚年失之於當斷未斷；於八旗制度，也想改革，改而停，停而改，改而再停，晚年失之於當改未改；於吏制管理，嚮往仁善，揚清官，懲貪官，懲而不嚴，晚年失之於當嚴未嚴；於海洋文化，傾向保守，開而閉，閉而開，開而再閉，晚年失之於當開未開。這更加導致其兒孫們主宰的大清帝國，以「天朝大國」自詡，封閉保守，逐漸走向衰落。

總上，康熙帝雖有缺失與過失，康熙朝雖有矛盾與危機，但整體而言，康熙帝確是中國皇朝史上的千年一帝。

三、千年一帝

康熙帝能夠成為千年一帝，是因為遇到了一個大「天時」。小天時決利鈍，大天時出明君。

第一，金甌需要一統。從明萬曆十一年（1583年）努爾哈赤起兵，到康熙二十二年（1683年），南明最後的象徵——臺灣鄭氏延平郡王鄭克塽歸清，整整百年。這一百年間，中華大地一直處於戰爭和分裂狀態，人民最重要的歷史期待是什麼？作為帝王，最重要的歷史使命又是什麼？答案都是重新實現金甌完整。第二，民眾需要富裕。戰爭的破壞，社會的動盪，災害的降臨，給人民生命財產造成了巨大損失：在北方，「一望極目，田地荒涼」；在中原，「滿目榛荒，人丁稀少」；在江南，「荒涼景象，殘苦難言」；在湖廣，「彌望千里，絕無人煙」；在四川，「民人死亡，十室九空」。就全國而言，國庫空虛，民生凋敝，田土拋荒，路暴白骨，村無炊煙，戶無雞鳴。民要富，

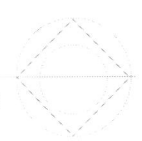

家要興，族要盛，國要強。第三，文化需要融合。自努爾哈赤以「七大恨」告天，打著反抗民族壓迫旗幟對抗明朝，到康熙帝即位，再到吳三桂反叛，滿漢之間，文化差異，異常凸顯，衝突不斷。滿洲統治者在統一中國的過程中，曾經實行鎮壓和屠殺的政策。流傳到現在的「揚州十日」、「嘉定三屠」、「江陰抗清」等故事，就反映了這種暴政和由此引發的漢族軍民的強烈反抗。特別是多爾袞攝政以來，在中原地區普遍推行剃髮、易服、圈地、占房、投充、逋逃「六大弊政」，更激化了民族矛盾和文化衝突。第四，天下需要太平。一百年間，地不分南北，族不分夷夏，人不分老幼，民不分貧富，都蒙受著戰亂、屠殺、大旱、水患、瘟疫、地震等災難。黎民百姓，背井離鄉，饑寒交迫，奔波流離，歷盡苦難，飽經滄桑，他們最渴望天下太平。而實現金甌一統、民眾富裕、文化融合、天下太平的民眾百年夢想，既是康熙大帝的使命，也是康熙大帝的機遇。

同時，從中國歷史規律來看，大亂之後往往有大治，短命天子之後往往有壽君。明末清初，數十年戰亂，給康熙大帝提供了一個做明君的歷史機會；從滿洲貴族集團來看，康熙帝正好處在從「打江山」到「坐江山」的轉變——滿洲雖占有中原大地，卻沒有坐穩江山，如果不能恰當處理滿漢民族關係，而使民族矛盾激化，有可能會重蹈蒙元最後被趕回漠北的歷史舊劇。如能緩和各種矛盾，成功實現「轉型」，而其「守成」之功，實同「開創」之業。

這些就是康熙皇帝成為一代「大帝」的重要「天時」條件。康熙帝利用了有利條件，做出歷史功績。那麼，怎樣評價康熙帝的歷史地位呢？

中國有確切文字記載的歷史三千多年。秦王嬴政二十六年（西元前221年），嬴政自以為「德高三皇、功過五帝」，自稱始皇帝，從此中國開始有了皇帝；到清宣統三年（1911年），辛亥革命推翻清朝，帝制被廢除。這段歷史有一個特點，就是有皇帝。我將這段歷史稱作中國皇朝歷史。中國皇朝歷史，總算二千一百三十二年。

這二千一百三十二年的皇朝歷史，有多少位皇帝呢？有人統計共三百四十九位皇帝，康熙帝讓他的大臣統計奏報說二百一十一位皇帝，再加

上自康熙到宣統九位，共二百二十位。其統計數字之差異，主要是源於標準不同，這可以不管。我們重在思考這二千一百三十二年皇朝的歷史。

中國兩千年皇朝歷史，大體可以分作前後兩段。前一段一千年，中國的政治中心主要是在西安。其間政治中心經常東西擺動——秦在咸陽，西漢在西安，東漢在洛陽，唐在西安等，但擺動中心在西安。其間，出現文景之治（文帝在位二十三年，景帝在位十六年）、貞觀之治（唐太宗在位二十三年）。《舊唐書·太宗本紀》史臣曰：「千載可稱，一人而已。」後一段一千年，中國的政治中心主要是在北京。其間政治中心經常南北擺動——遼上京在臨潢（今內蒙古巴林左旗菠蘿城），金都先在上京（今黑龍江省哈爾濱市阿城區）、後在中都（今北京），明都先在金陵（南京）、後在北京，清都先在瀋陽、後在北京，就是從今哈爾濱往南，經瀋陽、北京、開封、南京，到杭州，但擺動中心在北京。從上述可以看出一個有意思的歷史現象：中國兩千年帝國歷史政治中心的擺動，先是東西擺動，後是南北擺動，從而呈現出大「十」字形變動的特點。

就第二個一千年來說，遼、北宋、金、南宋、西夏、元、明、清八朝，共九十帝，一個重要的特點是國內的民族紛爭與融合。遼—契丹、金—女真、西夏—党項、元—蒙古、清—滿洲，八朝中有五朝是少數民族建立的。明朝雖然是漢族人建立的，但朱元璋以「驅逐胡虜、恢復中華」（《明太祖實錄》卷二十六）為號召，結果又被「胡虜」所替代。

這裡有一個很有意思的歷史現象。遼、北宋、金、南宋、元、明、清七朝，共有皇帝八十位。這七朝都有一個民族融和的問題。遼朝與北宋對峙，金朝與南宋對峙，元朝取代金朝，都是民族問題。朱元璋是漢人，他的口號是「驅逐胡虜、恢復中華」，帶有濃厚的民族色彩。滿洲以「七大恨告天」的民族旗號起兵，取代了明朝；民國孫中山先生又以「驅除韃虜、恢復中華」為綱領而推翻滿洲人建立的清朝。

從遼太祖耶律阿保機神冊元年（916年），到清宣統三年（1911年），總算一千年。折騰來，折騰去，都離不開「民族」二字。

現在回到本題——對康熙帝的評價問題。

先從縱向比較。中國自遼金以降，千年以來，有九十帝。遼九帝、金十帝與北宋九帝、南宋九帝，半壁山河，西夏十帝偏隅一方，凡四十七帝，均不足論。元朝十五帝，太祖成吉思汗，一代天驕，打下基業，武功偉績，略輸文采，並未一統，更無盛世。元世祖忽必烈，在位二十四年，定鼎大都，武功赫赫，文治稍遜，也無盛世。其它諸帝，均不足論。明朝十六帝，太祖朱元璋，推翻元朝，一統天下，功績很大；但是，冤案煩苛，史多譏評。明成祖朱棣，雄才大略，遷都北京，派鄭和下西洋，設奴兒干都司，然「靖難」之舉，史稱之為「篡」；蒙古難題，六次北征，死於道途，抱恨歸天。所謂「洪宣」之治，洪熙在位一年，宣德在位十年，都沒有形成盛世的局面。至於清朝，共十二帝，可以提及的是「三祖三宗」——清太祖努爾哈赤、世祖順治、聖祖康熙、太宗皇太極、世宗雍正、高宗乾隆。「三宗」自然位在「三祖」之下。僅以「三祖」而論，清太祖努爾哈赤奠基清朝，未入中原。順治帝雖遷都燕京，英年早逝，後期荒唐。算來算去，自遼以降，約一千年，康熙帝的前述五大貢獻，及其個人品格，邁越古人，千年以來，誰能與比？千年一帝，首推康熙！

再從橫向比較。其時，清朝的四鄰國家，比較和睦。東面的朝鮮，皇太極時已經向清朝納貢稱臣，其國王受清帝冊封。西面的哈薩克、阿富汗都比清朝經濟落後，更沒有形成氣候。南面的越南、泰國、緬甸、馬來亞、菲律賓、爪哇等，都比清朝落後、弱小。西南的印度，處於莫臥兒帝國時期，受喜馬拉雅山阻隔，也沒有和清朝發生糾紛與摩擦。清朝北面和東面後來的兩大強敵——俄國和日本，在康熙時期都還沒有崛起，俄國廢除農奴制是在1861年（清咸豐十一年），日本明治維新則在1868年（清同治七年），都是在康熙朝以後。雖然俄國有些小的動作，但都被擊敗，沒有形成大的威脅。

總之，此時的「西方」，經濟方面，工業革命還遠沒有開始（1765年哈格里夫斯發明珍妮紡織機，被公認為工業革命的先聲，已是康熙帝的孫子弘曆乾隆三十年的事）；文藝復興以來的歐洲新科技，在明末已經傳入一些，康熙帝本人也比較重視學習，但對生產影響重大的科技突破（如蒸汽機的改良等）都發生在康熙朝之後；政治方面，其時歐洲處於民族國家形成時期，主要大國都實行君主制，只有英國在1688年（康熙二十七年）「光榮革命」

後確立了君主立憲制，但那時英國的力量還基本趕不上中國，也沒有其他國家效仿英國政制，大英帝國的海上霸主之夢更是遲至19世紀才實現。至於美利堅合眾國，則是康熙帝死了半個多世紀以後才建立的。所以說，給康熙帝扣上「喪失學習西方、富國強兵機遇」的帽子，是不太公平的。

總之，康熙時代，英國尚未工業革命，而法國大革命和美利堅獨立，都是乾隆朝的事。俄國和日本的崛起，都在19世紀中葉。俄國的彼得大帝，法國的路易十四，與康熙同時代，他們都是當時世界上的偉大君主。但是，康熙朝是當時世界上幅員最為遼闊、人口最為眾多、民族最為協合、經濟最為雄厚、文化最為昌盛、軍力最為強大的大帝國。康熙大帝不僅是中國歷史上的千年一帝，而且是世界歷史上一位偉大的君主。

但是，康熙帝國有內在矛盾嗎？有。有潛存危機嗎？也有。他留下的缺憾，致使其兒孫們主宰的大清帝國，和西方列強的差距愈拉愈大。

綜上，無論就中國歷史作縱向比較，或就世界歷史作橫向比較，都可以說康熙大帝是中國皇朝史上的千年一帝，也是世界歷史上的千年名君。他和當時俄國彼得大帝、法國太陽王路易十四，同列世界偉大的君主。

四、盛世寶鑑

康熙盛世出現，主要原因有五：一是，國際環境有利，恰好處於西方大國兩次崛起高潮之間；二是，周邊國家協和，如果周邊環境不好，清朝也難以獨善其身；三是，國內有利因素，處在兩次社會大動盪之間相對平靜的時期；四是，滿洲民族新興，滿洲民族共同體是一個上升的、有朝氣的族群；五是，康熙個人素養。

這裡引出一個古老的話題：是英雄創造歷史，還是人民創造歷史？我認為是英雄與人民共同創造歷史。大家設想一下：如果康熙帝是一個荒淫無道的皇帝，或是一個窮兵黷武的皇帝，或是一個懦弱無為的皇帝，或是一個懶惰怠政的皇帝，儘管有上述四個客觀有利條件，也不能出現康熙盛世！康熙帝的個人素養，對於想在修身、齊家、治國、平天下中有所作為的人，都會得到有益的啟發。

因此，康熙盛世出現的諸因素中，我著重探討康熙帝的個人因素，特別是探討康熙帝的個人素養。我在《正說清朝十二帝》中，分析清興的根本原因時，突出講一個「合」字；在《明亡清興六十年》中，分析明亡的根本原因時，也突出講一個「分」字；那麼，在分析康熙帝個人素養時，也突出講一個字，就是「一」字。在這裡，我想起《論語·里仁》裡，孔子說：「吾道一以貫之。」《論語·衛靈公》裡，孔子又說：「予一以貫之。」孔子在《論語》中兩次強調「一以貫之」。我說，康熙帝個人素養的一個重要特點就是「一」，就是「一以貫之」。

　　康熙帝修身「一以貫之」，其表現，舉四例——知敬、知止、知學、知仁。

　　(1) 知敬，一以貫之。康熙帝認為，君子修德，在於知敬。知敬，就是要敬天、敬地、敬人、敬事、敬己，要有敬畏之心。皇帝地位至高，權力至上，怎樣約束自己？作為皇帝的「敬」，就是對自己的約束。敬天，康熙帝說：「吾人凡事惟當以誠，而無務虛名。朕自幼登極，凡祀壇廟、禮神佛，必以誠敬存心，即理事務對諸大臣，總以實心相待，不務虛名。」（玄燁《庭訓格言》）敬人，康熙帝說：「人生於世，無論老少，雖一時一刻不可不存敬畏之心，……我等平日，凡事能敬畏於長上，則不得罪於朋儕，則不召過，且於養身亦大有益。」（玄燁《庭訓格言》）敬事，康熙帝說：「凡天下事，不可輕忽，雖至微至易者，皆當以慎重處之。慎重者敬也！當無事時，敬以自持；而有事時，即敬以應事務，必謹終如始，慎修思永，習而安焉。」（玄燁《庭訓格言》）敬己，康熙帝說：「節飲食，慎起居。」這都是敬身、敬己。敬己，要從小事做起：「凡人修身治性，皆當謹於素日，朕於六月大暑之時，不用扇、不除冠，此皆平日不自放縱而能者也。」（玄燁《庭訓格言》）敬，不要時斷時續，而要「一以貫之」。總之，康熙帝認為「敬」就是「正」，他說：「念念敬，斯念念正；時時敬，斯時時正；事事敬，斯事事正。君子無在而不敬，故無在而不正。」（玄燁《庭訓格言》）

　　(2) 知仁，一以貫之。知仁，就是重視仁愛。康熙帝的仁愛之心，源自將心比心，「己所不欲，勿施於人」。他說：「己逸而必念人之勞，己安而必思人之苦。」（玄燁《庭訓格言》）俗話說：「儉以成廉，侈以成貪。」

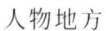

所以，康熙帝主張君子五戒：「勤修不敢惰，制欲不敢縱，節樂不敢極，惜福不敢侈，守分不敢僭。」（玄燁《庭訓格言》）人有一顆仁愛之心，對人就會比較寬容。他對臣下寬和、善待：「人生於世，最要者惟行善。」（玄燁《庭訓格言》）

知仁要律己。大臣讚揚他書法「神化之妙，難以名言」；他則說：「方將勉所未退，非謂書法已工也。」大臣讚揚他的文章，他說：「雖間有著作，較之往代，自覺未能媲美。」康熙四十一年（1702年）九月二十四日，兩江總督阿山上奏說地方糧食豐收都是皇帝洪福與施恩的結果，真是「天心靈感，屢顯豐饒景象」。康熙帝不接受他的奉承，反而給他一個批答：「若云此皆皇帝洪福齊天，恩播遐邇所致，則江北屬數地及山東數處，皆被水災，民游食者亦多，抑非福不與天齊，恩未能傳布所致耶？」

（3）知止，一以貫之。人既要知進知變，又要知足知止。知進，可以不衰；知變，可以不僵；知足，可以不辱；知止，可以不殆。人生之要，進止有度，進所當進，止所當止。康熙帝說：「世人衣不過被體，而衣千金之裘，猶以為不足，不知鶉衣袍縕者固自若也；食不過充腸，羅萬錢之食，猶以為不足，不知簞食瓢飲者固自樂也！朕念及於此，恆自知足。雖貴為天子，而衣服不過適體；富有四海，而每日常膳，除賞賜外，所用肴饌從不兼味，此非朕勉強為之，實由天性自然，汝等見朕如此儉德，其共勉之。」（玄燁《庭訓格言》）康熙帝知足知止，不立碑記功，也不自上尊號。他拒絕大臣請求為他立碑記功，說：「凡立碑者，惟為一時之名，並不能與永載實史可比，此事理應停止。」他更不允為他上尊號，先後十拒上尊號之請：康熙二十年（1681年）十二月，因平定三藩之亂，大臣奏請上尊號，他認為「此奏無益」，一不准；康熙二十一年（1682年）二月，蒙古王、貝勒等請上尊號，「不必行」，二不准；康熙二十二年（1683年）十月，臺灣劃一版圖，大臣們請上尊號，他認為「不願煩擾多事」，三不准；康熙二十六年（1687年）正月，喀爾喀蒙古首領等聯合奏請上尊號，他說「亦不准行」，四不准；康熙二十九年（1690年）十一月，達賴喇嘛等具疏請上尊號，也不准行，五不准；康熙三十年（1691年）五月，蒙古四十九旗王、貝勒請上尊號，不允，六不准；康熙三十六年（1697年）五月，在三征噶爾丹勝利之後，大臣請上尊號，不准，後王公大

臣一齊到暢春園再度請上尊號，命以後「毋復再奏」，七不准；康熙四十一年（1702年）十二月，以皇上五十大壽，王公官民又請上尊號，回答「終不允」，八不准；康熙五十一年（1712年）十一月，群臣以明年為皇上花甲大壽，大臣們讚揚他功超三王、德越二帝，請「上尊號」，他答覆道：「若侈陳功德，加上尊號，以取虛名，無益治道，朕所不喜」，九不准；康熙六十年（1711年）三月，諸臣以皇帝御極六十年請上尊號，回答是「當修省圖治，加惠黎元，有何慶賀？」而再拒，十不准。康熙帝之文治武功，之出眾才華，在中國歷代帝王中確實是罕見的。而他十辭群臣上尊號，一貫堅拒別人的讚譽、恭維，更是難能可貴的。康熙帝在位六十一年，一直謙遜不驕，他不喜歡別人對他過分的阿諛與讚美。

（4）知學，一以貫之。「知學」就是重視讀書學習。康熙帝立志高遠。他說：「聖人一生，只在志學一言。」（玄燁《庭訓格言》）「志之所趨，無遠弗屆；志之所向，無堅不入。」（玄燁《庭訓格言》）凡人、俗人與賢人、聖人的區別在哪裡？在於讀書學習。堅持之心，持之以恆。「初學貴有決定不移之志，又貴有勇猛精進之心，尤貴有貞常永固不退轉之念。」（玄燁《庭訓格言》）康熙帝讀書，終生堅持，手不釋卷。他讀「三百千」——《三字經》（一千一百二十二字）、《百家姓》（五百六十八字）、《千字文》（一千字），讀《大學》（一千七百五十三字）、《中庸》（三千五百七十六字）、《論語》（一萬五千八百七十六字）、《孟子》（三萬五千二百六十一字），共計五萬九千一百四十七個字，都能唸誦一百二十遍、背誦一百二十遍，直至老年，還能背誦。康熙帝終生讀書，手不釋卷，直至老年，好學不輟。他自己還有《御製文集》、《御製詩集》和《幾暇格物編》。康熙帝是一位學習型的皇帝，也是一位學者型的皇帝。

總之，康熙帝的這些素養，不是一曝十寒，也不是淺嘗輒止，而是「一以貫之」。康熙帝可貴的素養在於一個「一」字。用康熙帝的話來說，就是「公四海之利為利，一天下之心為心」。但是，康熙帝突出「一」字，又產生了「僵」字。這個「僵」字的連帶影響，則是「五項缺憾」。

康熙帝的缺憾，舉其大端，列出五點：

第一，重八旗而未進行制度改革。八旗制度在打天下時起過積極作用，但於治天下呢？則暴露出八旗在制度設計上存在嚴重缺失。於政治，滿洲貴族享有特權。如最高決策層、核心層的「五大」——內大臣和領侍衛內大臣（上三旗各二人）、議政大臣（滿洲貴族獨占）、大學士和軍機大臣（雍正設），主要是滿洲貴族。如康熙十六年（1677年）到二十七年（1688年），滿洲大學士中除覺羅勒德洪（正紅旗）外，全是滿洲正黃旗。康熙朝大學士四十八人，人口少的旗人占百分之五十五，人口多的漢人僅占百分之四十五。康熙朝十二位河道總督，旗人占了十位。於經濟，旗人生計由國家包下來，缺乏創業與謀生的機制，從而腐蝕了整個旗人群體。於社會，旗人與民人、滿洲貴族與漢族平民，分城居住，禁止通婚，同罪不同罰，同刑不同法，終世不變。八旗制度從萬曆四十三年（1615年）創立，到康熙十四年（1675年）大舉平定三藩之亂，已經六十年，八旗制度的弊病充分暴露。康熙帝不得不以漢人綠營為主，平息了三藩之亂。事後，康熙帝以「貽誤軍機」罪，處斬少數貪腐高官大吏，而沒有對八旗制度進行重大改革。其子雍正帝在位時間短，其孫乾隆帝缺乏改革膽識，其重孫嘉慶帝及其以後，則失去改革的歷史機遇。

第二，重西學而未引入科舉制度。康熙帝是中國歷史上既瞭解西方科學文化，又精通中華傳統文化的唯一的封建君主。他學習西方的天文學、數學、物理學、化學、地理學、生物學、音律學、醫藥學、測繪學、解剖學等。還在暢春園建立蒙養齋，被西方稱為皇家科學院。但康熙帝對西學僅僅局限於個人興趣、少數皇子、少數官員的研修上，沒有成為政府行為，也沒有形成國家政策，更沒有引入科舉考試。如將數學等引入科舉考試內容，會對後世產生巨大影響。

第三，重人丁而未遠慮人口膨脹。清承明制，丁納銀，地交賦，丁銀與地賦分開徵繳。康熙朝的人口，隨著社會安定、經濟發展，開始較快地增長。康熙五十一年（1712年）規定：盛世滋生人丁，永不加賦。（《清聖祖仁皇帝實錄》卷二四九）減免新生人丁的「人頭稅」。他的兒子雍正帝又規定「攤丁入地」，從此免除了「人頭稅」。這項政策的正面影響是，免除丁銀，減輕人身依附，促進人員流動；負面影響是，刺激人口過快增長，乾隆

時達到三億，至道光十七年（1837年），全國人口達到四億零五百九十二萬三千一百七十四人。人口猛增，解決的一個方法是獎勵墾荒，而大量墾荒又破壞生態平衡。一項重大政策的制定，要考慮長遠的後果。這點康熙帝當時是不能認識到的，只是後人回顧歷史，要從中吸取的一點教訓。

第四，重海疆而未創新海防制度。康熙帝在統一臺灣後開放海禁，後又宣布商賈「南洋不許行走」；晚年禁止天主教傳布，阻塞了中國與西方文化交流的一條渠道。康熙帝晚年，諭大學士九卿等說：「各個衙門官員，或能辦理事務，或以清白自持，亦止為身計耳。」其關係封疆大事，未必深思遠慮。這裡的封疆大事，就是指海防。他認為：「即如海防，乃今日之要務。朕時加訪問，故具知原委。」大事與小事，可互相轉化。他說：「天下事未有不由小而至大，小者猶不可忽，大者益宜留心。」這個國之大事，就是海疆問題。他沉重地說：「海外如西洋等國，千百年後，中國恐受其累。此朕逆料之言。國家承平日久，務須安不忘危。」（《清聖祖仁皇帝實錄》卷二百七十）話是說了，沒有落實。其子孫也不以為然。一百年後，英國艦炮打開國門，英法聯軍侵入北京。

第五，重文化而未調整旗民矛盾。康熙帝為了解決滿漢之間的文化衝突，採取許多措施，做了很多事情。弱化議政王大臣的權力，就是削弱滿洲貴族權力的一個措施。康熙朝有過兩起文字獄，都是因為民族問題而起。清朝最後還是亡於民族文化差異，特別是八旗群體特殊化、八旗貴族掌控朝綱的問題，得不到根本的解決上。清朝不同於明朝的關鍵一點，就是旗民矛盾。這是當時社會的基本矛盾，也是清朝的死結。孫中山先生同盟會綱領「驅除韃虜、恢復中華」，就是將旗人與民人、滿洲貴族與漢族民眾的矛盾，提升到政治的高度。孫中山「驅除韃虜」的綱領，雖然帶有強烈的民族主義色彩，卻反映了埋在漢人心中的積怨。清朝最後還是在旗民文化問題上翻了船。

總之，康熙帝在八旗制度、科舉考試、人口膨脹、加強海疆、旗民差異等問題上，只是解決了一些枝節問題，而未能在制度層面進行改革。於是，積重難返，矛盾加深，內外雙因，清祚覆亡。康熙帝有功有過，有對有錯，

有成就也有缺憾，他雖有上述五項缺憾，卻是中國歷史上一位不可多得的偉大君主。

（本文係在臺北故宮博物院，應周功鑫院長和馮明珠副院長之邀，為該院研究人員做題為「康熙大帝的歷史評價」講座的講稿，收入本集時標題做了改動，內容做了修改和補充。）

康熙帝的勤奮學習與嚴格教子

康熙帝是中國歷史上少有的勤奮學習的帝王，也是歷史上少有的嚴格教子的君主。康熙帝之所以做出過人的業績，因為他有過人的思想；他之所以有過人的思想，因為他有過人的學習。康熙帝是一位終身學習型的皇帝。

一、日講、經筵、自學

康熙帝重經讀史，崇儒重道，視儒學為「經世之根本」、「治國之方略」，積極接納、勤奮吸收漢族傳統文化。

康熙帝自幼勤奮學習。他做皇子時，五歲入書房讀書。他有著強烈的求知慾望，嘗「早夜誦讀，無間寒暑，至忘寢食」。又喜好書法，「自幼好臨池，每日寫千餘字，從無間斷」。他養成良好的讀書習慣，經年累月，終生不輟。他說：「朕聽政之餘暇，無間寒暑，唯有讀書、作字而已。」他讀「四書」──《大學》、《中庸》、《論語》、《孟子》，「必使字字成誦，從來不肯自欺」。後來他要求皇子讀書，讀滿百遍，還要背誦，這是他早年讀書經驗的傳承。他後來回憶道：

諸日未理事前，五更即起誦讀，日暮理事稍暇，復講論思索，竟至過勞，痰中帶血，亦未少輟。

康熙帝繼承皇位後，重視儒家經典。他認為：「至治之日，不以法令為亟，而以教化為先」；因為：「法令禁於一時，而教化維於可久。若徒恃法令，而教化不先，是捨本而務末也。」康熙十七年（1678年）正月，詔曰：「一代之興，必有博學鴻儒，振起文運，闡發經史，以備顧問。朕萬幾餘暇，

思得博通之士，用資典學。」這一治國的政治思想，不僅深刻影響當朝，而且為雍正、乾隆所繼承和闡發。康熙帝為著從儒家經典和歷史著作中汲取營養，學習傳統的治國理論和治國方法，便「先行日講，次舉經筵，選擇儒臣，分班進講」。所以，康熙帝的學習，主要是日講、經筵、自學。

日講——康熙帝學習的一條重要途徑。在清朝，皇子們讀書到上書房，而皇帝讀書則舉行日講。皇帝日講的講官，從翰林院中選出十員，分工輪流擔任講席。康熙十年（1671年）二月，任命了一批通熟經史的滿、漢官員擔任侍讀、侍講。四月，初行日講。明朝諸帝，長期以來對於經筵、日講，多持敷衍態度。有的君主一生之中只進行過幾次日講、經筵，便被史臣讚譽為盛事。康熙帝卻一反明朝君主懶惰、敷衍之故套，實行並堅持日講。康熙朝的日講，在數量上已經超過歷代君主，但仍嫌次數少，一再打破慣例，增加日講次數。康熙十一年（1672年）閏七月十六日，伏暑剛過，《康熙起居注冊》記載：「方今秋爽，天宜講書，爾等即於本月二十五日進講。」康熙十二年（1673年）二月，他又要求講官改變隔日進講舊例，而為每日進講。他說：「人主臨御天下，建極綏猷，未有不以講學明理為先務，朕聽政之暇，即於宮中披閱典籍，殊覺義理無窮，樂此不疲。向來隔日進講，朕心猶為未足。嗣後爾等須日侍講讀，闡發書旨，為學之功，庶可無間。」後來他又諭示破除寒暑停講的慣例。《康熙起居注冊》十二年（1676年）五月三日記載：「學問之道，必無間斷，方有裨益，以後雖寒暑不必輟講。」他在巡幸南苑期間，講官侍從，日講不輟。難能可貴的是，在萬壽節祭禮之前齋戒期、因病不能御門聽政之時也不輟講。在平定三藩叛亂期間，軍務緊急，戰報迭至，康熙帝一般是起床後不及用膳即御門聽政，而後再行日講。以致時近中午，饑腸轆轆，尚未休息。後來三藩平定，臺灣統一，從康熙二十二年（1683年）八月始，康熙帝將日講安排在御門聽政之前。少數時候因為政務較少，在日講、聽政之後，還一日兩講。他在《清聖祖御製文集·講筵緒論》中說：「讀書以有恆為主，積累滋灌，則義蘊日新。每見人期效於旦夕，常致精神誤用，實歸無益也。」這反映出康熙帝主動熱情的學習精神與持之以恆的學習態度。康熙帝在十五年間，系統地、完整地學習了《大學》、《中庸》、《論語》、《孟子》、《詩經》、《尚書》、《禮記》、《易經》、《通鑑綱目》、《資

治通鑑》等儒家經典和歷史著作，創造了日講近九百次的紀錄。康熙時期編撰的日講教材有：《日講四書解義》、《日講春秋解義》、《日講書經解義》、《日講禮記解義》、《日講易經解義》等。康熙帝還特別諭示儒臣編撰《御纂朱子全書》和《御纂性理精義》。常年刻苦的學習，使康熙帝打下儒學基礎和通曉治國理念。

　　經筵——康熙帝學習的又一重要途徑。經筵就是為皇帝講解經史而特設的講席。由大學士、翰林院侍讀學士、翰林院侍講學士等充任講官。舉行經筵，儀式隆重，常在文華殿舉行，也有時在孔廟舉行。就經筵而言，自康熙十年（1671年）二月，到他去世前，半個世紀的時間，除因巡幸、出征、患病、國喪等因偶未舉行之外，基本從未停止。這在歷朝皇帝中都是罕見的。康熙帝對經筵講官十分尊重。透過經筵，「證諸六經之文，通諸歷代之史，以為敷政出治之本。」康熙帝對經筵的長期舉行、對經筵講官的尊重，表現了他對中華傳統文化的重視與執著。康熙帝依此為治軍治國、仁政愛民，得到理念的支撐與經驗的通鑑。

　　康熙帝的經筵、日講，從不徒務虛名，必致融會義理。他說：「講學必相互闡發，方能融會義理，有裨身心。」因此，在經筵、日講之前，講官須預選內容，撰寫講章，繕寫成正副兩本——正本呈給康熙帝，副本講官做講稿。經筵、日講時，康熙與儒臣反覆討論，期於貫通義理，務使經筵日講，不致流於形式。康熙帝要求講官在經筵、日講時，不必忌諱，大膽講解；偶有失誤，也予諒解。他於講官本人，體恤備至：日講之後，常賜御製書畫以示慰勞；寒暑令節，也常贈給貂裘、紗緞、果品之屬；遇有優缺，從速升轉；如有疾病，遣太醫診治並賜藥物；去世之後，遣使弔祭，贈予美諡，錄用子孫。康熙皇帝的這些行動，使得講官們感激涕零，實心報效，經筵與日講也都收到很好的效果。

　　自學——康熙帝學習的另一重要途徑。康熙帝隨著年齡的增長與學力的提升，更需要長期堅持自學。於是，自學是康熙帝成年後所採取的一種主要學習形式。康熙二十五年（1686年）閏四月，康熙帝以日講儀節煩瑣，為時良久，有妨披覽載籍，下令停止。至此，除經筵因繫典禮仍然按期舉行外，

堅持了十五年之久的日講宣告停止。從此，康熙帝開始了以自學為主的新的學習階段。他在自學中，刻苦勤奮，持之以恆。他自己後來回憶道：「及至十七八，更篤於學，諸日未理事前，五更即起誦讀，日暮理事稍暇，復講論思索，竟至過勞，痰中帶血，亦未少輟。」康熙十六年（1677年）十一月，他專選張英、高士奇等入直南書房，輔導自己學習《春秋》、《禮記》、《通鑑》等書並學習書法、詩詞等，從而南書房成為日講之外的另一個重要自學場所。為了督促自己自學，他在座右銘中自箴：「無一日不寫字，無一日不看書，義理自然貫通！」至康熙二十四年（1685年）時，他利用自學，系統地精讀了《通鑑》、《通鑑綱目》、《綱目大全》等書，並邊學習、邊研究，「不但錯誤者悉加改正，即闕失者亦皆增補」。

康熙帝於經史子集，詩詞歌賦，莫不涉獵，學識淵博。他讀書不是為消遣，而是為治國，「體會古帝王孜孜求治之意」，以治國、平天下。他在出巡途中，深夜乘舟，或居行宮，談《周易》、看《尚書》，讀《左傳》、誦《詩經》，賦詩著文，習以為常，雖年已花甲，仍手不釋卷。康熙帝重視史籍，下令編纂《清文鑑》（滿文字書）、《康熙字典》、《古今圖書集成》、《全唐詩》、《皇輿全覽圖》等，開一代整理與出版文化典籍之風。他還有《御製文集》（三集）一百四十七卷、著錄數以千計的文章；有《御製詩集》傳世，留下一千一百四十七首詩詞。這些都是康熙帝長期刻苦學習的結果。

二、熱愛自然科學

康熙帝喜愛、研習自然科學。他學習和研究自然科學的一個動因，是因不懂自然科學而在御政時遇到了困難。事情的緣起是一場曆法之爭。

明朝長期以來襲用郭守敬制定的《大統曆》，日積月累，誤差嚴重，交食不驗，時有發生。明崇禎年間，聘請傳教士湯若望主持改進曆法，修成《崇禎曆書》，未及推行，明朝覆亡。清順治二年（1645年），攝政睿親王多爾袞將其改名為《時憲曆》，頒行於世，並任湯若望掌欽天監印。康熙初，楊光先上疏對湯若望新曆加以非難和指責。這就是關於曆法的湯（若望）、楊（光先）之爭。

湯若望（1591～1666年），耶穌會士，德國人，萬曆四十七年（1619年）來華。這一年恰好發生薩爾滸大戰。他先到澳門，後入廣州，再到北京。崇禎時，創設曆局，修訂曆法，湯若望任事，共同編成《崇禎曆書》，設館在今北京宣武門內南堂地方。明清易鼎，清廷命湯若望掌管欽天監事。湯若望和順治帝的關係密切。順治帝病危時，議立嗣君。福臨因皇子年幼，想立皇弟；皇太后的意思是立皇三子八歲的玄燁，並徵詢湯若望的意見。湯若望以玄燁出過天花可終生免疫，支持皇太后的意見。順治帝就一言而定玄燁繼承皇位。順治帝死後，湯若望在康熙初年，被抓進監獄。事情的引發是楊光先的誣告。

　　楊光先（1597～1669年），安徽歙縣人，為人好爭鬥。崇禎時來到京師，抬著棺材至闕下，上疏彈劾大學士溫體仁，遭到廷杖，謫戍遼西。明亡後，回江南，後又旅居京師。他不懂天文曆法，卻自詡為天算學家。順治時上書，指責《時憲曆》封面不當題寫「依西洋新法」五個字，攻擊湯若望。時順治帝對湯若望優禮有加，禮部不予受理。康熙三年（1664年），楊光先再次誣告湯若望，一面上書朝廷，一面散發傳單。楊光先指責《時憲曆》只編了二百年，大清皇朝萬萬年，這豈不是讓大清短祚嗎！他又說：「寧可使中夏無好曆法，不可使中夏有西洋人。」這是一場保守對維新、愚昧對科學之爭。時湯若望患病，行動不便，昏迷恍惚，戴著九條鎖鏈，躺在小木床上，手舉望遠鏡，還在觀測日蝕。翌年三月，輔政大臣鰲拜等支持楊光先，定湯若望死罪，欽天監五位部門負責官員被處死，廢棄《時憲曆》。孝莊太皇太后認為對湯若望處分過重，她說：湯若望一向為先皇帝信任，禮遇極隆，你們必欲置之於死地耶！經兩次覆議，湯若望免死下獄。恢復舊曆法，廢除《時憲曆》。楊光先則掌管欽天監、吳明烜為監副。後湯若望死於寓所。

　　康熙帝親政後，用比利時人南懷仁治理曆法。南懷仁藉地震的機會，奏稱楊光先等在曆法、測驗方面的錯誤。康熙八年（1669年），十六歲的康熙皇帝，以「曆法精微，難以遽定」，命大學士圖海等二十人會同欽天監官員，赴觀象臺，共同測驗。屆時，大學士、尚書等官員，聚集一處，當場測驗。結果，南懷仁所測都應驗，楊光先等所言都不應驗。他們還做了其他的驗證表明：南懷仁的正確，楊光先的謬誤。最後，議政王等議：推倒楊光先誣告湯若望案，議楊光先斬首，為湯若望及同案死者平反。康熙帝命對楊光先奪

其官、免其死、遣回籍（死於途中）；給湯若望平反。康熙帝後任命耶穌會士南懷仁為欽天監監正、工部右侍郎，開創了清朝用西洋人在六部做官的先例。

湯、楊之爭，《清史稿·湯若望、楊光先、南懷仁傳》論曰：「其在當日，嫉忌遠人，牽涉宗教，引繩批根，互為起仆，誠一時得失之林也。聖祖嘗言：『當曆法爭議未已，己所未學，不能定是非，乃發憤研討，卒能深造密微，窮極其閫奧。為天下主，虛己勵學如是。』」後康熙帝回憶說：

爾等惟知朕算術之精，卻不知朕學算之故。朕幼時，欽天監漢官與西洋人不睦，互相參劾，幾致大辟。楊光先、湯若望於午門外九卿前當面測睹日影，奈九卿中無一知其法者。朕思己不知，焉能斷人之是非？因自憤而學焉。

於是，康熙帝發奮學習自然科學——從耶穌會士研修數學、化學、醫學、藥學、天文學、地理學、音韻學、光學、力學、解剖學等。

康熙帝首先刻苦學習數學。康熙帝在已經舉行經筵、日講的同時，又以極大的熱情研究數學。耶穌會士張誠、白晉等將《幾何原本》譯成滿文，在內廷講授，而康熙帝的學業成績令人驚嘆。他親自動手演算習題、做實驗，至今故宮博物院還保存康熙帝演算數學題時用的桌子、文具和儀器。他在巡視水利時，也親自和皇子們拉線測量。法國傳教士白晉在《康熙皇帝》一書中，曾經記載康熙帝認真學習的情景：

康熙皇帝傳旨，每天早上由上駟院備馬接我們進宮，傍晚送我們返回寓所。還指派兩位擅長滿語和漢語的內廷官員，協助我們準備進講的文稿，並令書法家把草稿謄寫清楚。皇上諭旨我們每天進宮中授文稿內容。皇上認真聽講，反覆練習，親手繪圖，對不懂的地方立刻提出問題。就這樣整整幾個小時和我們在一起學習，然後把文稿留在身邊，在內室裡反覆閱讀。同時，皇上還經常練習運算和儀器的用法，複習歐幾里得的主要定律，並努力記住其推理過程。這樣學習了五六個月。康熙皇帝精通了幾何學原理，取得了很大的進步，以致一看到某個定律的幾何圖形，就能立即想到這個定律及其證明。有一天皇上說，他打算把這些定律從頭至尾閱讀十二遍以上。我們用滿語把這些原理寫出來，並在草稿中補充和歐幾里得、阿基米德著作中的必要

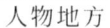

而有價值的定律和圖形。除上述課程外，康熙皇帝還掌握了比例規的全部操作法、主要數學儀器的用法和幾種幾何學及算術的應用法。

　　白晉又記載：康熙帝在談到他刻苦學習時，說自己從不感到學習苦惱，並頗有感觸地追述，他從少年時代起，就以堅忍不拔的毅力，專心致志地學習規定的一切知識。還說：

　　他每天都和我們在一起度過兩三個小時。此外，在內室裡，不論白天還是夜晚，皇上都把更多的時間用於研究數學。由於這位皇帝特別厭煩萎靡不振的、無所事事的生活，所以即使工作到深夜，次日清晨也一定起得很早。因此，儘管我們經常注意要早進宮謁見聖上，但仍有好幾次在我們動身之前，皇上就已傳旨令我們進宮。這有時只是為了讓我們審閱他在前一天晚上所作的算題。因為每當學習到幾何學中最有價值的知識時，皇上總是懷著濃厚的興趣，把這些知識應用於實際，並練習數學儀器的操作。由此可見，康熙皇帝為了獨立解決與我們以往講過的相類似的問題，曾經做出何等努力，實在令人欽佩之至。

　　康熙帝透過認真學習，著有《御製三角形推算法論》（滿漢文合璧），載於《清聖祖御製詩文集》中。當時在康熙皇帝授意並主持下，曾編修兩部數學著作：一部為滿文《歐幾里得幾何學》，這是康熙帝在聽了白晉等人關於幾何學的講授後，命張誠、白晉把歐洲最古老的這部幾何學著作譯成滿文的，這是至今世界上僅有的一部滿文幾何學著作。另一部為《數理精蘊》。因為康熙帝本人對數學情有獨鍾，他組織人員編纂了這部除微積分之外的當時中西數學大全。《數理精蘊》一書內特別列有「難題」一卷，應是康熙帝解題的學習心得。

　　康熙帝對醫學很感興趣，也很有研究。他說自己「年力盛時，能挽十五力弓，發十三握箭」，可見他體格強健、長於弓馬。他年輕時得過幾場大病，使他很早就留心醫藥學。康熙帝四十歲那年得了瘧疾，中醫藥未能治癒，耶穌會士洪若翰、劉應進金雞納霜（奎寧）。康熙帝服用後，很靈驗，病好了。他召見洪若翰、劉應等，在西安門賞賜房屋，後這裡成為天主教北堂。此後，康熙帝便對西醫、西藥發生興趣，命在京城內煉製西藥，還在宮中設立實驗

室，親自臨觀。他提倡種牛痘以防天花。塞外的遊牧族群，特別怕得天花。順治帝因患天花而死，康熙帝也出過天花，臉上留下麻子。清朝在塞外建避暑山莊、木蘭圍場，原因之一是蒙、藏貴族可以不入京朝覲，減少出天花的機會。他命先給自己子女及宮中女子種痘，還給蒙古四十九旗及喀爾喀蒙古牧民種痘，這就使千萬人因種痘而免去患天花死亡或不死而留下麻子的悲劇。

康熙帝重視地理測量，他每次巡幸或者出征，都注意攜帶儀器進行測量。從康熙四十六年（1707年）至五十六年（1717年），他又組織耶穌會士白晉、雷孝思、杜德美、巴多明以及中國學者等，進行全國大地測繪，編繪了《皇輿全覽圖》。《皇輿全覽圖》是當時世界上最先進、最完整的經過實測而繪製的中國及東北亞地圖。

康熙帝還衝破封建禮教束縛，命耶穌會士巴多明等，將西洋《人體解剖學》書籍翻譯成滿文、漢文。他命將一隻冬眠的熊進行解剖，並親自臨視。康熙帝還在西苑（今中南海）豐澤園種水稻，培育優良稻種。也在避暑山莊進行農作物栽培實驗。

康熙帝很謙虛，不肯輕易出書。康熙帝悉心治河數十年，查閱治河典籍，視察河水變化，摸索治河方法，制定治河政策，結果成績明顯，出現了四十年的安瀾局面。河道總督張鵬翮請將治河諭旨編纂成書，刻書頒行，永久遵守。康熙帝斷然不同意，他說：前代治河之書，無不翻閱，泛論雖易，實行則難。河水沒有定性，治河不可一法。今日治河之言，欲令後人遵行，斷不可行。這表現了康熙帝可貴的謙遜的科學態度。

康熙帝身邊有一批耶穌會士教師。康熙二十七年（1688年），六位法國耶穌會士、科學家白晉、張誠等在乾清宮，受到康熙帝的召見。他們獻上了從法國帶來的三十種科技的儀器和書籍作為見面禮。這令康熙帝「天顏喜悅」。他當即決定讓白晉、張誠入宮，擔任他的科學師傅。康熙帝把耶穌會士從法國帶來的科技儀器，擺放在自己的房間裡，「把著直尺和圓規愛不釋手」。2004年在法國巴黎凡爾賽宮舉辦「康熙大帝展」，展出故宮珍藏的康熙年間西洋科學儀器，至今仍運轉自如，光彩耀人。這些展品主要有：（1）手搖計算機。世界上第一臺手搖計算機是法國科學家巴斯如於1642年製造

的，透過裡面的齒輪進位進行計算。故宮博物院收藏十臺手搖計算機，都是康熙年間製作的，能進行加減乘除運算。（2）銅鍍金比例規。原是伽利略發明的計算工具，可以進行乘、除、開平方等各種計算。康熙帝的比例規增加平分、正弦等不同的計算。（3）康熙角尺：尺上鐫刻有「康熙御製」四個字。（4）平面和立體幾何模型，全部由楠木精製。這套模型是清宮造辦處為康熙帝學習幾何學所製作的教具。（5）繪圖儀：質地有銀、木、漆、鯊魚皮等，每套六至二十餘件不等。盒內裝有比例規、半圓儀、分厘尺、假數尺、兩腳規、鴨嘴筆等。為適用野外作業，有的還配有刀子、剪子、鉛筆、火鐮、放大鏡、黑板、畫棒等。這類儀器是康熙時期清宮造辦處仿照西洋繪圖儀器製作的，用於野外繪圖。（6）御製簡平地平合璧儀：它是集簡平儀、地平儀、羅盤、象限儀、矩度為一體的多功能測量儀器，攜帶方便，具有適合野外作業的特點。它共分六層，由清宮內務府造辦處製造。另外，在梵蒂岡羅馬傳信部檔案中，有關於康熙帝向法國科學家學習代數的檔案。檔案記載：朕自起身以來，每天和阿哥們學習代數求根公式。

康熙帝說：「殷憂勞世，習與性成，學於古訓，不敢荒寧，前途之計，後世之寄，疇勤疇恤，繄余是視，兢兢業業，不知老之將至。」這表現了康熙帝生命不息、學習不止的寶貴精神。總之，康熙皇帝對於自然科學的興趣始終不衰，學習自然科學成了康熙皇帝終身愛好的事業。康熙皇帝是一位學習型的皇帝，是二十五史中唯一瞭解西方文明、尊重科學精神的皇帝。

康熙帝晚年身體不好。一次大學士呈摺恭祝他萬安，他批答說：朕至今「行走需人攙扶，甚虛弱。何言萬安？一安亦無！」不要說萬安，一安也沒有！他還說：「朕以右手病，不能寫字，用左手批旨，斷不假手於人。」可見病情不輕，但是仍很頑強。大臣們向他進補藥，他不贊成亂用補藥。康熙帝養生主張八個字：「飲食有節，起居有常。」

康熙帝自著科學文集《幾暇格物編》。這對日理萬機的帝王來說，確是難能可貴的。康熙帝學習西方科技，雖然有利於當時科學技術的發展，但僅限於康熙帝個人和宮廷，沒有形成政策和制度。康熙帝在暢春園蒙養齋設立算學館，被西方稱為「中國科學院」。蒙養齋的創建，對培養中國數學家，

完成前述科學巨著《律曆淵源》、《數理精蘊》有過重要貢獻。大數學家梅穀成、明安圖、何國宗等，都是在蒙養齋學習而後有成的。康熙朝以後，皇帝們對科學一個比一個缺乏興趣。乾隆對科學一竅不通，他們感興趣的只是自鳴鐘和西洋樓大水法之類的玩物。雖然康熙帝打開了一扇瞭解西方科技文化的窗戶，但是清朝失去了一個發展近代科學技術的機會。

三、重視子孫教育

康熙帝不但重視自身的學習，而且重視子孫的教育。康熙帝的子女，是清朝皇帝中最多的，共有三十五子、二十女。有學者統計，康熙帝的皇孫共九十七人。康熙帝對子孫的教育特別認真，也特別嚴格。

康熙帝也像平民百姓一樣，嚴格教子，望子成龍。老百姓的兒子，經過教育，可以成才，但不能成龍；除非造反，奪得天下，自登皇位。「高陽酒徒」漢高祖劉邦和「鳳陽貧僧」明太祖朱元璋等，他們之所以成龍，絕不是父母培養教育出來的。在中國帝制時代，只有皇帝才可能透過教育使自己的兒子成龍；至於平民百姓，那是萬萬做不到的。康熙皇帝為著大清江山永不褪色，社稷綿延億萬斯年，便對諸皇子進行嚴格的教育。

康熙帝培養兒子的主要目標是從皇子中產生一位滿意的接班人，以使大清帝國江山永固、社稷萬年。首先，以儒家經典教育皇子。其次，以「國語騎射」培養皇子。再次，訓練皇子實際能力。復次，傳授治國安邦之道。諸皇子的培養教育，以皇太子為重點。早在康熙十四年（1675 年），對年僅一歲的皇太子胤礽，加以眷寵，施以特教。初始，康熙帝親自教他讀書、寫字。胤礽六歲就傅，康熙帝令大學士張英、李光地做他的老師，又命大學士熊賜履教他性理之書。康熙帝三次親征噶爾丹，命皇太子留京代理政務。康熙帝幾次南巡，也多命皇太子留守京城。康熙三十二年（1693 年），康熙帝患病，命皇太子代理政事：「朕因違和，於國家政事，久未辦理，奏章照常送進，令皇太子辦理，付批辦處批發。」康熙帝病癒之後，命皇太子協助處理一般政務和旗務。他對其他皇子，如皇四子、皇八子、皇十四子等，常委以軍政重任，既對其加強鍛鍊，又對其進行考察。

清朝皇子所受的教育主要是儒家經典。此外，他們精力之耗，多擅書畫，亦習戲曲。所以，康熙皇帝對皇子的教育，首之為成龍，次之為襄政，又次之為領兵，再次之為務學，復次之為書畫。康熙帝對皇子的教育，不僅制定嚴格的制度，而且進行嚴格的檢查。

　　康熙帝對子孫的教育，透過多種方式進行，一是言傳、身教；二是參加祭祀、打獵、巡幸、出征等實踐活動；三是上學讀書。上學讀書是康熙帝教育青少年子孫的基本方法。

　　清人吳振棫的《養吉齋叢錄》記載：「我朝家法，皇子、皇孫六歲，即就外傅讀書。」學習的時間，「寅刻（3～5時）至書房，先習滿洲、蒙古文畢，然後習漢書。師傅入直，率以卯刻（5～7時）。幼稚課簡，午前即退直。遲退者，至未（13～15時）正二刻，或至申刻（15～17時）。」休假日，「惟元旦免入直，除夕及前一日巳刻，准散直」。就是說，一年之中，不論寒暑，休假只有元旦一天和其前兩個半天。相比之下，今日學生的假日可謂多矣、長矣！

　　康熙帝確定了皇子皇孫的教育制度。康熙帝定制，皇子皇孫六歲開始在上書房讀書。康熙帝親自為皇子們選定師傅，初有張英、熊賜履、李光地、徐元夢、湯斌等一代名儒。皇子老師中的漢人師傅，主要教授儒家經典；滿人師傅稱諳達——內諳達教授滿文和蒙古文，外諳達教授騎馬、射箭技藝。《康熙起居注冊》等書記載，康熙二十六年（1687年）六月初十日，皇子一天讀書的情狀：

　　寅時（3～5時），皇子在上書房讀書，先複習前一天的功課，準備師傅到來上課。

　　卯時（5～7時），滿文師傅達哈塔、漢文師傅湯斌和少詹事耿介，進入名叫無逸齋（在暢春園）的上書房，向皇太子恭行臣子禮後，侍立在東側；管記載皇太子言行的起居注官德格勒、彭孫遹侍立在西側。皇太子胤礽伏案誦讀《禮記》中的章節，誦讀不停。胤礽遵照皇父康熙帝「書必背足一百二十遍」的規定，在背足遍數之後，令湯斌靠近案前，聽他背書。年近六十歲的湯斌跪著捧接皇太子的書。聽完胤礽的背誦，一字不錯，就用硃筆

點上記號,重畫一段,再讀新書,捧還經書,退回原來的地方站立。皇太子又寫楷字一紙,約數百字。

辰時(7～9時),康熙帝上完早朝,向太皇太后請安之後,來到皇太子讀書的暢春園無逸齋。皇太子率領諸臣到上書房外臺階下恭迎。康熙帝入齋後升座,問湯斌曰:「皇太子書背熟否?」湯斌奏道:「很熟。」康熙帝接過書後,皇太子朗朗背誦,一字不錯。康熙帝又問起居注官:「爾等看皇太子讀書如何?」奏道:「皇太子睿質岐嶷,學問淵通,實在是宗廟萬年無疆之慶!」康熙帝囑咐他們對皇太子不要過分誇獎,而應嚴加要求。檢查完皇太子的功課,康熙帝回宮。

巳時(9～11時),時值初伏,日已近午,驕陽似火。皇太子不搖摺扇,不解衣冠,凝神端坐,或背誦經書,或伏案寫字。這時他們的師傅達哈塔、湯斌和耿介,因為年邁暑熱,晨起過早,佇立時久,體力不支,斜立昏眩,幾乎顛仆。皇太子寫好滿文一章,讓師傅達哈塔等傳觀批閱校對。湯斌奏道:「筆筆中鋒,端嚴秀勁,真佳書也!」達哈塔也奏道:「筆法精妙,結構純熟。」皇太子又溫習背誦師傅畫定的《禮記》篇章一百二十遍。

午時(11～13時),侍衛給皇太子進午膳。皇太子命賜諸師傅也吃飯。諸臣叩頭謝恩後,就座吃飯。膳後,皇太子沒有休息,接著正襟危坐,又讀《禮記》。讀過一百二十遍,再由湯斌等跪著接書,聽皇太子背誦。

未時(13～15時),侍衛端進點心,呈在皇太子等面前。皇太子吃完點心後,侍衛在庭院中張侯——安上箭靶。皇太子步出門外,站在階下,運力挽弓,扣弦射箭。這既是一節體育課,又是一節軍事課。是為教育皇子們「崇文宣武」,治理國家。皇太子射完箭後,回屋入座,開始疏講。湯斌和耿介跪在書案前面,先生翻書出題,學生依題講解。

申時(15～17時),康熙帝又來到無逸齋。皇長子胤禔、皇三子胤祉、皇四子胤禛、皇五子胤祺、(皇六子早殤)皇七子胤祐、皇八子胤禩,同來侍讀。康熙帝說:「朕宮中從無不讀書之子。向來皇子讀書情形,外人不知。今特召諸皇子前來講誦。」湯斌按照康熙帝的旨意,從書案上信手取下經書,隨意翻書命題。諸皇子依次魚貫進前背誦、疏講。皇五子胤祺因學滿文,所

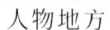

以只寫滿文一篇，書寫工整，圈點準確。康熙帝親自書寫程頤七言律詩一首，又寫「存誠」兩個大字一幅，給皇子們示範。群臣稱頌說：得小字「秀麗」、大字「蒼勁」。

酉時（17～19時），侍衛在院中張侯——安置箭靶之後，康熙帝令諸子依次彎射，各皇子成績不等。又命諸位師傅射箭。隨後，康熙帝親射，連發連中。

天色已暮，諸臣退出。皇太子等在暢春園無逸齋一天的功課完畢。

康熙帝對皇子還進行自然科學知識的教育，如數學、天文學、地理學、醫學、測量學、農學等。先以觀測日食為例。康熙三十六年（1697年）閏三月初一日，日食。時康熙帝親征噶爾丹在外，皇太子在北京進行觀測，他使用皇父所賜嵌有三層玻璃之小鏡子，裝於自鳴鐘之上，用望日千里眼觀望，日食似不到十分，日光、房屋、牆壁及人影俱為可見，甚屬明耀。二十一日，自京城發出，送皇父覽閱。康熙帝得到奏報後，硃批曰：「覽爾所奏，果然如此。」後來皇四子胤禛（雍正）回憶道：「昔年遇日食四五分之時，日光照耀，難以仰視。皇考親率朕同諸兄弟在乾清宮，用千里鏡，四周用夾紙遮蔽日光，然後看出考驗所虧分數。此朕身經實驗者。」又以幾何學為例，法國耶穌會士白晉寫給法王路易十四的信中說，康熙帝親自給皇三子胤祉講解幾何學，並培養其科學才能。後又讓胤祉等向義大利耶穌會士德理格學習律呂知識，「命臣德理格在皇三子、皇十五子、皇十六子殿下前，每日講究其精微，修造新書」。康熙帝命在暢春園蒙養齋開館，派胤祉主持纂修《律曆淵源》，匯律呂、曆法和算法於一書。胤祉還為《古今圖書集成》的纂輯做出貢獻，成為康熙朝一位傑出的學者。但他在雍正繼位後，仍未逃過劫難，被奪爵，禁景山永安亭而死。

康熙帝自己喜歡書法，也教皇子書法。他向皇子們說：「朕自幼好臨池，每日寫千餘字，從無間斷。凡古名人之墨跡、石刻，無不細心臨摹，積今三十餘年，實亦性之所好。」他對有的皇子練字，做出具體規定：每一日要寫十幅呈覽。在皇父嚴格要求與督促之下，皇太子、皇三子、皇四子、皇七子、皇十三子和皇十四子等，都寫得一手好字。皇二十一子胤禧，史載其「詩

清秀，尤工畫，遠希董源，近接文徵明」；皇三子胤祉和皇七子胤祐，以其尤長書法而受命書寫康熙帝景陵的《神功聖德碑文》。康熙帝的諸皇子中，凡工藝術而又不參與爭奪皇位者，多得善終（因病夭折者除外）。

但是，教育只能影響一個人的性格，而不能改變一個人的性格。康熙帝的三十五個兒子中，序齒的有二十四位，實際上成人（年滿十六歲）的，只有二十一位。這二十一個兒子，是由十七個妻子生育的。他們除了一人能做皇帝外，其他的均為普通皇子。

康熙帝教育子孫，是他為君之道中的一項重要內容。其目的在於培養接班人。清朝的皇帝沒有暴君，沒有昏君，也沒有怠君。康熙帝的繼承者雍正、雍正的繼承者乾隆都很優秀，也都很傑出。康熙帝的皇子中，沒有不學無術之庸人，也沒有胡作非為之紈褲。他們都有一定素養、一技之長。這些都和康熙、和清朝重視皇子皇孫的教育有關。但康熙帝的兒子太多，在位時間又長，「夜長夢多」，皇子們結黨自固，爭奪皇位，最後導致殘酷的宮廷鬥爭，有的被囚，有的屈死，實在是令人遺憾的事情，也是康熙帝生前所沒有料到的。

總之，學習是康熙帝為君之道的一把歷史的鑰匙。康熙帝對自己終身學習，對子孫重視嚴格教育，這個寶貴的歷史經驗，值得借鑑，應當弘揚。

（本文是多次演講的文稿綜合而成，內容做了調整與修改）

袁崇煥其人、其事、其精神

在中華民族歷史上，有許多仁者、智者、勇者、廉者，他們是中華豪傑的精英，也是中華民族的脊梁。袁崇煥就是其中的一位。一位傑出人物的魂魄，一段重大歷史的背後，必有一種優秀的精神。袁崇煥經歷寧遠、寧錦、京師三次重大歷史事變之後，他穿越時空留給後人的寶貴精神是什麼？值得我們梳理、研究、學習和弘揚的人生價值是什麼？我認為：袁崇煥是中國歷史上的大仁、大智、大勇、大廉者。

人的最高精神境界，儒家的《大學》開宗明義說：「大學之道，在明明德，在親民，在止於至善。」達到「至善」，就是達到人生的最高精神境界。這體現在袁崇煥身上，就是仁、智、勇、廉。

這裡我聯想到佛家的最高人格境界。星雲大師在《佛法僧三寶》書中說：做到慈悲、智慧、威力和功德，就達到「三覺圓滿，萬德具足，完成人格，成就佛道」。這裡我不討論佛道，而是探討境界。袁崇煥的精神境界，在於大仁、大智、大勇、大廉，這同佛家圓滿品性的慈悲、智慧、威力、功德，雖不雷同，卻有相應。就此而言，袁崇煥的確達到了人格至善、品性具足的高尚境界。

袁崇煥的仁與智，令人讚頌；勇與廉，令人敬佩。袁崇煥留給後人熠熠永輝的思想、薪火永傳的精髓，是「正氣」。《楚辭·遠遊》：「內惟省以端操兮，求正氣之所由。」屈原的正氣是修身養性的崇高境界，是冰清玉潔、堅不可摧的氣質。這種正氣，就是「浩然正氣」。什麼叫「浩然正氣」？《孟子·公孫丑上》說「浩然之氣」就是「至大至剛」、「配義與道」、「塞於天地之間」之氣。通俗地說，「浩然正氣」就是盛大剛直、合乎道法、正義凜然、充滿天地之氣。袁崇煥身上這種「浩然正氣」，主要表現為仁、智、勇、廉，這就是仁愛的精神、勇敢的品格、求新的智慧和廉潔的風範。

《孫子兵法》曰：「將者，智、信、仁、勇、嚴也。」曹操贊成孫子提出為將者應具備的五德。杜牧說：「先王之道，以仁為首；兵家者流，用智為先。」他解釋道：「蓋智者，能機權、識變通也；信者，使人不惑於刑賞也；仁者，愛人憫物，知勤勞也；勇者，決勝乘勢，不逡巡也；嚴者，以威刑肅三軍也。」梅堯臣曰：「智慧發謀，信能賞罰，仁能附眾，勇能果斷，嚴能立威。」王晳曰：「智者，先見而不惑，能謀慮，通權變也；信者，號令一也；仁者，惠撫惻隱，得人心也；勇者，徇義不懼，能果毅也；嚴者，以威嚴肅眾心也。」張預曰：「智不可亂，信不可欺，仁不可暴，勇不可懼，嚴不可犯。」但是，要適度，不宜過。賈林曰：「專任智則賊；偏施仁則懦；固守信則愚；恃勇力則暴；令過嚴則殘。五者兼備，各適其用，則可為將帥。」但是，《孫子兵法》的將德「智、信、仁、勇、嚴」中，沒有提出「廉」。這可能是時

代的特點，在其時，將之貪，尚不成為問題。我認為：廉，是袁崇煥精神的一根支柱。因此，袁崇煥精神有四維性，這就是：仁、智、勇、廉。

梁啟超在《袁督師傳》中說：「若夫以一人身之言動、進退、生死，關係國家之安危，民族之隆替者，於古未始有之；有之，則袁督師其人也！」又說：「若袁督師者，真千古軍人之模範哉，真千古軍人之模範哉！」這個評論是否過高還可以討論，但是袁崇煥大仁、大智、大勇、大廉的高尚精神，卻是值得後人學習的。下面我分別講述袁崇煥精神的仁、智、勇、廉。

一、仁：仁愛親民

仁，就是仁愛，大仁無疆。袁崇煥的高尚精神是什麼？有言者說是「忠」，也有言者說是「義」。於前者，「忠」就是忠君。袁崇煥作為明朝萬曆的進士，身歷泰昌、天啟、崇禎三朝的官員，受過系統完整的儒家教育，自然要忠於國君。袁崇煥必定有忠君的思想。於後者，「義」如《禮記·中庸》曰：「義者，宜也。」韓愈《原道》引申曰：「行而宜之之謂義。」人們通常以「義」來規範朋友之間的關係。袁崇煥深通《四書》、《五經》，自然理解《孟子·離婁上》的「義，人之正路也。」所以，袁崇煥講「義」是沒有爭議的。他在寧遠臨戰之前，對守城官兵「刺血為書，激以忠義，為之下拜，將士咸請效死」，就是很好的例證。然而，「忠」與「義」不是袁崇煥精神的根本，也不是袁崇煥精神的精髓。

袁崇煥的精神與靈魂主要是「仁」，是「仁愛」，就是「愛國」。有學者認為，袁崇煥生活在明代，當時只有忠君的意識，沒有愛國的思想。這是既不瞭解歷史，也不符合事實的論斷。《說文解字·國（國）》字釋曰：「國（國），邦也，從囗，從或。」儒家經典《十三經注疏》中，「國」字為首的詞組，共出現二百六十六次。《左傳》曰：「國將興，聽於民。」這裡的「國」是指政治實體的國。在皇朝時代，忠君與愛國，二者有同、也不盡同。「國」比「君」的含義更寬泛，國包括歷史、國君、社稷、山河、人民。袁崇煥的愛國，既有忠君的思想，更有忠於歷史、社稷、山河、人民的思想。傳說他每當放學回家路經土地廟時，總要在廟前駐足，面對著土地神，唸唸有詞地說：「土地公，土地公，為何不去守遼東！」這筆資料雖然得不到文獻的佐

證，但透露出袁崇煥所愛的是社稷、是土地、是山河、是民眾。袁崇煥在《邊中送別》詩中的金玉詩句，抒發了他的高遠志向，展現了他的愛國親民情懷：

五載離家別路悠，送君寒浸寶刀頭。

欲知肺腑同生死，何用安危問去留。

杖策只因圖雪恥，橫戈原不為封侯。

故園親侶如相問，愧我邊塵尚未收。

袁崇煥的抱負是國家、是社稷、是山河、是人民。夏允彝在《倖存錄》中說：袁崇煥「少好談兵，見人輒結為同盟，肝腸頗熱。為邵武縣令，分校闈中，日呼一老兵習遼事者與談兵，絕不閱卷」。因此，他知曉阨塞情形，嘗以邊才自許。這說明袁崇煥雖身在東南八閩，卻心繫遼東邊疆；雖身為南國文官，卻關心北塞武事。愛國必親民。袁崇煥身為七品知縣，而親身登房為百姓救火的壯舉，是他親民精神的體現。愛國親民是袁崇煥最為寶貴的精神。

袁崇煥的仁愛精神，還表現於對官兵的關愛。在北京廣渠門激戰中，袁督師身先士卒，刀槍拚搏，英勇廝殺，十個小時，鳴金收兵後，沒有回營帳，卸甲休息，吃飯喝茶。他不顧傷痛，不顧疲勞，親往營地，慰問傷員。袁督師對受傷的官兵，親切關懷，慈心慰問：「一一撫慰，回時東已白矣！」沒有仁慈的精神，沒有大愛的情懷，一天的激戰，一夜的慰問，則是萬萬做不到的。袁崇煥之所以能做到，是因為他有強烈的仁愛精神和博大的慈愛情懷。

儒家講仁愛，佛家講慈悲，其實意思是一樣的，就是仁慈悲憫。袁崇煥耳聞目睹遼東難民遭搶掠、遭屠戮，背井離鄉、哭聲震野，而產生仁憫之心；中經英勇打拚，浴血奮戰；又遭凌遲身死，最後大悲大憫。

梁啟超在《新史學》中說：歷史是愛國心之源泉。袁崇煥那股剛毅奇偉、熾熱強烈的愛國精神，那身死萬刀、鳳凰涅槃的悲憫情景，給當時凡俗怯懦之人以深刻的教育，更給後世誠厚善良之人以銘骨的警示。

二、智：以智求新

　　智，就是智慧，大智無常。這是大將修養的要素。「智」與「知」古漢語相通假，「四書」的《大學》、《中庸》裡沒有「智」字，《論語》中也沒有「智」字，但「知」字出現一百一十八次，多於仁（一百一十二次）、禮（七十五次）、學（六十六次）、善（四十二）、信（三十八次）、義（二十五次）等字。佛學也重視「智」，梵文音譯作「般若」。袁崇煥求智求新的表現尤為突出。袁崇煥到山海關外，遼東經略王在晉要在山海關外八里叫做八里鋪的地方建一座新城，守護山海關。袁崇煥不同意興築八里鋪重城，反對遼東經略王在晉消極防禦兵略。他提出在山海關外二百里修築寧遠城（今遼寧興城）的新見。他人微言輕，意見遭遼東經略王在晉拒絕，便越級奏告首輔葉向高，後被採納。爾後這座重城，成為抵禦後金——清朝大軍南進的中堅堡壘。清軍直至明朝滅亡也沒有奪取這座堅城。

　　智慧者，必求新。「大學之道」，重在「親民」。「民」就是民眾；而「親」呢？朱熹注說「親」讀若新。湯之《盤銘》曰：「苟日新，日日新，又日新。」《康誥》曰：「作新民。」《詩》曰：「周雖舊邦，其命維新。」都是強調新，就是與時俱進。那麼袁崇煥呢？袁崇煥在大學士兼薊遼督師孫承宗支持下提出新見，在山海關外四百里修築從山海關經寧遠到錦州的關寧錦防線。後來這條關（山海關）寧（寧遠）錦（錦州）防線，成為阻擋後金——清軍南進的堅固長城。袁崇煥提出「守為正著、戰為奇著、款為旁著」的策略原則，以區別於王在晉的消極「守」、王化貞的冒險「攻」、王之臣的拒絕「和」的片面僵化原則。自從有遼事以來，明朝在遼東戰場上，慘遭「一戰八城」——薩爾滸大戰之敗和撫順、清河、開原、鐵嶺、瀋陽、遼陽、廣寧、義州的八城之失。努爾哈赤獲勝的戰略戰術原則是「裡應外合，騎兵馳突」，而屢屢得手。明朝在袁崇煥之前，遼東先後五任經略——楊鎬、熊廷弼、王在晉、袁應泰、高第，都沒有在戰略戰術上，提出對付努爾哈赤的辦法，或出城交鋒、平原馳突，或萎縮退卻、棄城撤軍，而屢屢丟城失地。但是，袁崇煥相反，他善於汲取前任失敗的教訓，針對後金軍長於裡應外合、鐵騎馳突，而實行堅壁清野，軍民聯防，第一次總結抵禦後金進攻的法寶是「憑堅

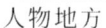

城、用大砲」。這就是以己之長，制敵之短。特別是袁崇煥第一次將當時世界上最先進的西方火炮——紅夷大砲，用於寧遠實戰，抵禦後金天命汗的進攻，取得寧遠大捷，隨之取得抵禦皇太極進攻的寧錦大捷。崇禎二年即天聰三年（1629年），北京危急之時，他率領九千騎兵，「士不傳餐，馬不再秣」，日夜兼馳，入援北京，取得京師大捷。

袁崇煥有著大過人的事功，而他的大過人事功，源於他大過人的思想——以智求新。

三、勇：勇敢拚搏

勇，就是無懼，大勇無畏。《論語‧憲問》曰：「仁者必有勇。」《論語‧子罕》又曰：「知者不惑，仁者不憂，勇者不懼。」袁崇煥不僅有大愛，而且有大勇。他出關擔任遼東官職時，明朝丟城失地，敗報頻傳，上下沮喪，局勢危急。《明史》記載：自遼左軍興，明朝總兵陣亡者凡十四人：撫順則張承胤，四路出師則杜松、劉綎、王宣、趙夢麟，開原則馬林，瀋陽則賀世賢、尤世功，渾河則童仲揆、陳策，遼陽則楊宗業、梁仲善，廣寧則劉渠、祁秉忠。還有因敗自裁的總兵李如柏（明初定制總兵官為二十一員）。袁崇煥之前後遼東經撫楊鎬、袁應泰、熊廷弼、王化貞因此而或被殺、或自盡。京師朝野官員，可謂談遼色變：「時廣寧失守，王化貞與熊廷弼逃歸，畫山海關為守。京師各官，言及遼事，皆縮朒不敢任。崇煥獨攘臂請行。」他出任關外，要到前屯衛安置失業的遼人，《明史‧袁崇煥傳》記載：「崇煥即夜行荊棘虎豹中，以四鼓入城，將士莫不壯其膽。」

大勇者，豎強無畏，精進勇猛。明天啟六年即後金天命十一年（1626年），明遼東經略高第下令盡撤山海關外錦州、大凌河、小凌河、松山、杏山、塔山、寧遠、前屯等八城之軍民，各城望風而撤，唯獨寧前道袁崇煥堅決拒撤，他說：「我，寧前道也！官此，當死此，我必不去！」甚至發出「獨臥孤城以當虜耳」的豪言壯語。這在當時危難局勢面前，是何等膽量，是何等氣魄！至於殺東江總兵毛文龍，儘管史有歧義，但梁啟超在《袁督師傳》中說道：「夫以舉國不能殺、不敢殺之人，而督師毅然去之，若縛一雞而探

一鬉也。指揮若定，聲色不驚。嗚呼，非天下之大勇，其孰能與之斯？」所以，袁崇煥的勇，難思能思，難言能言，難忍能忍，難行能行。

大勇者，臨危不懼，孤膽雄魂。崇禎元年（1628年），袁崇煥被重新啟用，職任兵部尚書兼薊遼督師。七月，袁督師出山海關赴任，剛到山海關，驚聞寧遠兵變。遼東巡撫畢自肅、總兵朱梅，被因欠餉而譁變的官兵，吊在譙樓上捶打，遍體鱗傷，血流被面。袁崇煥聞訊，不怕被挾持，不懼被砍殺，不帶衛兵，不佩刀劍，單騎直奔，入叛兵營，同譁變者，直接對話。問清緣由，曉之以義，動之以情，宣明政策，化解躁動官兵情緒，迅速解決這場危機。

袁崇煥身先士卒，披掛上陣，馬頸項交，拚死廝殺，披甲中箭，如同蝟皮。袁崇煥既有虎豹在山的氣勢，又有飛龍騰空的雄風。

袁崇煥的性格特點，凸現一個「敢」字——敢走險路，敢於打拚，敢犯上司，敢違聖顏。

四、廉：清正廉潔

廉，就是清廉，大廉無私。《孫子兵法·計篇》講：「將者，智、信、仁、勇、嚴也。」曹操注曰：將宜五德——智、信、仁、勇、嚴。但是，孫子、曹操等都沒有講廉。作為一員將軍，不僅一定要智、信、仁、勇、嚴，而且一定要廉。袁崇煥既是一位廉潔的清官，也是一位廉潔的將軍。他在邵武知縣任上賢正廉潔的事跡，乾隆《邵武府志》記載：

天啟初，知邵武縣。明決有膽略，盡心民事，冤抑無不伸。素捷有力，嘗出救火，著靴上牆屋，如履平地。

上面記載的兩件小事：盡心民事，平反冤獄；穿靴上房，幫民救火——清楚生動地記述了袁崇煥這位清正廉潔知縣的形象。

他做官不貪。張岱在《石匱書後集·袁崇煥傳》中說：「此臣作法自別，向為縣令，不取一錢，天生此臣，以為社稷。」查繼佐在《罪惟錄》中也記載袁崇煥為官清廉：「此臣作縣官，不入一錢。」袁崇煥父親死後，他在請求回鄉料理喪事的《請假疏》中說：「臣自為令至今，未嘗餘一錢以負陛下。

昨聞訃之日，諸臣憐臣之不能為行李，自閣、督、撫以下，俱醵金為賻。臣擇而受之，束裝遄歸，以襄臣父大事。」袁崇煥一生，「浮沉宦途，家無子息。」死後，《明史·袁崇煥傳》記載：袁崇煥死，籍其家產，「家亦無餘貲」。袁崇煥和岳飛一樣，都能做到如《宋史·岳飛傳》所說的「文臣不愛錢，武臣不惜死」，這既是天下文官的典範，也是天下武官的楷模。

其實，中國古代不乏清廉的官員。大家知道明朝兵部尚書于謙，為抵禦瓦剌進犯、保衛京師做出重大貢獻。于謙詩云：「手帕蘑菇與線香，本生於民反遭殃；清風兩袖朝天去，免得閭閻論短長。」于謙進京不上貢，遭到太監王振「論死」的報復。賴有民眾請願，才得免於一死。袁崇煥和岳飛、于謙一樣，都是中華歷史上清官的典範。做一位名將、大將，要安神定志，無慾無求。孫思邈在《備急千金方·大醫精誠》中說：「凡大醫治病，務當安神定志，無慾無求。」所以，凡從政、統軍、治學、經商，成大業者，多當如此。

由上可見，崇煥精神，程本直在《漩聲記》中，說了如下一段概括的話：

舉世皆巧人，而袁公一大癡漢也。惟其癡，故舉世最愛者錢，袁公不知愛也；惟其癡，故舉世最惜者死，袁公不知惜也。於是乎舉世所不敢任之勞怨，袁公直任之而弗辭也；於是乎舉世所不得避之嫌疑，袁公直不避之而獨行也；而且舉世所不能耐之饑寒，袁公直耐之以為士卒先也；而且舉世所不肯破之體貌，袁公力破之，以與諸將吏推心而置腹也。猶憶其言曰：「予何人哉？十年以來，父母不得以為子，妻孥不得以為夫，手足不得以為兄弟，交遊不得以為朋友。」……即今聖明在上，宵旰撫髀，無非思得一真心實意之人，任此社稷封疆之事。予則謂：「掀翻兩直隸，踏遍一十三省，求其渾身擔荷，徹里承當如袁公者，正恐不可再得也！」

布衣程本直以血與淚的文字，以生命棄市的代價，樸素地評價並頌揚了袁督師在明末官場汙濁、物慾饕餮的邪氣中，表現出的浩然正氣與愛國精神。

袁崇煥（1584～1630年）在崇禎三年即天聰四年（1630年）八月十六日，在北京西市，慘遭磔刑而死。蒼天悲鳴，大地哀泣，六月飄雪，萬代追思。袁崇煥之死，不僅是袁崇煥個人的悲劇，也不僅是崇禎皇帝的悲劇，而且是

中華文明的一個悲劇。袁督師崇煥之死，實實在在地做到了——「仰不愧於天，俯不怍於人！」（《孟子·盡心上》）

袁崇煥的悲劇結局，既有外因——敵人的仇恨，也有內因——眾人的忌妒，更有主因——兩者結合之崇禎帝的昏聵。《老子》說：「國家昏亂，有忠臣。」崇禎帝錯殺了袁崇煥，不僅自毀長城，而且自縊身死——「自作業因，自受果報。」袁督師早就似有所料地說：「勇猛圖敵，敵必仇；奮迅立功，眾必忌。任勞則必招怨，蒙罪始可有功。怨不深，則勞不著；罪不大，則功不成。謗書盈篋，毀言日至，從古已然。」袁大將軍的歷史地位，使我想起了名詩《石灰吟》：「千錘萬擊出深山，烈火焚燒若等閒。粉身碎骨全不惜，要留清白在人間。」袁崇煥雖然被粉身碎骨，卻留下清白在千古人間。

袁崇煥的精神與品性，是儒家、道家、釋家共同追求的人性、道性與佛性。中國佛教四大名山名寺很有意思：普陀山供奉觀世音菩薩——慈悲的化身，慈悲就是仁；五台山供奉文殊菩薩——智慧的化身，智慧就是智；九華山供奉地藏菩薩——威行的化身，威行就是勇；峨眉山供奉普賢菩薩——賢正的化身，賢正就是廉。所以，袁督師的精神與品格是儒家、道家與佛家共同追求的完美的精神與品格。

然而，袁崇煥是一位歷史人物，有其歷史的、社會的、民族的和性格的局限性。袁崇煥的歷史悲劇，就其自身因素而言，既失於人合，也失於己合。他勇於任事，而疏於處人。他昔日同僚、部下滿桂在御前向他潑汙水；他的「五年復遼」話說得過滿；他先斬後奏「殺毛文龍」事做得不周；還有其他軍事失誤和舉措失當之處——都成為他罹禍的「口實」。

但是，瑕不掩瑜。袁崇煥作為明代傑出的軍事家和著名的愛國英雄而永垂史冊，萬古流芳。正如文天祥《正氣歌》曰：「天地有正氣，雜然賦流形。下則為河岳，上則為日星；於人曰浩然，沛乎塞蒼冥。皇路當清夷，含和吐明庭。時窮節乃見，一一垂丹青。」明末楊繼盛《臨行詩》亦云：「浩氣還太虛，丹心照萬古。」時代呼喚崇煥的正氣與精神，時代需要崇煥的正氣與精神。人們透過袁崇煥的正氣與精神、仁智與勇廉、品格與事功、勝利與悲哀，瞭解先賢，景仰英豪，知榮明恥，激勵來者。

揚州：康熙南巡下揚州

清朝皇家第一個大旅遊團由康熙皇帝率領，這個團隊人數最多的時候大約有兩萬人，這可能是歷史上最大的一個旅遊團，而且由皇帝親自帶隊，其影響可謂廣泛而久遠。康熙先後六次下江南，十二次到過揚州，在清朝歷史上開了一個先例。他是清朝皇帝當中第一位穿越六條大江河的：運河、海河、黃河、淮河、長江和錢塘江。行程相當於現在的八個省市，這在中國歷史上，在揚州的歷史上，都創下了紀錄。南巡不僅對揚州影響重大，也對整個南方社會有深遠的影響。我想分三個方面來跟大家交流。

一、康熙帝南巡的原因、條件和期待

康熙為什麼要南巡？是不是酒足飯飽之後，一拍腦門：朕要下江南了？不是的。分析起來，大約有五：

第一，天下一統安定。大家知道，明末清初這段歷史，從明萬曆十一年（1583年），努爾哈赤起兵，就點燃了戰火，中間經過了六十年，就是明清之間的戰爭、農民的戰爭。這幾場仗一共打了六十年。到順治元年（1644年），戰火沒有停息，尤其是清跟南明、清跟農民軍的殘餘部分連續打了十八年的戰爭。到康熙元年（1662年），稍微停頓一下。接著從康熙十二年到康熙二十年，又連續打了八年的平定三藩之亂的戰爭。戰爭剛結束，就是康熙二十一年、二十二年，接著就是臺灣的事情。到康熙二十二年（1683年），這年八月中秋節，康熙皇帝接到海上的一個捷報，賦詩一首：「明月中秋節，馳書海外來。自今天漢上，萬里煙雲開。」這四句詩是說，正過中秋佳節的時候，從海外傳來了報捷的文書，戰爭的煙雲消散了，和平了。注意這一年，是康熙二十二年（1683年），從1583年點燃了戰火，到1683年海峽兩岸一統，整整一百年。到了這個時候，才可以說中原一統安定，這是康熙南巡第一個條件。如果沒有這個條件，中原動盪戰亂，不可能南巡，也不可能到揚州。

第二，治河、通漕、興農。治河，治黃河、淮河。通漕，通達漕運，運河的漕運。興農，發展農業。我剛才說了，中原地區一百年戰火不斷，沒有

精力，沒有錢糧來治河，這在當時是一個很大的問題。康熙皇帝在乾清宮的柱子上掛了張條幅，這個條幅說了三件事情：治河、通漕、三藩。這三件事情他日日夜夜罣念。我們平時說座右銘，他是掛在柱子上作「柱右銘」，時時刻刻不忘這三件大事。到這個時候，三藩之亂平定了，還剩了兩件事——治河和通漕，康熙這個時候有條件來解決漕運問題。這個時候黃河是個什麼樣子呢？黃河泛濫。他坐船來到江蘇高郵、淮安這一帶，看到一片澤國，在一片四周都是水的一個高地上，有一些百姓搭個草棚子在那裡棲居。他說，我要治理黃河，一定要看一看黃河什麼樣，有些什麼問題，怎麼解決好，必須親自考察。怎麼親自考察？就是要親自看看黃河，看看淮河，看看運河，問題在什麼地方，怎麼來解決。所以他就決定要南巡。

這裡我講一個故事。1966年我騎自行車從北京、經天津沿著京杭大運河一直往南騎，騎到淮陰的清江口，就是黃河、淮河、運河交匯的那個地方，在河的堤岸上走，前頭有一段就是淮河。淮河有個洪澤湖，我從那走的時候是冬天，洪澤湖的湖水放乾了，整個就是一片空湖，民工在那疏濬，把淤泥挖走。當地民工說這個工程方圓六十里，他們告訴我是六十萬人同時在工地上挖泥和挑土。我正好夜裡在這裡走，整個六十里地，當時叫做挑燈夜戰。天上是明星一片，天上的星星，地上的燈光，交織在一起，分不清哪是天上，哪是人間。我在那裡就有一個感受，治理淮河，疏濬洪澤湖，治理運河、黃河是一項多麼偉大而艱巨的工程。康熙南巡第二個原因和期待是治理黃河、淮河，疏通漕運。

第三，緩和滿漢文化衝突。大家知道，滿漢矛盾很尖銳，康熙的曾祖父努爾哈赤實行一個政策叫「殺儒」，殺知識分子，不是殺一個殺兩個，是成批地殺，造成了很壞的影響。努爾哈赤的兒子，就是康熙的祖父皇太極的時候，又實行了一個錯誤的政策叫做「七掠中原」，七次滿洲的軍隊到了中原進行掠奪。其中一次由多爾袞率軍隊，東到運河，西到太行山，沿著山河之間，八旗軍隊，分為八路，由北向南推進一千華里，到黃河南岸的山東省濟南府。七次對中原進行擄掠，其中一次俘獲人口四十六萬二千三百零三，其一路擄掠黃金四千三十九兩，白銀九十七萬七千四百六兩（《清太宗實錄》卷四十五）。擄掠的人口、牲口、財產、珠寶、金銀，用馬、用騾子、用驢

馱著，往山海關外走，隊伍長二百華裡。對清朝來說，皇太極對中原的擄掠擴大了它的實力；對中原百姓來說，則是一場巨大的災難。皇太極死了以後，多爾袞做攝政王，那時候順治小，只有六歲，多爾袞又繼續這個政策，到北京坐了天下之後，宣布剃髮、易服、圈地、占房、投充、逋逃，我把這總結為六大弊政。六大弊政其中一條就是剃髮。當時流傳一句話叫做：「留頭不留髮，留髮不留頭。」漢人，特別是江南的漢人起來反抗，這就出現了「揚州十日」、「嘉定三屠」、「江陰抗清」，一幕又一幕的歷史悲劇。這些歷史悲劇，到康熙南巡的時候人們還印象尤深，因為才過去四十一年。康熙帝那時候到了揚州，人們怎麼想？你父親順治宣布剃髮易服，你叔叔多爾袞「留頭不留髮，留髮不留頭」，現在你來了，到我們揚州來了。所以康熙南巡第三條原因是儘量緩解滿漢民族矛盾和文化衝突。

　　第四，宣揚皇帝權威。中國歷史上一些皇帝，譬如說秦始皇巡遊、漢武帝巡遊、隋煬帝巡遊，浩浩蕩蕩大隊巡遊。康熙這個時候中原一統安定，他也效仿秦皇、漢武南巡，顯示皇權的威望。康熙帝既是君王又是學者，康熙帝可以說是個文化型、學者型的皇帝。學者有一句名言叫做「讀萬卷書，行萬里路」，我也受這思想影響，讀書要萬卷，我現在讀書已經過了萬卷，還要行萬里路。前面剛講過，1966 年，我藉了一個機會，沿著京杭大運河騎著自行車，一直騎到杭州，目的就是行萬里路。康熙南巡，也是因為他不僅讀儒家的萬卷書，還要行萬里路，當然他這個「行」有時候坐船，有時候坐轎子，有時候騎馬，也有時候步行，其根本目的還是為了樹立和鞏固皇家權威。

　　第五，觀賞江南山水。康熙的爺爺在山海關外，他曾爺爺努爾哈赤在遼寧那兒，他父親是進了山海關了，在北京做了皇帝了，但江南山水，也只是看畫、看詩，自己沒親自看一看。「煙花三月下揚州」，順治只是能看看詩，自己沒下過揚州，沒有體驗揚州到底是怎麼美。康熙帝在南巡時到揚州，到江寧，到杭州，親自體驗一下江南美麗的山山水水，就這種意義來說也有旅遊的性質。

　　基於以上這五點，所以康熙帝就決定南巡。

二、康熙帝六次南巡的過程

康熙帝六次南巡的過程，我一次一次地講。

康熙帝第一次南巡是康熙二十三年（1684年）。諸位想想：康熙帝為什麼早不南巡，晚不南巡，而在這個時候南巡呢？康熙二十二年（1683年）把三藩之亂平定，二十一年和二十二年花兩年的時間把臺灣海峽兩岸合一了，中原的戰火平息了，他就喘了口氣，所以在康熙二十三年南巡。從北京沿著京杭大運河一直往前走，其中就到了揚州，回來的時候又到了揚州。我們一說到揚州，大家就會想到御碼頭，當時情形不是這樣的。康熙帝第一次南巡到揚州後，晚上住在哪兒呢？《清聖祖實錄》記載他的龍舟晚上停泊在儀徵江邊，康熙帝晚上是在長江上一個船上度過的。長江再平穩船也會隨波起伏，晚上睡覺怎麼也不會安穩。為什麼不進城住行宮呢？就我剛才說的，他父親、他叔叔，那個時候搞的「揚州十日」，使他怕進了城裡不安全，他有一種恐懼，乾脆住到江上得了，住船上相對來說就安全一點。

揚州太吸引人了，康熙帝讀過《全唐詩》，他對揚州是久已嚮往，但是沒有親自看過，所以他白天進了揚州府的府城。白天相對安全點，保衛工作做得好一點，他匆匆忙忙看了一天，主要看了仨地兒：第一個是棲靈寺，第二個是平山堂，第三個是江天寺。《清聖祖實錄》記載裡，沒有說他到大明寺，說他到了棲靈寺。當時這寺的名字叫大明寺，康熙為什麼不說大明寺而說棲靈寺呢？有的學者分析說他忌諱「大明」這兩個字。既然來了又迴避不了怎麼辦呢？大家知道大明寺裡有一個塔叫棲靈塔，他就說到了棲靈塔，借做棲靈寺。大明寺是南朝宋的大明年間修的，康熙是大清皇帝，他忌諱這「大明」兩個字，所以叫做棲靈寺。棲靈塔大家都很熟悉了，是隋煬帝時候修的。他就借這塔來說這寺，借「棲靈」兩個字，來避開「大明」這兩個字。後來寺又重修，乾隆時候又重修，一直到1980年代，揚州市人民政府才重新恢復原名，叫做大明寺。平山堂他也來過了。平山堂大家都很熟悉，我看到路口有個大牌子「淮東第一觀」，歷史上就留下這個古蹟。平山堂歷史上的文人，「揮毫萬字，一飲千盅」，文人喝了酒，一千盅酒，喝那麼多誇張了，揮毫寫下了一萬字，這是文人雅士聚會的平山堂。還有江天寺，就是我們這個地

方，就是鑑真圖書館附近的地方。所以現在的大明寺、平山堂、鑑真圖書館，是康熙帝第一次南巡就到的地方。

　　沿途康熙帝到山東曲阜孔廟祭孔。康熙帝到了大成殿，走進去，進了大成殿就是孔子的塑像。塑像前面有個牌位，康熙皇帝對著孔子的塑像和孔子的牌位行三跪九叩大禮。漢族皇帝到孔廟祭孔的時候是二跪六叩，康熙帝是三跪九叩，表示對孔夫子的崇敬。他在這個地方還讚揚孔子：「開萬世之文明，樹百代之儀範。」對待孔子，評價很高。還有四個字說孔夫子是「萬世師表」，就是現在孔廟大成殿上面「萬世師表」匾上的四個字，康熙帝寫的。我去年到臺灣，又到了臺南，臺南有個孔廟，正中一塊大匾「萬世師表」。康熙、乾隆、嘉慶、道光、咸豐、同治、光緒，一代一塊匾，現在還掛在那兒。所以臺南的孔廟、曲阜的孔廟和北京的孔廟、南京的孔廟等一脈相承，都掛康熙帝書寫的「萬世師表」匾。康熙帝還在曲阜請了孔子的後裔給他講課，講《大學》。誰講呢？孔尚任，大家都知道他是《桃花扇》的作者，那時候他還沒寫《桃花扇》。他給康熙帝講課，講《大學》第一章：「大學之道，在明明德，在親民，在止於至善。」這裡頭我想起一件事情，這個時候的康熙帝對孔夫子三跪九叩，聽孔子的後裔講《大學》，講《易經》，康熙是皇帝，這不僅是個人行為，而且是政府行為。這表明什麼呢？表明康熙帝對孔夫子學問、品德的尊崇和接受，所以他三跪九叩。康熙帝小時候念《論語》、《孟子》、《大學》、《中庸》，念一百二十遍，背一百二十遍，背得滾瓜爛熟，一直到老了還能背。關於康熙帝的背誦，我講一個故事給大家聽。康熙的皇子們上課，由當時的大儒給他們上課，康熙帝下朝之後就到上書房的課堂上，檢查這些孩子們的功課。他跟老師說：你讓我皇子背，背經書。老師就把經書打開畫一段，皇子接過書哼呀、哼呀地背。老師在幹嘛呀？老師拿著書，眼睛一點兒不敢離開那字，錯了好指出來，皇子的爸爸皇帝在旁邊監督著呢。康熙帝幹嘛呢？康熙帝就坐在那裡閉著眼睛聽。皇子剛一背完，老師還沒說話呢，康熙帝就說一字不錯。康熙帝人家的專業是皇帝，剛退了朝，腦袋想的是社稷江山的事情，到這來突然點了一段，他也沒有事先準備呀，他就聽出一字不錯。老師是專業的還要對著看，看對還是不對。

我再講一個故事。前一段時間我去臺灣做文化交流。一個記者說：「閻老師，我《大學》、《中庸》、《孟子》、《論語》，全會背。」我說：「妳全會背？」她說：「全會啊。」我說：「妳是新聞界的精英。」我對她這話是半信半疑，是臺灣記者都能背還是她一個人都能背？第二個記者又來了：「閻老師，我想提問一個問題。」我說：「您別提，我先提一個問題。」她問：「什麼問題呀？」我說：「《大學》、《中庸》、《孟子》、《論語》，妳會背嗎？」她說：「會呀。現在給你背呀？」我說：「別唷，妳就十五分鐘採訪時間，背了妳就甭採訪了，那妳回去交不了差。」我還是不全信，第三個記者又來了，這是個男的，前兩個是女的。我說：「《論語》、《孟子》，你會背嗎？」他說：「會呀。」諸位，我還是半信半疑，中午別人請吃飯，我就把這個故事說了，主持請客的林載爵先生說：「唉，全會背，不會背中學不能畢業。」回來之後，有一所大學請我去演講，正好中文系的，還有教授、博導也在座。別的系咱不管，就講中文系；中文系的學生咱不說，就說老師；老師裡副教授咱們不說，咱們說正教授；正教授裡咱們說博導，不是博導咱們還不說；博導裡面研究魯迅、郭沫若，研究現代文學的不算，就說專門研究先秦文學的。我說：「能把《論語》、《孟子》背下來的中文系的教授、博導請舉手。」沒有一人舉手，我連著在幾所大學求證這個問題，沒有一個舉手的，這就值得我們思考。

我還講一個故事。還是 1966 年，我到了曲阜，我第一次去曲阜，急急忙忙就到孔廟大成殿。到大成殿一看，我驚呆了，怎麼驚呆了？大成殿裡孔夫子塑像的肚子被開膛了，裡面是雪白的棉花啊，這白棉花被搜出來了——大成殿裡外，白棉花在飛揚。諸位，我上小學一年級的時候，家長和老師帶我到學校，第一件事情是到孔子「大成至聖先師」牌位前磕頭。而且家長告訴我們，不許用帶字的紙墊著坐，因為那是聖人的字，要恭敬。萬世師表的孔夫子塑像給開了膛，真是罪惡滔天！就這一點來說，還不如康熙呢，康熙向孔子三跪九叩，還寫了四個字「萬世師表」。他這麼做，對當時滿漢文化之間的隔閡、矛盾有一定的和解作用。

我說第二個例子。康熙帝到了南京，當時叫江寧。做什麼呢？祭明孝陵。康熙帝到那兒說了一句話。在這裡，我先跟大家介紹一下他曾祖父努爾哈赤、

祖父皇太極是怎麼說的，大意就是：「朱元璋，你原來不就是一個窮和尚嗎？你們朱家的天下我們要坐了。」他們要坐天下是這個態度，把朱元璋看成一個窮和尚。康熙帝態度變了。康熙帝到了南京的明孝陵說什麼呢？說「明太祖，一代開創令主，功德並隆」。他爺爺說朱元璋是個「窮和尚」，他則說是「一代開創令主，功德並隆」。後來南巡，康熙帝又寫了「治隆唐宋」四個字，就是明朝的治理和唐朝、宋朝是並提的，態度有了多大的變化啊！

第三個例子是祭大禹陵。康熙帝到杭州，過錢塘江，到了紹興。紹興大禹陵大家都熟悉。大禹是什麼人啊？大禹是漢族人的英雄，並不是滿洲人的英雄。康熙帝到大禹陵前，對著大禹陵三跪九叩。什麼意思啊？就是康熙帝承認大禹，既是漢族的英雄，也是滿洲的英雄，是中華各族共同的英雄，所以才三跪九叩。

這是第一次南巡。

康熙帝第二次南巡是康熙二十八年（1689年）。中間隔了五年，為什麼隔五年呢？有一個原因，就是康熙二十三年應該來南巡的時候有緊急的奏報：俄國侵入黑龍江流域。朝廷討論回擊還是不回擊。兩種意見：一種意見中國那麼大地兒，甭管它。還有一種意見是寸土不讓，要回擊沙皇俄國的侵略。經過準備到康熙二十四年（1685年），清朝進行了第一次雅克薩自衛反擊戰。雅克薩在什麼地方呢？就在現在黑龍江的漠河，黑龍江北岸。在這一仗把沙皇俄國侵略者打敗了，取得了勝利。隨後，又進行第二次雅克薩自衛反擊戰。康熙二十四年、二十五年，兩次反擊沙皇俄國侵略雅克薩，自衛反擊戰取得了勝利。完全把沙皇俄國的勢力給摧毀了，雅克薩又奪回來了，康熙帝這時心踏實下來了。這樣他才開始第二次南巡。

第二次南巡路線還是上次那樣，到我們揚州有什麼可記的呢？他那個御舟，龍舟，停到江都的陳家灣。這地兒我沒去過，有機會我去看一看，不知現在還有沒有。他到這個地方，老百姓就不一樣了，二十三年到二十八年，經過五年多的時間了，歷史記載「闔郡士民迎駕」，就是揚州闔郡的市民夾道迎接康熙皇帝南巡到揚州，和第一次有所不同了。他一看態度有所緩和了，就進城了，住在揚州府城裡頭，住了一天。第一次是一天沒住，第二次住一

天,還在這兒發布御旨,說他沿路看到河患很嚴重、百姓生活很困苦,要把這個事情仔細調查一下,他回來的時候要跟他匯報,然後商討進一步治河的政策和策略。回來的時候,他的御舟就停在寶塔灣,就是後來的御碼頭,這是第二次。

康熙帝第三次南巡是康熙三十八年(1699年)。第三次時間又長了,康熙二十三年第一次,康熙二十八年第二次,康熙三十八年才第三次,隔了十年。大夥兒納悶了,怎麼隔了十年才南巡呢?因為十年之間發生了一件大事情,噶爾丹發動了一場亂子,康熙皇帝御駕親征,特別是第二次和第三次親征,從北京出發,騎著馬,千里跋涉,最遠到現在外蒙古克魯倫河。那些地方我去考察過,都是戈壁。什麼叫戈壁?我原本以為就是沙漠,不是的,沒有沙漠,一望無際,寸草不生,那地是乾裂的,根本不長草,所以叫戈壁。康熙到那個地方去了,他就顧不上南巡了。

我在這裡捎帶講兩個故事。一個說吃飯。康熙帝御駕親征,後勤給養的糧食供應不上,離後方太遠了。康熙帝問:官兵怎麼吃飯?說一天只能吃一頓飯,糧食供應不上。他說:「朕也一日一餐。」我要跟官兵一樣,一天吃一頓飯。又走了一段,糧食更供不上了,官兵兼日而食,兩天吃一頓飯。康熙說:「我也兼日而食。」兩天吃一頓飯。沒有水,那個地方根本沒有水呀。我們在江南就想像不到沒有水的情景。我講一個沒有水的事情,不是在蒙古,而我是到新疆去考察。從烏魯木齊坐汽車早上八點鐘出發,我們北京幾個人說:甭吃早點了,中午一塊吃吧!早上八點出發,諸位,這午飯晚上八點才吃。為什麼到晚八點才吃午飯?因為汽車開著,路旁一個村莊沒有。沒有村莊你怎麼吃飯?沒水,你怎麼吃飯,就忍著吧,一直忍到晚上八點,才有那麼很小一個小水窪,有幾戶人家,弄點麵條,才吃了頓「午飯」。那沿途怎麼辦哪?你們在長江流域根本沒體會。白天攝氏四十二度,戈壁上四十二度,可實際上有四十五度,甚至五十度。你一口水剛嚥下去,嗓子又馬上渴了,你再喝一口下去還是乾的,我就一小杯水,不敢喝呀,怎麼辦呢?喝一口水就不嚥,含著,含在嗓子裡,累了再把它嚥下去,再過一會兒渴得不行了,再喝一小口水含著。我看咱們在座諸位二郎腿坐,在戈壁那是不可以的,你要二郎腿這麼坐著就都是汗,所以人就得兩腿叉開坐,你要這麼夾著就全是汗。所以

我想，我就是從新疆感受當時康熙帝的親征，他三次親征條件很艱苦，在這種情況下，我說一點兒稍微離題的事情對大家有點兒幫助——他還堅持學習，到夜裡還手不釋卷。那是野外帳篷啊，有緊急軍報跟他去報告的時候，大約是夜裡十一二點鐘了，他還在那看書呢，還在那做數學題呢，所以康熙帝這種學習精神，也是不得了的。

從第二次南巡二十八年，到第三次南巡三十八年，中間距離十年，就是因為親征噶爾丹。到三十八年前噶爾丹死了，平定噶爾丹的戰爭取得勝利了，所以康熙帝又踏實了。到三十八年，又開始第三次南巡。他看到淮揚地方多次遭受水患，他躬親巡省，親自到水災地區看，他目擊田廬、房舍被淹了，覺得心裡頭不安，所以下決心要把揚州這一帶、淮揚這一帶水利修好，讓百姓能夠安居樂業。這一次他到了高旻寺。到高旻寺之前，這個高旻寺要修，皇家要出錢，後來當地的官員、鹽商大夥兒湊錢，就修起來了，他寫了五個字「敕建高旻寺」。特別值得一提的，是離咱們揚州十五里地的地方叫沙壩橋，我沒考證是現在什麼地方，他親自到這兒來看水災情況，然後部署怎麼在這個地方把水利疏通好，免得百姓受災。在這裡面我再插入一個小故事，康熙帝南巡，行宮旁邊一個村子老百姓家著火了，作為皇帝你有警衛守著你，這御帳沒火就可以了。他不，他吩咐他的警衛，給老百姓救火。夜裡頭把老百姓房子的火救滅了，作為皇帝來說就可以了。他說還不行，你們查一查一共燒了多少間房子。查完了以後給他上報燒了多少間房子。他說老百姓不容易，一著火家裡頭東西都燒了，哪有錢再蓋房子，於是每燒毀一間房子發三兩銀子，讓災民把房子建起來。這總算可以了吧？他不，他說這錢別發給地方官，發給地方官他們若貪了，老百姓得不到實惠，你們侍衛親自一戶一戶地把銀子發到每戶受災老百姓手裡。很細膩啊！免得官員從中間盤剝，有一些官就是發國難財、民難財。這是第三次南巡。

康熙帝第四次南巡是康熙四十二年（1703年）。第四次南巡，來去都在揚州住。這時候住在揚州府，府裡頭有個行宮，以後就每兩年一次了。

康熙帝第五次南巡是康熙四十四年（1705年）。這次南巡有個特點，就是經常泛濫的黃河、淮河已經基本得到整治。他這次南巡來看看效果到底怎

麼樣。一看,果然這些問題基本解決了,所以他很高興,當地老百姓也比較高興。這時候老百姓情況完全不一樣了,夾道歡迎他,沿著揚州附近運河兩岸夾道歡迎,船往前走,老百姓就跟著往前走,一面走一面歡呼。後來他說不要了,船往前走老百姓跟著往前跑也很累啊,他跟地方官說,用我們今天的話來說是「大家這種心情我很理解,不要跟著往前跑了,特別年紀大的都很累了,勸他們在岸上表示一下心意就可以了,對他們要蠲免一些錢糧,要進行些救濟」,這情況看起來文化衝突就緩和了。

在第五次南巡之前,從宮裡頭傳出話,說康熙皇帝要第五次南巡了,這年他五十二歲。這時曹寅和一些鹽商、地方官,商量要給皇帝修一個行宮,而且這個行宮怎麼建的有詳細的記載,幾進院子,房子多少間,廂房、朝房都有詳細記載,還有個花園,這康熙帝不知道。第五次南巡康熙來了,就讓他住在行宮,他一看也挺高興。這時候水患問題基本上解決了,江南地區滿漢之間矛盾也有所緩和,他這時候就不是以水利為主了,就比較享受了。他在這兒幹嘛呀?每天都有記載,有一個叫汪康年的人寫了本書,記載聖祖五幸江南的事,記得很具體。譬如說三月十一日晚上到了揚州,各地的鹽商和官員匍匐叩接,又磕頭來迎接他。第一次南巡他怕群眾,怕對他如何如何,所以不敢上岸,這時情景不一樣了,十三號他就住在西面寶塔灣行宮,而且寫字賞賜。十四號,皇帝要乘坐龍舟往鎮江去。去之前,曹寅等官員,還有一些鹽商,又為皇帝送禮。曹寅送什麼呢?送古董。康熙收了什麼呢?收了一個玉環、一對白玉鸚鵡,收了揚州鹽商的獻禮六十件,大概每一件都可以說價值連城。這次是皇太子胤礽跟著來了,獻給他多少呢?獻給他四十件,也不少了,他當然很高興了。這裡頭我就想了,不讓官受賄,你這個皇帝卻接受人家的送禮,這麼貴重的禮品,這事兒也值得批評一下。這是去的時候。回來時又在揚州住,還住在這個行宮。他要走了,官員、鹽商說您別走,再留兩天。他說好,留兩天。過兩天,您別走,再挽留,再留兩天。這樣共在揚州住了十一天。十一天都做什麼了?我跟大家說出來聽聽。初一,皇上到了二十里鋪,江寧織造曹寅帶領官員,還有些商人來叩請聖駕,中午到行宮遊玩,晚上看戲、宴會。初二,兩淮鹽商招待皇帝。幹嘛呢?看戲、宴會。初三,皇上在行宮裡頭遊覽花園,晚上賞燈,登船之後,宴會、看戲。初四、

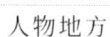

初五，低階一點兒的文武官員叩見，之後吃飯、看戲。到初六晚上，還是吃飯、看戲，連著六天，每天都是宴會、看戲。最多的一次，記載的是擺了一百桌筵席，這筵席是誰買單呢？曹寅等人買單。文獻明確記載是曹寅等買單擺一百桌酒席的。後來認為曹寅虧空就是與接駕花費有關。這麼一來一往，我算了一下，康熙帝第五次南巡在揚州住了十一天。

康熙帝第六次南巡是康熙四十六年（1707年）。這是康熙帝最後一次南巡。這次康熙帝南巡，河清海晏，盛況空前。河北當時叫直隸，直隸和山東沿運河兩岸，有小孩，有老人，少數還有婦女，兩岸跪著的、站著的、追著船跑的歡迎康熙帝，史書記載數十萬人。我覺得這數肯定誇大了，但可見人是很多。這樣就從山東過了微山湖，到了江蘇，進入揚州地區。這次在揚州一共住了十天。十天基本上不是查黃河了，因為治河有成績。這次就是遊山玩水，宴會、看戲，還有當地官員進了很多美女，一會兒我還要再說。

這樣康熙二十三年、二十八年、三十八年、四十二年、四十四年、四十六年，一共六次下江南，往返都算上，共十二次到揚州。那為什麼康熙四十六年以後他就不南巡了啊？從康熙二十三年第一次南巡到四十六年第六次是他三十二歲到五十四歲，正是年富力強的時候。按說他應該接著來，為什麼不來了呢？因為四十七年發生了一件事，他北巡的時候，把皇太子胤礽廢了，這是個很大的事情。胤礽小時候母親赫舍里氏就死了，他兩歲就做了太子。康熙帝廢太子時動心了。史書記載，兒子們、大臣們，都跪著聽聖旨。史書記載康熙帝「且諭且泣」，一面唸一面哭泣，唸完之後，仆倒在地。大夥把他架起來，不久康熙帝就中風了。康熙帝晚年右手不能寫字了，批答奏章是用左手，後來記載他兩條腿腫得很厲害，很粗，腳穿靴子也困難，把靴子劃開一個口才能穿上，後來靴子也穿不上，拿個氈子把腳裹上。有個官員拍馬屁，給他上個奏摺，說「祝聖上萬安」，這是好意啊，拍馬屁也是好意啊，祝您萬安嘛。康熙帝看完，啪！給摔了，硃批道：「朕一安尚無，何來萬安？！」這官員本來想拍個馬屁，結果討個沒趣。這說明康熙帝心情不好啊！一安都沒有何來萬安，還有心思下江南嗎？坐船從北京到江南一個來回，大約多少華里啊？我初步算了一下，現在說京杭大運河是三千五百里，來回七千里。他還到紹興呢，從杭州到紹興還有一塊呢，他到曲阜呢，岔過去到

曲阜再回來到泰山，泰山又不挨運河，還得到泰山玩，再到運河上，我算了算一個來回大致算一萬華里，顯然他這時候體力不支，所以康熙四十六年之後就沒有再南巡。廢了太子後，接著又立了。立了又廢，兩立兩廢。最後一廢，他身體就更不行了，走路還要別人攙扶著。所以康熙帝後來沒有體力，沒有精力，也沒有心情南巡。

康熙帝南巡與揚州有什麼關係？我下面跟大家交流第三個問題：康熙帝南巡與揚州的關係。

三、康熙帝南巡與揚州的關係

第一，影響揚州社會與文化。本來揚州就有名，但是透過康熙六下江南、十二次到揚州，揚州的影響更大了。從皇帝到大臣到百姓，影響深遠。舉一個例子吧，第一次來在揚州一天沒住，住在船上；第二次來在揚州住了一天；第三次來揚州住了三天；第四次來揚州住了四天；第五次來揚州住了十一天；第六次來揚州住了十天。從住的天數來看，就很說明問題，也說明滿漢之間的矛盾有所化解。康熙帝多次到揚州，對揚州文化有更多瞭解，著名的《全唐詩》就在揚州開局、刻印，後又刻印《全唐文》，一直影響至今。乾隆修《四庫全書》，在揚州建文匯閣貯藏，揚州成為江浙文苑士子四大文化中心（南京、杭州、揚州和鎮江）之一。

第二，化解滿漢文化差異。我舉個例子，比如說康熙帝在他的行宮裡寫匾，給誰的呢？給董仲舒，漢代大儒董仲舒，匾上寫著「正誼明道」，這是肯定董仲舒。還有個北宋大儒叫周敦頤，給他送的匾是什麼呢？是「禮明太極」，就是承認儒家的這個傳統。還有，大家知道宋朝抗金的宗澤，中學課本都有，康熙帝就在我們揚州給宗澤寫「忠藎永昭」的匾，以我們今天話來說，就是光明永遠傳下去，忠心耿耿的精神永遠傳照下去。宗澤是抗金的呀，清滿洲就是金的後裔啊，今天來表彰宗澤什麼意思？還有陸秀夫，南宋背九歲小皇帝趙昺投海而死的陸秀夫，康熙帝也送了個匾，寫了四個字「忠節不磨」。這用今天的話來說就是永垂不朽。陸秀夫是抗擊蒙古的，蒙古也是「韃子」，清朝對「韃子」是忌諱的，他表彰宗澤也好，陸秀夫也好，其目的是什麼？是化解滿漢之間的民族積怨和文化差異。

第三，影響北京宮廷。康熙帝南巡對北京的宮廷影響太大，揚州菜傳到宮廷，南戲影響了宮廷，服裝影響了宮廷。特別是康熙帝，下江南之後，他的妃子裡面出現了漢族的姓氏，比較重要的有這麼幾個姓：王氏、陳氏、高氏、石氏、袁氏、馬氏、易氏、張氏、劉氏等。這裡至少有八個是南方的漢族女性。康熙帝晚年生的兒子很有意思，從康熙帝的第二十五個兒子到第三十五個兒子，一共十一個兒子，江南女子生的兒子是十個。在此之前的幾個多是滿洲人、蒙古人生的。他的女兒呢？從第十四到第二十皇女，七個皇女當中可以證明是江南漢人女子生的至少有四個，而且這些都是在他晚年，特別是下江南之後生的。還有園林，康熙帝讓畫師畫了南巡圖，沿路程畫草稿。根據揚州、江南的園林，在北京的暢春園、避暑山莊來建園林，江南的文化對北方，特別是對宮廷影響很大。

第四，籠絡漢族官員。我講個故事給大家聽。有個江蘇巡撫叫宋犖，當時江蘇巡撫是在蘇州。宋犖在蘇州，康熙帝南巡他來接駕。康熙帝怎麼跟宋犖談呢？不像電視劇那樣跪著磕頭，然後是口呼萬歲，不是這樣的。康熙帝說你今年多大年紀啊？宋犖說臣六十二。問：你的視力還好嗎？宋犖說臣看書大字還可以，看小字就看不清了。康熙帝說：我送你副眼鏡吧，你回去試試看。說完就送了副眼鏡給宋犖。第二天又見宋犖，問：這眼鏡戴上怎樣啊？宋犖說臣戴著這眼鏡兒，不但大字看得很清楚，小字看得也清楚了。康熙又問：你牙口怎麼樣啊？宋犖說臣吃軟東西還行，吃硬東西不行。清朝的男人到五十歲後，牙基本就不行了，那時候又不會鑲牙，怎麼辦呢？康熙說：我的御廚，他做了一道菜，一品豆腐。我給起名兒叫「康熙豆腐」，這道豆腐，味道鮮美，鬆軟可口，老年人牙口不好，吃這個可以，但是我如果讓我的御廚做點豆腐送到你巡撫衙門裡頭，你只能吃一次，你再吃就沒有了啊！這樣吧，我通知我的御廚，明天到你巡撫衙門廚房，教給你的廚師做這道豆腐，然後你什麼時候想吃，什麼時候做就可以了，你的子孫都可以吃。第二天，他真派御廚到巡撫衙門去了，教給宋犖的廚師做「康熙豆腐」。過了兩天，又見宋犖，康熙帝問道：那道豆腐怎麼樣啊？宋犖說：臣吃了這個豆腐以後，覺得味道很好，牙口不好吃這個就行了。康熙說好，你就繼續吃得了。他們君臣之間，沒有到這匯報一下工作，你這裡糧食產量多少，GDP完成多少，

怎麼搞的幹勁不足啊,還要繼續努力啊!沒有這些話,就是君臣感情的溝通和交流。大家想想看,你說宋犖戴上康熙皇帝送的眼鏡,吃了康熙皇帝送的豆腐,還有親筆賜的字,那真是忠心耿耿為「聖上」康熙賣命啊。所以康熙帝在南巡的時候,我給概括出八賜:第一賜匾,送個匾給你。第二賜字,送一幅字給你。第三賜宴,舉行宴會請人吃飯。第四賜食,御廚做好菜給送到家裡去。第五賜銀。第六賜物,很好的玩物字畫皇帝賜給你。最後還有兩賜:一個是賜見,接見官員;一個是賜官,給你封官升級。透過這八個「賜」,君臣關係比原來密切了,尤其是對漢族官員特別籠絡,以後漢人死心塌地,甚至忠心耿耿地為他做事情。

再舉個你們江蘇的例子。陳鵬年,官也做到江蘇巡撫。當時城裡有家妓院,他說這不行,影響民風,下令封了。這房子得利用起來,他讓人把房子打掃乾淨,說可以在這進行教育,辦文化活動,進行學習啊。於是,在牆上張貼「聖諭廣訓」,也就是康熙帝語錄。他還常掛塊匾,上題「天語叮嚀」四個字。本來這是個好事情,可有人歪曲,上綱上線,打小報告,密摺上去了,說這個陳鵬年對聖上大不敬,居然在妓院這地方寫上皇帝聖諭廣訓。朝廷討論,定陳鵬年「論死」,就是死罪斬首,但不立即執行,等於死緩。曹寅做了件好事,曹寅等康熙帝南巡到了江寧,對康熙帝又不能直說,慢慢地看著康熙帝沒生氣的時候,他就在御前的石階上磕頭,不說話,光磕頭。史書記載頭磕得臺階咚咚響,血流滿地,額頭鮮血直流。康熙帝一看,問是怎麼回事啊?曹寅說:陳鵬年的意思是宣傳皇帝的恩德,取締那些烏七八糟的東西。康熙帝一聽,明白了,說:「你不就是想讓他免死嗎?」康熙帝猶豫了半天,說:「好吧,免陳鵬年一死。」康熙免了陳鵬年死罪後又派他到北京武英殿修書處修書。清代重要的書多是在武英殿修的。後來陳鵬年表現很好,又做了巡撫、河道總督。陳鵬年管治河,有一年發大水了,他就到工地日夜勞瘁,跟民工一起來治河,累死在工地上。陳鵬年因公死後,別人到他家裡一看,家裡有一個八十歲的老母親,四壁空空,室如懸磬。後來雍正皇帝說陳鵬年「鞠躬盡瘁,死而後已」。陳鵬年免死修書的故事是發生在康熙帝南巡的時候,也發生在江蘇,所以我說南巡密切了君臣關係。

我們應當看到，康熙帝南巡浪費驚人。康熙帝自己說他的隨從僅三百人而已。但實際上，特別是後來幾次南巡，隨從人員越來越多，到一兩萬人。南巡的錢從哪裡來？他說都由國庫出，實際上很多都是出自地方官員的籌措和鹽商的捐獻。官員的錢哪裡來？他們的薪俸是有數的，最後還是老百姓的錢。有的官員錢湊不上了，就出現虧空，一些官員因康熙南巡而財政虧空。後來乾隆時南巡虧空更厲害，揮霍也更厲害。曹雪芹的祖先曹寅等後來被抄家，財政虧空的重要原因就是他接駕花的錢太多。

最後有一點，我附帶提一下，就是康熙帝南巡故事很多，電視劇、小說等，說康熙帝下江南時，去參加科舉考試。說他怎麼抽功夫去趕考，住在村野雞毛小店，如何如何，純屬編造，史無其事。大家一定要明白，這些都屬於編故事，都屬於戲說，不是真實的歷史。

我個人想，康熙帝這樣的皇帝，有人說是「千古一帝」，我不贊成，不是千古，而是千年。就是從唐以後，兩宋、遼、金、西夏、元、明、清一千年，八個朝代九十個皇帝，在這個範圍裡康熙帝是「千年一帝」。社會動亂敢下江南嗎？敢沿著河堤走，一走十幾里、幾十里，一面走一面問老鄉，這水怎麼回事？從康熙二十年之後，四十年間中原地區沒有戰爭。諸位，我們中國歷史，在位滿四十年的皇帝，第一個是漢武帝，在位五十四年，晚期不行，有「天漢民變」，也亂了。第二個是唐玄宗，在位四十四年，有安史之亂，楊貴妃都被勒死了，後期也說不上太平。第三個是明朝的嘉靖皇帝，在位四十五年，他自己都被宮女楊金英差點給勒死，勒斷了氣兒，有人跑去報告皇后，皇后來了趕緊解開帶子，人已經沒氣了，把御醫找來，御醫叫許紳，《明史·許紳傳》記載這事兒。許紳一看急了，皇帝救不活的話，御醫有死罪。許紳知道命難保，他就重症下猛藥，一個時辰後，嘉靖帝「哇」的一聲，「吐紫血數升」（未必這麼多），緩過氣兒來了。這能算太平嗎？皇帝自己都不太平，天下能太平嗎？後來嘉靖皇帝有辦法，他不是在乾清宮住嗎，他那床分上中下三層，一個床三層，安九張床，共二十七張床。那時候沒電燈，晚上把蠟燭一吹，蓋上被窩，擱個枕頭，二十七個床，誰知道皇帝睡哪個床上，別人要來害他，這翻翻，那翻翻，不早就被發現了嗎！後來我跟故宮裡的專家講，我說想看看那二十七個床是什麼樣的。他們說沒辦法，後來宮廷房子

改建，已經看不到原貌了。萬曆帝在位四十八年，有薩爾滸大戰，雙方動員二十多萬軍隊作戰，明軍號稱四十七萬，這也不太平啊！乾隆帝在位六十年，中期有「王倫起義」，中原地區也有戰爭。就康熙帝這四十年，中原地區沒有戰爭。我說是「康熙盛世」。康熙帝不能跟今天比，就是跟中國歷史上的北宋、南宋、遼、金、西夏、元、明、清相比。比方說兩宋、遼、金皆半壁山河，西夏偏處一隅，都不足論。元朝成吉思汗沒在中原稱帝，忽必烈武功有餘，文治不足。朱元璋呢？朱元璋「驅逐胡虜，恢復中華」，推翻元朝有功，但殺人太多。有一次星雲大師問我：「朱元璋也是出家人，應該是戒殺啊，為什麼殺那麼多人呢？」朱元璋殺人太多，枉殺人太多，也不能算是千年一帝。永樂皇帝發動靖難之役，都城從南京遷到北京，北京人很感謝他，永樂皇帝時鄭和七下西洋，亦失哈六下奴兒干，都表現出他雄才大略，但那皇位是怎麼得的呢？永樂帝讓史臣寫這段歷史，史官寫一個字：「篡。」換一個人再寫，還是一個字：「篡。」所以我算了一下，兩宋、遼、金、西夏、元、明、清，千年可稱一帝者，就是康熙帝。康熙南巡下揚州也很浪費，但是當時來說重點還是為了政治上需要統一、經濟上需要治水興農，文化上需要民族協和，其影響正面更大一些，但他南巡的負面東西，也要批評，也不能繼承。

（本文為應星雲大師之邀，在鑑真圖書館講壇即揚州講壇上的演講稿，發表於《揚州講壇名家精粹（貳）》，上海文化出版社）

北京：「平西府」是吳三桂的王府嗎

一、奧運結緣

我為什麼要講北京昌平鄭各莊康熙行宮和理親王府的故事呢？這要從一件小事說起。

北京昌平區北七家鎮鄭各莊，近些年來，飛速發展，蓋五星級酒店，興建溫都水城，開設滑雪場館，文化旅遊，大大發展。過去，鄭各莊有個地名叫「平西府」，民間傳說是清平西王吳三桂的府邸。吳三桂的故事，人們津津樂道；陳圓圓的悲劇，可謂家喻戶曉。幾年前，鄭各莊託人請我去做客。

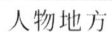

家裡人說不能隨便去，如果他們提出平西府的事要你表態，你怎麼辦——說是，那不符合歷史事實；說不是，傷了別人的面子。

2008年奧運會火炬傳遞，北京電視臺邀我作嘉賓。當火炬傳到昌平鄭各莊時，主持人問我：閻老師，您知道鄭各莊嗎？我說知道。又問：您去過鄭各莊嗎？我答沒去過。再問：您想去看看嗎？我答很想去。說者無意，聽者有心。鄭各莊領導當晚就託《北京青年報》的曾志崇先生打電話來，說並不需要我就平西府之事表態，只是邀請我去看看。他們說：您在電視上說了鄭各莊，我們請您吃頓飯還不行嗎？

2008年中秋節，我到了昌平鄭各莊。鄭各莊村支部書記兼宏福集團董事長黃福水先生、辦公室主任郝玉增先生，以及村裡的秀才們等，陪我參觀城牆遺址、護城河，還看了銅井。然後問我：您說這不是平西王吳三桂的府，是誰的住處呢？

是啊，這裡城牆基址依稀可見，護城河故址尚在，清代水井保存完整，可以看出曾經是座不小的城池。那麼，是什麼城池的遺址呢？豐盛的午餐沒吃出滋味，心裡一直思考著黃福水先生逼問的這道難題。我自感十分慚愧——我所任職北京社會科學院是研究北京的，我所參加的中國紫禁城學會的研究也是與宮殿王府有關的，怎麼就被難住了呢！

回家一進門，就急不可待地查閱有關資料，連查三天，毫無結果。於是求助同行友人。請故宮博物院晉宏達副院長和周蘇琴研究員、請中國第一歷史檔案館秦國經副館長和吳元豐研究員等朋友，幫助查找，毫無結果。黃福水先生也是急性人，第二次約我交談，我回答：漢文夠有分量的資料，一條也沒查到。

漢文資料不足，就查滿文檔案。已經整理的清宮建築滿文檔案，從數位化資料庫查找，還是找不到蛛絲馬跡。黃福水先生第三次請我去鄭各莊。我說已經查找過的滿文資料中，還是沒有找到。

情急之下，我提出一個想法：臺灣方面請我作為訪問學者赴臺，因我特忙，尚未答應。乾脆藉機到臺灣去，查找相關滿文資料。第二天，我即回覆

邀請方，決定赴臺。我將已經掌握的漢文和滿文資料，進行梳理，找出難點，準備赴臺，僥倖一試。

2008年11月2日我即到臺。我抓緊時間，到臺北故宮博物院圖書文獻處，開始查找和北京昌平鄭各莊的城牆、護城河等相關的滿文檔案。

臺北故宮博物院珍藏的清宮檔案，約有四十萬件。大海撈針，從何入手？我分析：城牆、護城河等都和皇家有關，要從清內務府檔案入手；既然漢文檔案沒有，就從清內務府滿文檔案入手。我把要查詢的滿文檔案範圍，向那裡的專家馮明珠副院長、莊吉發教授，以及陳龍貴、呂玉女、許玉純等友人交流、溝通，請求他們幫忙。這時，臺北故宮正在籌備「康熙大展」和「雍正大展」，12月11日我應周功鑫院長之邀，給臺北故宮博物院做了《康熙皇帝的歷史評價》的演講，19日又應馮明珠副院長之邀，給臺北故宮博物院做了《雍正皇帝的歷史評價》的報告。

當我離開臺北故宮時，院長周功鑫說用她的車送我到賓館，副院長馮明珠說：「閻先生，送您一件小禮物，請您到飯店後再打開。」我就提著馮院長遞過來的紙袋上了車。

二、意外大禮

2008年12月19日我乘坐臺北故宮博物院周院長的車回到賓館，打開馮明珠副院長贈送的禮物，原來是一件清代滿文檔案影本，題目是《奏報鄭家莊行宮工程用銀數摺》。我眼前一亮。

原來，他們在臺北故宮博物院圖書文獻處的滿文檔案裡，查到康熙六十年（1721年）十月十六日的清內務府《奏報鄭家莊行宮工程用銀數摺》（滿文）原件。這件滿文檔案，雖年代久遠，「水漬霉斑」；卻字跡清晰，保存完好。檔案記載：清鄭各莊行宮、王府、城池與兵營，於康熙五十七年（1718年）十二月初五日開工，在康熙六十年十月十六日竣工。工程負責人列名者共四人，即監造鄭家莊行宮與王府工程的內務府上駟院郎中尚之勛、營造司郎中五十一（按：人名）、都虞司員外郎偏圖、刑部郎中和順，四人聯署的滿文《奏報鄭家莊行宮工程用銀數摺》檔案。

這真是一份意外的大禮！

這份滿文奏摺，記載康熙鄭各莊行宮、王府、城池的興建工程，相當詳細，數據可信，經中國第一歷史檔案館郭美蘭研究員做了漢譯。檔案文字，並不難懂，為使讀者能看到翻譯的原檔，徵引如下：

監造鄭家莊行宮、王府郎中奴才尚之勛等謹奏：為奏聞事。

康熙五十七年十二月內，為在鄭家莊地方營建行宮、王府、城垣及城樓、兵丁住房，經由內務府等衙門具奏，遣派我等。是以奴才等監造行宮之大小房屋二百九十間、遊廊九十六間，王府之大小房屋一百八十九間，南極廟之大小房屋三十間，城樓十間、城門二座、城牆五百九十丈九尺五寸，流水之大溝四條、大小石橋十座、滾水壩一個、井十五眼，修葺土城五百二十四丈，挑挖護城河長六百六十七丈六尺，飯茶房、兵丁住房、鋪子房共一千九百七十三間，夯築土牆五千三百五十丈七尺一寸。

營造此等工程，除取部司現有杉木、銅、錫、紙等項使用外，採買松木、柏木、椴木、柳木、樟木、榆木、清沙石、豆渣石、山子石、磚瓦、青白灰、繩、麻刀、木釘、水坯、烏鐵、磨鐵等項及蓆子、苫箔、竹木、魚肚膠等，計支付匠役之雇價銀在內，共用銀二十六萬八千七百六十二兩五錢六分三厘。其中扣除由部領銀二十三萬七百五十二兩五錢六分三厘，富戶監察御史鄂其善所交銀二千二百二十兩，富當所交銀六百五十兩，原員外郎烏勒訥所交銀一萬兩，員外郎渾齊所交銀一千八百一十兩，順天府府丞連孝先所交銀一萬七千六十七兩八錢三分，並出售工程所伐木簽、秤兌所得銀四千八百八十三兩五分二厘。以此銀採買糊行宮壁紗櫥、繪畫斗方、熱炕木、裝修、建造斗栱、蓆棚、排置院內之缸、缸架、南極神開光做道場、錫香爐、蠟臺、墊尺、桌子、杌子等項，匠役等所用笤帚、筐子、缸子、水桶等物，以及支給計檔人、掌班等之飯錢，共用銀四千八百六十七兩三錢八分二厘，尚餘銀十五兩六錢七分。今既工竣，相應將此餘銀如數交部。為此謹具奏聞。

這份滿文奏摺，詳細奏報了今昌平鄭各莊康熙行宮、王府、城池、兵營竣工事宜，並將財務細目做了奏報。也就是說，在鄭各莊看到的城池遺址，曾經是康熙晚期建造的行宮和王府。

當我初步解開「鄭各莊難題」的時候，心情激動，特別高興。

記得某年某月某日，北京社會科學院高起祥院長陪同市委主管宣傳文化的副書記王光先生，到家裡看我。王光先生邊看我書櫃裡的書，邊對我說：「崇年先生，你研究歷史是一件快樂的事情！」我說：「書記，不是的，研究的過程是痛苦的！」他說：「這話怎麼講？」我說：「研究過程是艱苦的，研究成果是幸福的。」他又說：「怎樣解釋呢？」我說：「譬如農民，種地是辛苦的——鋤禾日當午，汗滴禾下土；但收穫是幸福的——莊家獲豐收，糧食積滿倉。」王光先生近年出版詩集《雁廬餘稿》，深知寫作的艱辛，也嘗到收穫的甘甜。

當我拿到臺北故宮贈送的這份大禮時，初步揭開鄭各莊城池遺址之謎，也是享受艱苦耕耘後的豐收喜悅。

然而，孤證難立。這麼一份奏摺，就能斷定康熙行宮、王府就在鄭各莊嗎？這座王府是康熙哪位皇子的府第呢？探尋的腳步並沒有停下。

三、雙檔合璧

鄭各莊康熙行宮、王府工程，既有竣工滿文檔案，也應有開工滿文檔案。竣工滿文檔案收藏在內務府，開工滿文檔案也應在內務府。這份滿文檔案既然沒有在臺北故宮博物院，就應在北京故宮博物院。

原北京故宮博物院明清檔案部，已劃歸中國第一歷史檔案館，所以我就到中國第一歷史檔案館滿文部查找。說來容易，找到卻難。中國第一歷史檔案館珍藏的滿文檔案有二百多萬件。這批滿文檔案，有些已經翻譯出版，有些已經整理歸類，有些已經數位化，有些已經編目摘由——這都好辦，相對來說，容易查找。但有相當一批檔案，尚在塵封，未及整理，查找這些資料，猶如大海撈針。

心善意誠，終有回報。經館長鄒愛蓮、滿文部主任吳元豐、滿文專家郭美蘭等長官和專家共同努力協助，費盡心思，耐心查找，在塵封多年的滿文檔案包袱裡，終於找到了鄭各莊清康熙行宮、王府工程開工的滿文檔案。這

是一份為呈奏工程樣式的文字說明，還有康熙帝的硃批諭旨。這份珍貴滿文檔案，實在難得一見，經郭美蘭研究員漢譯，其主要內容摘錄如下：

行宮以北，照十四阿哥（引者按：康熙帝第十四子胤禵）所住房屋之例，院落加寬，免去後月臺、前配樓、後樓，代之以房屋，修建王府一所。其中大衙門五間，共長八丈二尺五寸，計廊在內寬二丈二尺五寸，柱高一丈五尺，為十一檁歇山頂。北面正房五間，共長七丈二尺五寸，計廊在內寬三丈六尺，柱高一丈四尺，為九檁歇山頂。……大門五間，共長五丈七尺九寸，計廊在內寬二丈七尺五寸，柱高一丈三尺五寸，為七檁歇山頂。……大衙門兩側廂房各五間，共長六丈一尺，計廊在內寬二丈五尺，柱高一丈二尺，為七檁硬山頂，……正房兩側廂房各三間，共長三丈七尺，計廊在內寬二丈五尺，柱高一丈二尺。兩側耳房各三間，共長三丈一尺，計廊在內寬二丈五尺，柱高一丈二尺，為七檁硬山頂。罩房十九間，共長十九丈六尺，計廊在內寬二丈二尺，柱高一丈，為七檁硬山式。小衙門三間，共長三丈八尺，計廊在內寬二丈二尺五寸，柱高一丈三尺，為七檁歇山頂。其兩側房屋，各六間，共長六丈九尺六寸，寬一丈六尺，柱高一丈。小衙門兩側之房屋各五間，共長六丈四尺，寬一丈六尺，柱高九尺五寸。兩側小房各十間，其一間長一丈、寬一丈五尺、柱高八尺，為硬山頂。……淨房四間，其一間長寬各八尺，柱高七尺，為四檁硬山頂。前月臺五丈一尺，寬二丈五尺，高二尺六寸。其周圍臺階、斗板用青沙石，外圍房一百五間、堆房三十六間、倉房三十間、草料房十五間、門一間，其一間長一丈、寬一丈二尺、柱高八尺……馬廄房二十間，其一間長一丈、寬二丈、柱高九尺，為七檁硬山頂。……圍牆一百二十四丈，高一丈二尺，寬二尺四寸五分。隔牆一百九十六丈，高八尺五寸，寬一尺六寸。甬路三十八丈五尺（中間鋪方磚，兩邊鑲城磚）。……

康熙行宮和王府的開工檔案與竣工檔案，竟然合掌，雙璧聯珠。再加上其他相關的滿文、漢文資料，可以證明：康熙帝晚年在京北興建了行宮和王府。這座康熙行宮和王府是否就在昌平鄭各莊呢？

2009年4月19日，在鄭各莊召開「揭祕鄭家莊皇城專家研討會」，我和南開大學馮爾康教授、中國社科院歷史所楊珍研究員、北京大學徐凱教授、

北京文史館趙書館員、中國第一歷史檔案館吳元豐和郭美蘭研究員、北京市文物局專家於平副局長、雍正帝第九世孫愛新覺羅·啟驤先生，鄭各莊當地秀才蔣國震、李永寬，以及黃福水、郝玉增先生等，實地踏查，翻閱資料，切磋研討，分析檔案記載、民間傳說和歷史地名，初步取得共識。

四、塵埃落定

專家們認為，上述兩件滿文檔案所記載的鄭家莊「行宮」，是康熙的行宮；鄭家莊「王府」，是為廢太子胤礽準備的王府。後康熙帝去世，雍正帝詔命胤礽的兒子弘晳為理郡王，舉家遷到該府居住，後晉為親王，成為理親王府。

那麼，滿文檔案中所說鄭家莊行宮和王府，就是在今天的昌平鄭各莊嗎？

經查，清「三祖三宗」實錄和《清史稿》中，提到過四個鄭家莊：安徽合肥鄭家莊、山西太原鄭家莊、直隸薊州鄭家莊和北京德外鄭家莊。

其一，安徽合肥鄭家莊。順治十一年（1654年）安徽合肥鄭家莊出現怪異，《清史稿·災異志三》記載：「合肥鄭家莊產一雞，三嘴、三眼、三翼、三足，色黃，比三日死。」說明安徽合肥有個鄭家莊。但在清康熙、雍正、乾隆的實錄中，沒有出現安徽合肥鄭家莊的記載，更沒有在此地建造王府的記載。這裡也沒有康熙行宮與王府的歷史遺蹟。

其二，山西祁縣鄭家莊。山西省太原府祁縣鄭家莊，在「府西南百四十里」。《清聖祖實錄》記載「上駐蹕祁縣鄭家莊。」這一天，康熙帝在閱射時，有一兵乘馬驚逸逼近御仗，傅爾丹疾趨向前擒之，並勒止其馬，受到特賜貂皮褂的獎勵。經查山西祁縣鄭家莊並無城牆、護城河與王府的記載。那麼，是直隸薊州的鄭家莊嗎？

其三，直隸薊州鄭家莊。《清聖祖實錄》中出現薊州鄭家莊，曾是康熙帝到清孝陵祭祀途中的臨時行宮。但雍正、乾隆「實錄」中沒有出現相關記載。此處沒有興建王府的文獻與檔案記載。因此，城池、行宮與王府同在一地的鄭家莊，不會是薊州的鄭家莊。

其四，北京德外鄭家莊。《清史稿·世宗本紀》記載：雍正元年（1723年）五月初七日，「敕理郡王弘晳移住鄭家莊。」這個鄭家莊，既不是安徽合肥鄭家莊，也不是直隸薊州鄭家莊，更不是山西祁縣鄭家莊，而是北京德外鄭家莊，即今北京市昌平區北七家鎮鄭各莊。其理由是：

第一，地理區位。《光緒昌平州志》記載：鄭各莊即鄭家莊，「距城三十五里」。檔案記載：「鄭各莊離京城既然有二十餘里，除理王弘晳自行來京外，不便照在城居住諸王一體行走，故除上升殿之日，聽傳來京外，每月朝會一次，射箭一次。」合肥、祁縣和薊州的鄭家莊，從里程說都不符合上文記述。

第二，地面遺存。1958年北京文物普查時，這裡還有土牆垣長約五百公尺；有城南門遺址，並保存南門漢白玉石匾額一方，楷書「來熏門」。現經實測為：鄭各莊皇城遺址，東西長五百七十公尺，南北長五百一十公尺，總面積近三十萬平方公尺；護城河遺存南、北各長約五百零四公尺，東、西各長約五百八十四公尺，總長二千一百七十六公尺。實測數據與檔案記載大體相當。經實地踏查，有皇城殘垣的遺蹟和青灰城磚。城牆外現東、南、西三面護城河基本保存。2006年，村裡發現了一眼銅幫水井，和民間傳說的「金井」吻合。

第三，方志載述。《康熙昌平州志》的總圖中有「鄭家莊皇城」的標識。《光緒昌平州志》記載：康熙五十八年（1719年）奉旨蓋造王府、營房，僅占去「墾荒地」為「伍拾玖畝伍厘玖毫」。

第四，筆記載錄。禮親王代善後裔昭槤在《嘯亭雜錄》中記載：「理親王府在德勝門外鄭家莊。」昭槤既是清帝宗室，又是乾隆朝人，記載當為可信。《京師坊巷志稿》也記載：（理）密王舊府在德勝門外鄭家莊，俗稱平西府。王得罪後，長子弘晳降襲郡王，云云。

第五，實錄記載。《清聖祖實錄》中出現「鄭家莊」六處，其中祁縣鄭家莊兩次，薊州鄭家莊三次，北京鄭家莊一次；《清世宗實錄》中出現「鄭家莊」九處，都是指北京鄭家莊；《清高宗實錄》中出現「鄭家莊」二十次，其中祁縣鄭家莊兩次，北京鄭家莊十八次。從中可以清楚地反映出：康熙鄭

家莊行宮與王府的所在地，是北京德外鄭家莊。康熙帝死後，其停靈厝柩之所，曾有安奉鄭家莊的方案，雍正帝力主設在景山壽皇殿。說明它不會是合肥鄭家莊，也不會是祁縣鄭家莊，更不會是薊州鄭家莊。

第六，檔案為征。現在查到相關十六件滿文檔案，凡涉及鄭家莊的，都是指在北京德勝門外鄭家莊。《內務府等奏為經欽天監敬謹看得可於康熙五十八年正式動工摺》（康熙五十七年十二月初八日）中的動工上梁摺；《和碩恆親王允祺等奏理王弘晳遷居鄭各莊事宜摺》（雍正元年五月二十二日）中「鄭各莊距京城二十餘里」；《和碩恆親王允祺等奏請理王弘晳遷居摺》（雍正元年六月二十日）中「因鄭各莊靠近清河，相應將拜唐阿等人之口糧，由該處行文到部，由清河倉發放」等，都是明證。

這裡還要說明的是，鄭家莊、鄭各莊、鄭格莊滿文名稱不統一，清漢文官書譯文也不統一，「家」與「各」字在地名上也常互通。因此，綜合各種記載、各種分析，清康熙行宮和理親王府就在今昌平鄭各莊。

清代王府不在京城、且行宮與王府有城牆和護城河的，僅此一例。

五、王爺喬遷

清朝王府搬家是個什麼樣子？和咱們老百姓搬家有什麼不同？下面以理王弘晳搬家為例，看看王府是怎樣喬遷的。

康熙帝廢太子允礽和他的王妃及其子女們住在紫禁城裡咸安宮，他的兒子弘晳被封王後，要搬家到鄭各莊理王府。搬家前，向雍正帝諭旨，主要內容有：

第一，理王遷居：命理王弘晳率領子弟家人遷移到鄭各莊居住。

第二，隨遷人員：廢太子允礽妻妾十一位，有子十二人，哪些人隨遷呢？理王弘晳之弟在宮內養育者有二人、與其同住一處者有三人，弘晳之子在宮內養育者有三人、與其同住一處者有五人，將他們與弘晳一同移住鄭各莊居住。弘晳又有一子由十五阿哥（允禑）撫養，仍由其撫養。

第三，搬家車輛：理王弘晳自皇宮搬家至鄭各莊時，由內務府、兵部領取官車，運往一應器用等物。

第四，所屬人員：撥給理王弘晳誠王所屬一百八十五人、簡王所屬八十人、弘昉所屬八十人，共三百四十五人，將滿洲內府佐領一員、旗鼓佐領一員，兼歸理王弘晳所屬侍衛官員。現有護軍、披甲、領催、拜唐阿等，俱兼歸兩個牛錄，各撥餉米。理王弘晳既已撥入鑲藍旗，則領取王之俸米及所屬人等之餉米時，由其府牛錄行文旗下，照例領取。

第五，王府住房：鄭各莊城內有房四百一十間，若不敷用，再行添建。

第六，人員待遇：理王弘晳已經分府，其一百一十一名太監暫給餉米，三年截止，再由王府發放。

第七，管理規定：王府由長史（管王府）和城守尉（管戍守）二員管理：理王的侍衛、官員出缺，由王府長史請旨補放。隨同理王弘晳前往居住的侍衛、官員、拜唐阿、太監等，若因事請假，告王府長史、城守尉後，限期遣往，若逾期，不陳明緣由，加以隱瞞，則由城守尉參奏王府長史，辦理府務之人。

第八，弘晳出入：鄭各莊距京城二十餘里，可不同於在京城諸王等上朝，除皇帝升殿時聽宣赴京城上朝外，每月上朝一次、射箭一次。凡有集會，聽宣而來。若皇上外出，免每日朝會。正月初一堂子行禮、進表、祭祀各壇廟，理王弘晳前來，調撥房屋一處，為王下榻之所。

理王弘晳喬遷時，按郡王禮舉行。經奏報，獲旨准。據《和碩恆親王允祺等奏議理王弘晳移居諸事摺》（雍正元年九月十六日），記載如下：

第一，時間。經欽天監選擇吉日，定於雍正元年（1723年）九月二十日卯時（5～7時）喬遷起行。

第二，辭行。喬遷前一日，理王弘晳及其福晉，向雍正皇帝請安、辭行。

第三，禮儀。設多羅郡王儀仗，王同輩弟兄內有品級、已成親的阿哥等，前往送行。在王福晉之前，派內管領妻四人、果子正女人六人、果子女人十人隨送，派護軍參領一員、計護軍校在內派內府護軍二十人，在前引路。

第四，隨送。派領侍衛內大臣一員、散佚大臣二員、侍衛二十名、內務府總管一員、內府官員十名送行。

第五，衣飾。送行的阿哥、大臣、侍衛、官員等，俱穿著錦袍、補褂。

第六，飯食。派尚膳總管一員、飯上人四名，委尚茶正一員、茶上人四名，內管領二員，於前一日前往鄭各莊，預備飯三十桌、餑餑十桌，供王、福晉等食用。

第七，禮迎。照例派出內府所屬年高結髮夫妻一對，先一日前往新家等候，王到出迎，祝福祈禱。

第八，返回。食畢謝恩，送往的阿哥、大臣、侍衛、官員等即可返回。

雍正元年（1723年）九月二十日（公曆10月18日），理郡王弘晳喬遷到鄭各莊的王府居住。康熙時興建的鄭各莊王府，正式成為理郡王弘晳的王府。

喬遷之後，其結果呢？

六、王府平毀

昌平鄭各莊的理王府，其整體規模有多大呢？

雍正元年五月，按清廷有關規定撥給鄭家莊駐防官兵房屋，「城守尉衙署一所，十五間；佐領衙署六所，各七間；防禦衙署六所，驍騎校衙署六所，俱各五間；筆帖式衙署二所，各三間；甲兵六百名，各營房二間。」有文計算：鄭家莊行宮、王府與官兵用房，總計駐防官兵房舍衙署等一千三百二十三間。另外，王府所屬當差行走之三百四十五人，若按每人（戶）分配二間住房，則又需要住房六百九十間。合王府一百五十一間，共計建築住房當在二千一百六十四間以上。還應有一百一十一名太監的住房。

昌平鄭各莊的康熙行宮和理親王府，其結局如何呢？

鄭各莊康熙行宮，康熙帝來這裡住過沒有？有，肯定有。根據《清聖祖實錄》的記載，康熙帝曾先後三次駐蹕鄭各莊行宮：第一次，康熙五十八年

（1719年）十月丙午（初七日）；第二次，康熙五十九年（1720年）四月戊申（十二日）；第三次在同年十月壬寅（初九日）。可以說，康熙帝至少有三次在鄭各莊行宮居住過。鄭各莊行宮是在康熙六十年（1721年）才告竣工，他怎麼在此前就住過呢？可能的解釋是：作為鄭各莊行宮和王府的竣工和工程結算時間是康熙六十年，可能行宮先於王府完工，康熙帝去巡視，或到小湯山溫泉，在此行宮居住。康熙六十一年（1722年），康熙帝過世，這座行宮再也沒有皇帝住過，後來隨著理親王府廢毀而棄毀。

理親王府的廢毀有一段故事。雍正帝對兄長廢太子允礽及其子、自己的侄子弘晳，還算不錯。先是封弘晳為理郡王，後晉為親王。雖說理親王弘晳的行動受到某些限制，但大體上還是說得過去的。然而，雍正帝死後，弘晳的堂弟弘曆即乾隆皇帝繼位，弘晳就沒有好果子吃啦。

乾隆四年（1739年）十月，革除弘晳理親王，其御定理由是：弘晳歷史上有「汙點」，曾隨同乃父允礽獲罪，圈禁在家。

第二，弘晳「行止不端，浮躁乖張，於朕前毫無敬謹之意」。

第三，弘晳「自以為舊日東宮嫡子，居心甚不可問」。

第四，弘晳於乾隆帝誕辰，進獻「鵝黃肩輿一乘」。

第五，弘晳與莊親王允祿「交結往來」；允祿是弘晳的第十六皇叔，此事允祿並未被革親王爵，弘晳卻被革了王爵。

根據以上罪名，命將弘晳削去王爵，在景山東果園圈禁。弘晳被黜宗室，改名四十六，其子孫革除宗室，繫紅帶子。弘晳於乾隆七年（1742年）去世，享年四十九歲。弘晳的王爵，由胤礽第十子弘㬙繼承，降為理郡王。王府由鄭各莊遷到城裡，後在東城王大人胡同（今東城區北新橋三條東口路北華僑大廈一帶地方）。

到乾隆二十九年（1764年）二月，鄭各莊兵丁被派往福州駐防。隨之，官兵調走，整戶跟隨，「其空閒房屋，毀倉空地」，人走房空，連根拔除。

以上就是昌平鄭各莊的一段往事。昔日的康熙行宮和理親王府，如今已經是社會主義的新農村——遠近聞名的溫都水城和國際文化廣場滑雪場，就是在昔日康熙行宮和理王府的遺址上興建的。這裡既有歷史文化的豐富積澱，又有人文北京的繁榮景象。

至於今鄭各莊南鄰的平西府村，有多種傳說：一說是有人問路，回答者平手往西一指，所以叫平西府。有人附會作平西王吳三桂的府。其實，吳三桂沒有在北京開府，他的兒子吳應熊在北京有額駙府，是在城裡，不在郊外。那麼，村名為什麼叫平西府？我想：當年這裡為理親王弘晳府，弘晳犯罪後，忌諱「弘晳」二字，弘晳府諧音「平西府」。於是老百姓俗稱為「弘晳府」，後來諧音作「平西府」。

（本文是在北京市昌平區北七家鎮鄭各莊等地，幾次演講及座談會的講話經綜合整理而形成。）

鎮江：文宗閣與《四庫全書》

中國有句老話叫「班門弄斧」，在魯班門前是不能弄斧的。我是給自己定了一條規矩，就是「到了什麼地方，不講什麼地方」。到了鎮江，不能講鎮江，因為在座的每一位先生都是鎮江的專家。到鎮江說揚州，到揚州說鎮江，可以揚長避短。現在命題作文，叫我說一說鎮江文宗閣和《四庫全書》，我就勉為其難，說一點看法，供諸位討論。

一、文宗閣的復建

第一個問題，就是文宗閣的復建。乾隆皇帝下了諭旨，把《四庫全書》中的一部藏在鎮江的文宗閣。我就始終鬧不明白，乾隆皇帝為什麼單單偏愛鎮江？其餘六個閣，一個是在承德避暑山莊，乾隆皇帝每年都去，康熙皇帝以前也是每年都去，康熙大概去了四十八次避暑山莊。乾隆皇帝每年五月份去一直到天涼之後回北京，所以他在那裡修一個文津閣，看看《四庫全書》，可以理解。瀋陽是清朝的留都盛京，皇家的《玉牒》和重要的典籍一律有一

個副本，貯藏在瀋陽崇謨閣，他為《四庫全書》在那兒單修一個閣——文溯閣，也可以理解。圓明園，從雍正皇帝開始，特別到乾隆的時候，盡心盡力地建圓明園，乾隆大部分時間，除了避暑山莊，就在圓明園，他在那裡頭擱一部《四庫全書》，他的兒子也經常在那裡翻一翻，看一看，建了文源閣，也可以理解。再者，皇宮當然要藏一部了，為這個事情，修了文淵閣。文淵閣明朝有，在南京，搬到北京之後燒了。乾隆皇帝為了存放《四庫全書》又重建了文淵閣。現在又重修了，大家有機會可以到北京看一看，它很快要正式開放了。浙江杭州有文瀾閣可以理解，因為浙江是個經濟文化大省。江蘇當時江寧府大家都很清楚，非常重要。江寧將軍住江寧，江蘇巡撫住蘇州。當時南京、蘇州地位很重要，那麼江蘇這部《四庫全書》應該說或者放在南京，或者放在蘇州。乾隆沒有這麼做，而把《四庫全書》放在了鎮江。另外一部放在江北揚州，這個也有道理，因為修《四庫全書》的時候，揚州人馬日琯先生出了很多的書。江蘇一些重要的書是馬家出的。開始的時候出了三百多部書，那些書今天來說都是價值連城的。有人打小報告說馬先生家裡還有，乾隆皇帝派巡撫到他家去訪問、做客，實際上是瞭解一下他家裡到底有多少藏書。這位馬先生坐不住了，書也藏不住了，第二批又交了一些。可是乾隆還不放心，又派人到他家裡去摸底，要參觀他的書，馬家的藏書基本上讓乾隆皇帝摸清了，再不獻就不好了。乾隆說我借你的，用完了就還你，實際上用完了相當一部分沒有還，那馬家也沒有辦法。乾隆南巡時又住在揚州，給揚州留一部《四庫全書》也有道理。

　　鎮江也捐了一些書，但不是最多的，即使在江蘇來說，也不是最多的。那麼為什麼把這部《四庫全書》放在鎮江呢？我就始終沒有想明白。乾隆也沒有特別交代，就說江南士子很重要，要放一部在鎮江供江南士子看。昨天晚上錢老（鎮江文史研究會總顧問）說了，今天早上又說了，我也請教他，乾隆為什麼選這兒？他說其中一個重要的原因，就是這個「地」，天地的地，因為鎮江這個地方太重要了，正好在當時長江的中間。乾隆當時特別喜歡鎮江，所以他每次下江南的時候在鎮江的天數，比其他地方多。乾隆對鎮江有特殊的情感，我想這是其一。

還有就是，在別的地方，書和閣中間有一個時間差，而鎮江是先有閣後有書。大家知道，藏《四庫全書》七個閣中有六個都帶一個水字。北京文淵閣的「淵」帶個水字，圓明園文源閣的「源」是帶個水字，承德文津閣的「津」是帶水字的，瀋陽文溯閣的「溯」是帶水字的，揚州文匯閣也帶水字的，杭州文瀾閣的「瀾」是帶水字的，就是我們鎮江的文宗閣的「宗」是不帶水字的。所以有人就提這個問題，我也想過這個問題：為什麼文宗閣的「宗」是不帶水字偏旁的？有好多種解釋，其中一種解釋就是文宗閣在先，在《四庫全書》之前，閣已經蓋起來了，而且這塊匾又是乾隆題寫的，別人寫的可以給他補上，乾隆寫的，御筆沒有錯，不能題改。這是一。還有一種說法，說開始不叫文宗閣，開始叫文淙閣。有一部分文獻，說鎮江這個叫文淙閣，但後來正式公文發文的時候，乾隆帝正式諭旨的時候就沒了那三點水，也就成了現在的文宗閣。

還有些什麼原因？我想這個問題還值得研究。建議諸位鎮江的先生把這事再深入研究一下，為什麼藏《四庫全書》的七個閣中有六個是帶水的，就是我們這兒不帶水字。是不是因為我們這兒旁邊就是水？文瀾閣在西湖邊也有水啊。文淵閣本來是沒有水的，後來從元朝大都，內金水河，這麼引水到了文淵閣前頭，原因是水防火。內金水河從紫禁城的東南角，注入到筒子河，再流到通惠河，然後從天津入海。

文宗閣和北方四閣不同。今天上午鳳凰衛視的一個記者問我有什麼不同。我說不同很多，其中一個不同，文淵閣是皇家的，別人不能看的；文源閣在圓明園，老百姓進不去；承德避暑山莊是皇帝的夏宮，文津閣一般人進不去，不開放；盛京那個文溯閣，是清朝的留都，別人也是不能進的。漢人一般是不給出關的，出關是流放，流放寧古塔，流放盛京，流放尚陽堡，流放卜魁（今齊齊哈爾）。但是江南這三個閣，文匯閣，文宗閣，文瀾閣，士子可以用。所以實際上它們當時是一個公共圖書館，但不像我們今天任何人都能看，那時也有條件，儘管有條件，還是有很多人可以看。這是南三閣和北四閣的一個重大的不同。

我們文宗閣的《四庫全書》交書比較晚，校對的也比較細。太平天國的時候給燒了。太可惜了！皇家很惋惜，老百姓也很惋惜，士子就更惋惜了。所以很多人就想復建文宗閣。

我們圖書館的徐蘇副館長寫了本書，專門研究了此事，主張復建，他做了很深的研究。清朝的溥良，愛新覺羅宗室，唸書考中進士，入了翰林院，後升到都察院左都御史，相當於現在的監察部部長，還大一些，相當於現在中紀委書記。當時正部級就是六個部：吏、戶、禮、兵、刑、工，六個部加上都察院等於七。正部級，按照單數算是七個人，所以這個左都御史實際地位是很高的。後他又轉為禮部尚書。禮部尚書官很大，比我們現在的教育部長大，相當於現在的政治局委員兼教委主任這麼一個級別，所以溥良當時地位是很高的。他還到江蘇做過教育廳長。溥良親自給光緒皇帝寫了一個奏章，要將這個文宗閣復建。但溥良這個願望根本不能實現。雖然他這個願望非常好，但是第一天時不對，第二地利不對。復建文宗閣不能在北京定這個事情，要在鎮江定。當年定建文宗閣的時候就是在鎮江，不是在北京定的。溥良如果聯繫當地的知府和一部分有錢的商人集資來建，這事可能建成。但是，他依靠光緒皇帝來建，而光緒沒有實權，慈禧掌權四十八年，光緒要重建得奏報慈禧，你不直接跟慈禧說，而是跟光緒說，人也不對。溥良第一天時不對，第二地利不對，第三人合也不對，所以這事辦不成。

王先謙也想辦這個事情。王先謙地位很高，他是國子監祭酒，當時國立大學校長，比現在北大校長、清華校長、人大校長、北師大校長四個校長加一塊還要大，因為當時全國就一所大學。他就在皇宮的東華門辦公。他編的《十一朝東華錄》，我們現在也讀得到。王先謙說話有份量，但也辦不成文宗閣復建這事。我說還是那三不對，一天不對，二地不對，三人不對，事辦不成。

再從民國一直到當代，昨天錢老跟我說，他們當地有一位彭克誠先生也提出復建這個事情，也查了材料，查了《兩淮鹽法志》，查了文宗閣的圖，很有貢獻，但也未成。彭先生是 2007 年的時候提的，天時還不到。

現在我們把這個事情給辦成了！第一是天時到了。天時太重要了，成小事要小天時，成大事要大天時。沒有天時，任何人也做不成事情。我們今天坐在這兒進行研討，上午進行文宗閣復建落成開放的儀式，天時恰好，地球轉到 2011 年，轉到這的時候，這事成了，而且還在鎮江。揚州這事還沒成。同樣一個天時，鎮江成了，揚州還沒成。我們這裡一成，揚州很著急。所以光有天時，沒有地利還不行。鎮江有地利。這兩條有利都有了，還不行，還要人。我說咱們許津榮書記兼市長，還是很有眼力的，看出文化這個大體，在中央作出文化大發展大繁榮之前，作出這個決定。在 2008 年，提前三年作出這個決定，了不起。我上午引了《尚書·呂刑》一句話：「一人有慶，兆民賴之。」如果長官不重視，抓別的，那這事就做不成。所以，天合、地合、人合，三個條件統一了，我們文宗閣復建這事就辦成了。

所以我們大家在座的，都是很有幸的。這是我要和大家交流的第一個題目。

二、關於《四庫全書》的兩大問題

乾隆皇帝修《四庫全書》，其積極面我在《大故宮》（長江文藝出版社，2012 年版）裡講了，其消極面我今天講兩個問題。

第一個問題，在修《四庫全書》的時候，修了一些書，刪了一些書，改了一些書，毀了一些書。這是從秦始皇焚書坑儒以來封建文化專制的一個結果，這一點要批評。關於這一點諸位賢達說得很多，辛亥革命以後這話說得就更多，文章也很多，我就不重複了。

第二個問題，我看大家講得比較少，我把這一點講一講。修《四庫全書》大約用了四千多人。這四千多人不是一般的人，基本上是當時中國知識界的精英，一般來說至少要是個進士，不得低於舉人。乾隆修《四庫全書》二十多年時間，當時知識界的精英都直接或者間接地參加了。二十多年，四千多個知識精英，抄寫一部《四庫全書》，現在統計出來大概是七億字一部。一共七部，大約五十億個字，用毛筆抄下來。這個工作主要是把現成的書，精抄一下，集中起來。乾隆修《四庫全書》的時候，歐洲在做什麼？法國在做

什麼？英國在做什麼？美國在做什麼？同時期，我以法國為例。這個時候的法國「百科全書派」（伏爾泰、狄德羅、盧梭等）他們在高揚一種批判精神，為法國大革命，製造理論的、思想的、輿論的準備。準備的一個成果就是《百科全書》。《百科全書》中有新的思想，新的見解，反映的是新的時代。「百科全書派」他們的工作，為爾後的法國大革命起了思想的、理論的、輿論的奠基作用。乾隆時候花了二十多年的時間，集中了幾千個當時的知識精英，抄寫已經有的書，重抄一遍後合起來，其中一個大的弊病就是扼殺了學術批判精神和思想創新精神。這個工作它不是一種學術批判工作，把《論語》重抄一遍，不具有一種學術批判精神，也不是思想的創新精神。現成的書重新抄一遍，前後二十多年，加上乾隆朝前後，總算起來大約半個世紀左右，我們整個中國思想界，跟法國思想界來比，差距拉大了。我覺得從學術的角度看，從歷史的眼光看，這是乾隆修《四庫全書》的兩個大問題。我們是後人，我們後人看前人的時候，比當事人看得清楚一些，我們明白這個書，雖然有價值有貢獻，但是有幾個問題，值得我們今天引以為鑑。我們今天要高揚學術批判精神，高揚思想創新精神，在批判中前進，在創新中前進，推動文化不斷發展。這是我今天要跟大家交流的第二個問題。

三、《四庫全書》的價值

剛才說了修《四庫全書》的兩個問題，那麼《四庫全書》是沒有價值，沒有作用的嗎？不是的，我認為乾隆修《四庫全書》，價值很大。對乾隆修《四庫全書》，自辛亥革命以來，某些學者持全盤否定的態度，我不贊成；全盤肯定的態度，我也不贊成。我認為對《四庫全書》應當肯定它積極的部分，而批評它消極的部分，全面地看這個事情。它有哪些積極的東西？哪些值得我們今天借鑑的東西？《四庫全書》為我們後人提供的有益的東西，我想至少有八項。

第一，千秋文化，宏偉大業。中國明清以來六百年，大的文化工程有三：一是《永樂大典》；二是《古今圖書集成》；三是《四庫全書》。《四庫全書》是中國從有甲骨文字以來，一直到現在為止，一部空前的文獻方面的集成。民國沒有這麼大的文化工程，雖然我們今天也有很大的文化工程，單就古籍

的整理、古籍的集成還沒有超過《四庫全書》的。據學者研究，全世界所有國家，沒有一部書超過《四庫全書》的。乾隆皇帝花了二十年的時間，集中了數以千計的專家、學者和文化人，推出了一部古今中外最宏大的文化工程，這對歷史是一個貢獻，對文化更是一個貢獻，這是第一。

第二，保存珍貴文化遺產。有人說他毀了一些書，刪了一些書。我說這是一面，像人手一樣，手心是一面，手背又是一面，它也有保存文獻的一面。諸位啊，當時很多的書分散在民間，稿本、孤本、寫本、善本分散在民間，有少數私家藏書，不多。這些書經過天災人禍、家境變遷，幾百年靠個人保存下來是很困難的。透過修《四庫全書》，把全國能收集到的重要的書，給它原樣抄下來，抄七份，保存下來了。好多的原書，現在根本找不到，但我們今天還能看到，因為有《四庫全書》。如果沒有《四庫全書》，大概好多書我們今天根本看不到。這是一個很大的貢獻。我是唸書的人，我知道找一本書太困難了。保存了一本珍貴文化遺產，現在拿到古物市場都是不得了的。數以千計的文化遺產被保留下來了，還抄七份，揚州文匯閣那份燒了，承德文津閣的還沒燒。它如果就留一份，那就不行了，大部分就損失了。這七份，現在完整的還有三份：文淵閣一份，現在在臺北故宮博物院，我去看過；承德文津閣一份，我也去看過，後來挪到國家圖書館了；瀋陽文溯閣那份我也看過，現在挪到蘭州去了。杭州文瀾閣那份呢，我去看過，不全了。我去看的時候，看見書上蓋著塑料苫布，心情非常難過。我說你們幹嘛蓋塊塑料布呀？他們說因為房子漏雨。我說這怎麼可以，國寶啊！你們怎麼可以讓它漏雨？他們說沒錢修繕。我回頭就到文化部，找圖書管理司司長，他說不可能，立即去杭州看了一看，發現確實如此，然後趕快修好。不能再漏雨啊，國寶啊！這幾部我都親自看過，保存了下來。

過去查個材料太困難了。現在文淵閣的《四庫全書》已經影印了，文津閣的《四庫全書》也影印了。我們想查《四庫全書》很方便，一查就查到了。有些人，不客氣地說，批評《四庫全書》的，一部分人沒看過《四庫全書》，沒用過《四庫全書》，他要真去查過用過《四庫全書》，便會覺得，幸虧這麼寶貴的材料保存下來了，不然我們看不到。今天上午，市委宣傳部長講的

那個例子，昨天晚上錢老也講過，就是那個青蒿素，古籍保存下來了有關青蒿素的記載，現在研究出新藥，那就是一年救活數以百萬計的人命。

第三，集佚古代典籍珍本。到乾隆修《四庫全書》的時候，《永樂大典》就不全了。乾隆下令把《永樂大典》裡面能找到的書，都給輯出來。輯出來之後，抄七份合併到《四庫全書》裡。經過英法聯軍、八國聯軍等等事情之後，《永樂大典》就基本上沒有了，所存寥寥無幾。他要不輯我們現在看不到，永遠在地球上消失了。在修《四庫全書》的時候，把《永樂大典》裡的那些書輯佚出來。這對保存古籍也是功德無量的。胡適先生有一句話，「一個漢字發明，就像發現一個星星一樣」。保存三百多部古籍，把它們輯佚起來，對人類文化，是一個重大貢獻。

第四，匯總清代前期成果。到乾隆修《四庫全書》的時候，清朝經過順治十八年，康熙六十一年，雍正十三年，到乾隆五十年左右的時候，一百多年的文化和學術的積累，把這些書匯總到《四庫全書》裡頭，保存下來了。因為有一些個人著作，當時是沒有刻本的，就是手寫的本子，藏在自己家裡，作者死了以後，可能就被兒子賣掉了。修《四庫全書》時把這些清朝人寫的書也彙集起來了，彙集到《四庫全書》裡頭。有人做了統計，這種書大約占《四庫全書》總數的四分之一。我們今天能夠比較完整地看到清朝前期一百多年學者的著作、詩詞等等，都是因為在《四庫全書》中保存下來了。

第五，《四庫全書》方便學人閱讀使用。大家想想看，原來存在鎮江的一部書，在北京的一個進士想看，根本沒法看，他不能跑到鎮江來看這本書。但是匯到《四庫全書》裡頭了，他在北京就可以看了，在杭州也可以看，在揚州也可以看，就方便多了。

第六，有利文化廣泛流傳。今天我們把《四庫全書》影印了。如果沒有《四庫全書》，而是一本一本印，印七萬多本書，任何個人力量都是不夠的。現在世界各個重要大學圖書館，大陸、臺灣重要大學圖書館，重要公共圖書館，基本上都有影印的《四庫全書》。許多的學人，都可以在那裡看到。特別是近年把《四庫全書》數位化了，坐屋裡在電腦前都可以看了。這個貢獻的源

頭，就是乾隆年間修《四庫全書》，不然我們今人不能享受到這個文化的成果。

第七，便於分類、檢索、查閱。中國古書太多了，五十年代、六十年代，北京孔廟的東廡和西廡作為中國書店，兩廡全是經史子集。我那時候就經常到那裡看書去，書是浩如煙海。乾隆是用四部分類法，經史子集分類分目，你到那裡就可以檢索了。經，先查《尚書》這一類；史再分類，綱舉目張，查閱起來非常方便。民國時期的圖書分類基本上是按四庫分類法。後來五十年代學了蘇聯的分類，現在出版還是用的蘇聯的分類方法。但是四庫分類法是我們圖書分類方法中的一個重要方法。與四庫檢索分類相關的兩部書，一部是《四部薈要》，一部是《四庫全書總目提要》。《四部薈要》有兩部，一部被燒毀，另一部現在存臺灣，後來影印出版了。《四庫全書總目提要》太重要了，可能有些人已經注意，有些人還沒有注意。《四庫全書總目提要》把《四庫全書》裡面每一本都做了提要：作者是誰，主要內容是什麼，哪些地方是優點，哪些地方是不足等，都做了評論。有一次一個記者問我，要過新年了，讓我給讀者提點建議。我問什麼建議啊？他說比如讀什麼書。我說，現在大學已經基本普及了，有大學畢業教育程度的人，我建議每人案子上備一本《四庫全書總目提要》。有人問：「我不研究文史，有必要麼？」我說：有必要！我來之前，一個專門做石頭的朋友問我：「閻老師，我研究石頭，苦於找不到書看。」我告訴他《四庫全書》裡頭就有專門研究石頭的《石經》。其實《四庫全書》還有專門研究墨的《墨經》、研究茶的《茶經》，從陸羽的《茶經》開始到清朝的《續茶經》，都給彙編到一起了。要不是彙編一起，《茶經》在汪洋大海裡便沒法找。幾百年的書了，可能根本找不到。

所以我個人的體會，有大學教育程度的人，案子上放一本《四庫全書總目提要》，隨時翻一翻，大有好處。我年輕時候看到有個人學問真大，旁徵博引，後來我發現他案子上有部《四庫全書總目提要》，我翻看了後覺得挺受益的，於是回去後自己也買了一部，有時候是每天翻，至少是每週翻。碰到一個書就查一下，非常方便。

第八，提供整理古籍經驗。我個人覺得全國古籍普查，用政府的力量來做的，《永樂大典》是一次，更重要的一次就是《四庫全書》。乾隆的《四庫全書》用政府的力量，調集全國各地的總督、巡撫、知府進行訪查，對全國的書做了一次總的調查和梳理，然後進行選擇，重要的就編到《四庫全書》裡。這其中當然有一些疏漏，有的書他們覺得不重要，就沒有選入，這是見仁見智的問題。總之，編修《四庫全書》時古籍整理的經驗，我們今天仍然值得學習。

綜上所述，我覺得乾隆修《四庫全書》的價值，至少有這八項。

四、自古才人多磨難

我想提出一點和大家討論。我在查材料的時候有一個想法，與大家共享：在帝制時代，在封建文化專制的時代，自古文才多磨難。歷朝如此，清朝更甚。大家知道《四庫全書》總纂官三個人：第一個是紀曉嵐，第二是陸錫熊，第三是孫士毅。我們今天一打開《四庫全書總目提要》都有這三個人的名字。真正《四庫全書》，牽涉一大堆的關係，許多人都是冠名的，真正主持工作的是這三個人。

人們常說「自古文人多磨難」，我說「自古才人多磨難」。文人並不一定多磨難。紀曉嵐被發配到烏魯木齊，從北京騎著驢或者步行，走著到烏魯木齊。前些年，我坐火車去烏魯木齊，六天六夜。紀曉嵐是走著去的，來回兩年零八個月。

陸錫熊是《四庫全書》的三個總編之一，後來有人發現書有錯，七億字，能不出錯嗎？七億字，寫的人水準也參差不齊。乾隆說，你陸錫熊負責的，現在要重抄，那紙錢和工錢誰出啊？讓陸出，出了錢之後還不行，還把他發配到瀋陽去校對文溯閣的《四庫全書》，一個字一個字地校對，最後陸錫熊就死在盛京瀋陽，堂堂《四庫全書》總編最後這麼死了。

孫士毅，這個人做到巡撫，他的那個總督出了問題了，乾隆說，你是巡撫，他是總督，你怎麼沒有檢舉揭發他？乾隆這話說得有道理，也沒道理。孫士毅對乾隆說，他犯罪不會告訴我，他不告訴我我怎麼會知道？我不知道，

怎麼揭發他？你怎麼能怪我呢？乾隆一不高興就拍了桌子，把孫發配到烏魯木齊，還抄了家。三個總纂官，兩個發配烏魯木齊，一個發配關外盛京瀋陽。這孫士毅，還算好，被抄家，被發現家裡一分錢沒有，官做到巡撫了，家裡還窮，說明這是個清官，但是皇上已經說了你有罪，不能這麼算了，只好罰他去修《四庫全書》。他戴罪修《四庫全書》。

《四庫全書》有一個總校官叫陸費墀，被發現他校對的也有問題。七部書，接近五十億個字，當然可能有少數抄錯的。朝廷罰陸費墀出錢，僱人重抄。抄了之後還不行，抄家，把陸費墀家抄了，就留一千兩銀子，留給他老婆孩子生活費用，剩下的錢充公，把錢撥到揚州，做書套，做書盒，買紙重抄。陸費墀最後修《四庫全書》落得這麼一個悲劇的結果。這是四個人的例子。

《古今圖書集成》我們這裡也曾經收了一部。《古今圖書集成》實際做工作的是兩個人，一個人叫陳夢雷，一個人叫胤祉（康熙的三兒子）。陳夢雷對修《古今圖書集成》功勞很大，三個死罪也可以免了。陳夢雷考了進士在北京朝考，考了庶吉士，進研究生院，後來散館考試，等於博士生畢業了，分配到翰林院工作，一路順風，不久卻倒霉了。他母親到北京看他，看完以後，他要把他母親送回福建。陪他母親回去，送完後想回來，正好趕上三藩之亂，吳三桂發動叛亂，福建的耿精忠也叛亂。耿精忠逼著陳夢雷叛亂，他不幹，就剃了頭穿了袈裟出家到廟裡。耿精忠說不行，還給他抓回來，非讓他做一個官，可是他不做，就這樣左右糾纏。三藩平定後朝廷一查他，你有問題啊。其實他還做了一個好事情呢，他把祕密的情報用蠟封起來，做了一個蠟丸，透過李光地送到朝廷裡，報告朝廷說我是心向朝廷的。結果李光地把這個功勞獨吞了。康熙本來要對陳夢雷論斬，後來有人保他，就發配盛京。一發配十七年，罰他在那裡編書。「四壁圖書列，松煙一徑明」。他點著松煙在看書，積累了大量的資料。康熙東巡，他去迎接，跪在那裡說我要回去為朝廷效力，說我是翰林院的，我會滿語。康熙說：「你會滿語？」就用滿語跟他對話，發現是真的。陳夢雷被特赦回京，做了胤祉的老師。他就開始在親王府（後來的熙春園，現在清華大學的一小部分）以一個人的力量修《古今圖書集成》。受親王的資助，他聘了八十個人把這個《古今圖書集成》整

理出來。有一天康熙到胤祉的園子裡去遊玩，胤祉就把這個事情報告給康熙，康熙就說這個事很好，還說要完善一下，於是陳夢雷又做了修改。

但是，陳夢雷命不好，只差一點這個《古今圖書集成》就完工了，康熙卻死了。雍正即位後，這個老三胤祉和老二胤礽關係比較好，老二就是廢太子允礽，他們倆年紀接近，小時候一塊玩的，但胤祉還不算太子黨。雍正上臺之後，說胤祉和廢太子關係好，先把他關到了北京的景山，後來沒有多久就死了。而陳夢雷，你的主子不好，那你也不好啊，就把陳夢雷先入獄後發配到現在的齊齊哈爾。這一年他七十二歲，兩個枷，兩個圓圈，他一個，另一個套他夫人，耦枷而行，七十多歲了。他太太我沒有考證是大腳還是小腳，我想可能是小腳，因為她是福建人，雍正年間應該是小腳。

後來，雍正又讓蔣廷錫重新把《古今圖書集成》稍微補充修改一下，把原來陳夢雷的名字全部抹掉，一個字不提。我們現在看到影印的《古今圖書集成》是蔣廷錫主編的，但是《清史稿》的《蔣廷錫傳》裡對這個事情一個字沒提。這麼大的一個事情，《清史稿》的作者一個字沒提，那是因為他認為這個事情的功勞不是蔣廷錫的，還是陳夢雷的，但是他不敢寫。我們今天可以把這個歷史回歸原貌。

對《古今圖書集成》貢獻最大的兩個人就是這麼個結果。

還有就是《永樂大典》。《永樂大典》大家都知道是解縉主編的。解縉是大才子，解縉在大明門門聯上寫的是：「日月光天德，山河壯帝居。」多大氣魄啊！解縉最後怎麼死的？他死在一件事情上做錯了。解縉是大學士，永樂很重視他，永樂問解縉：「誰繼承我的皇位，做太子合適呢？」解縉當時就直說了，還是立嫡長子。嫡長子就是後來的仁宗朱高熾。永樂還有個兒子叫漢王朱高煦，高煦特別想做皇帝，一聽說解縉薦他哥哥，便對解縉恨之入骨，變著法陷害解縉，不斷在他爸爸面前說瞎話。永樂一生氣就把解縉抓了關起來，關了後永樂就把這事給忘了，關了七年。有一次，永樂想起這個事情，問起解縉這個人現在怎麼樣了？錦衣衛說解縉在牢裡。永樂就說了一句「解縉還在」，這四個字什麼意思？一種意思是「解縉還在！」他可以用；一種「現在還在？」意思是怎麼還沒死啊？永樂沒具體解釋。錦衣衛想永樂

的意思是要殺他還是怎麼的？於是當天晚上就把解縉從牢裡帶出來了。解縉是大學士，雖然被關進去了，被關起也是大學士啊，將來放出來也不得了。錦衣衛就請解縉喝酒，當時解縉很高興，以為要放他出去了，喝醉了。北京冬天很冷，下大雪，他們就把解縉推到雪地裡，沒管他。第二天扒開雪一看，人早就凍僵了，凍死了。堂堂解縉啊，修《永樂大典》的主要負責人，就是這麼死的。

我們看看這三部大書，《永樂大典》的總纂解縉被凍死；《古今圖書集成》的兩個人，陳夢雷被發配而死，胤祉被冤死；《四庫全書》三個總纂官：紀曉嵐發配烏魯木齊，孫士毅發配烏魯木齊，陸錫熊發配瀋陽；總校對陸費墀，客死在瀋陽。自古文人多磨難，還有後半句，磨難之中出文人。或者說，自古文才多磨難，磨難之中出文才。

好多才子是在磨難當中出現的。譬如說楊慎，就是《三國演義》開篇《臨江仙》的作者，後來電視連續劇《三國演義》的主題歌也還是這個。楊慎的爸爸楊廷和是宰相，楊慎是狀元，他得罪了嘉靖皇帝，被發配到雲南永昌（現在的雲南保山），接近緬甸。楊慎，這樣一個才子，當然會很鬱悶。嘉靖皇帝後來想起他來了，說楊慎呢？有幾個大臣，曾經得到了楊慎父親的恩，便保護楊慎，說他又老又病沒有威脅了。但是嘉靖在位太長了，四十五年，嘉靖如果在位十年的話楊慎肯定就放回來了，回來後肯定還是大學士。楊慎最後死在雲南戍地。他有特殊的才能、經歷，才能寫出那首《臨江仙》：

滾滾長江東逝水，浪花淘盡英雄。是非成敗轉頭空，青山依舊在，幾度夕陽紅。白髮漁樵江渚上，慣看秋月春風。一壺濁酒喜相逢，古今多少事，都付笑談中。

我查了《宋詞三百首》，有三首《臨江仙》，我個人覺得都不如楊慎這首好。楊慎的確把世情看透了。在座有很多文學院的教授，我不懂文學，個人姑妄說了，我覺得楊慎這首詞好在「空靈」二字。「滾滾長江」是實，「東逝水」是空；「英雄」是實，「浪花淘盡」又空；「是非成敗」是實，「青山依舊在」是實，然而「幾度夕陽紅」，又是空；「白髮漁樵江渚上」是實，「慣看秋月春風」又是空。春風什麼樣，誰能看得見？只能看到樹葉落，樹枝搖，

145

看不到風什麼樣,是空;「一壺濁酒喜相逢」是實,「古今多少事,都付笑談中」,又是空。

今天這個說得遠了點,我主要是想表達:在帝制時代一個文人,一個有才能的文人,能發揮他的才能,為民所用,很難。

今天我們有一個很好的局面,我常說,中國歷史上一個朝代,能連續四十年沒有戰爭的,只有康熙時候。我們現在中原地區沒有戰爭,難能可貴。好好利用現在這樣一個時機,把我們的文化事業,我們自己的事情做好,以自己的實際行動,紀念鎮江文宗閣復建落成。

(本文是為鎮江文宗閣復建落成,在鎮江文史研究會所做的演講稿。)

附錄一:閻崇年就文宗閣復建一事致信時任鎮江市委書記兼市長許津榮[3]

尊敬的鎮江市許津榮書記兼市長:

您好!

我應鎮江圖書館「文心講堂」的邀請,於4月6日到鎮江,作《康熙與讀書》的演講。其間,我先後參觀了焦山、金山的文物古蹟、佛教禪寺等。在金山,我特意考察了《四庫全書》文宗閣的遺址。

乾隆修《四庫全書》,正如您所知道的,共抄寫了七部珍藏:北四閣——皇宮的文淵閣、圓明園的文源閣、避暑山莊的文津閣、瀋陽的文溯閣,南三閣——鎮江的文宗閣、揚州的文匯閣、杭州的文瀾閣。時代變遷,滄海桑田。北四閣的皇宮文淵閣,閣雖存而書已被轉藏在臺北故宮博物院;圓明園文源閣,書與閣遭英法聯軍焚毀;避暑山莊文津閣,閣雖存而書已由國家圖書館保存;瀋陽文溯閣,閣雖存但書現藏在蘭州,並在蘭州仿建了文溯閣而收藏該書。南三閣的杭州文瀾閣書已不完整,揚州文匯閣書與閣俱毀於戰火,鎮江文宗閣書與閣也俱毀於戰火。現在,南方三閣,僅存杭州的文瀾閣。

當年，江蘇的南京（江寧將軍駐地）、蘇州（江蘇巡撫駐地），都沒有建閣珍藏《四庫全書》，而選在鎮江興建文宗閣收藏《四庫全書》，這是鎮江的幸運，也是鎮江的驕傲。然而，不幸的是，一場無情戰火，書閣化為灰燼。

我在參觀《四庫全書》文宗閣的遺址時，既對文宗閣慘遭焚毀惋惜，又對文宗閣復建抱有希望。於是產生一個想法：要是復建文宗閣，收藏《四庫全書》的影印本或精鈔本，確是一件具有重大意義的事情。

為此，我做了一點調查瞭解：

第一，基址尚存。文宗閣基址尚存，沒有建高樓大廈，如果興工復建，不需大量動遷；

第二，圖樣可鑑。北京文淵閣、承德文津閣、瀋陽文溯閣、杭州文瀾閣，都有建築實物可資借鑑。

第三，復建資金。我和金山江天寺住持心澄和尚交談，他表示願意化緣籌措全部復建費用，不需政府出錢。

第四，閣成存書。心澄和尚表示，他負責籌資購買全套《四庫全書》（影印本），以供復建文宗閣珍藏。

第五，補充收藏。日後如果條件許可，將《四庫全書》抄錄一部珍藏，當是文壇佳話，更為後世傳頌。

現在，鎮江市經濟發展，社會安定，在三五年內，復建文宗閣，將是鎮江文化之壯舉，是中華文壇之盛舉，是世界文明之喜事！

冒昧敬陳，聊供參酌。

北京社會科學院研究員
閻崇年　敬禮

附錄二：許津榮書記的回信

閻老師：

您好！非常感謝您對鎮江的關心和對中華文化所作的貢獻。關於您信中所提原址復建文宗閣的建議我們正在認真考慮，結合城市北部濱水區改造、建設和環境修復，充實和完善文化內涵，讓鎮江這座歷史文化名城更具魅力。

歡迎您常來鎮江指導！

鎮江市委　許津榮

注　釋

[1]. 《辭海》（上海辭書出版社，2010 年版）「鄭成功」條釋文：「康熙元年（1662年）二月一日，荷蘭總督揆一投降，臺灣重回祖國懷抱。」這種說法有欠缺：其一，二月一日應是陽曆，而不是陰曆；其二，1662 年 2 月 1 日，實際上是順治十八年十二月十三日。康熙元年正月初一日應是西元 1662 年 2 月 18 日。事情雖發生在西元 1662 年 2 月 1 日，卻是順治十八年十二月十三日，本月末為二十九日，這時距康熙元年元日還有 16 天。因此，從帝王紀年方面，說鄭成功收復臺灣在順治十八年（1661 年）可以，說鄭成功收復臺灣在康熙元年（1662 年）不可以；從西元紀年方面，說鄭成功收復臺灣在 1662 年可以，說鄭成功收復臺灣在 1661 年不可以。

[2]. 李斗《揚州畫舫錄》卷一記載：乾隆帝南巡到揚州時，「兩岸支港汊河，橋頭村口，各安卡兵，禁民舟出入。纖道每里安設圍站兵丁三名。令村鎮民婦，跪伏瞻仰。於應迴避時，令男子退出村內，不禁婦女。」這說明：「舟車所經」是要戒嚴的，「橋頭村口」是有警蹕的，「夾道跪迎」是有組織的。

[3]. 許津榮時任鎮江市市委書記兼市長。

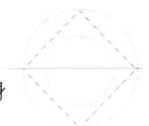

以史為鑑

- ●讀史·治國·修身
- ●明亡清興的歷史啟示
- ●民族與邊疆問題的歷史思考——屏障中原關盛衰
- ●正確傳承歷史：從戲說到正說

讀史·治國·修身

我今天演講的題目是「讀史·治國·修身」，相互探討，聽取批評。

一、讀史

我覺得，每個公務員都應當讀一點歷史，不管工作有多忙。馬克思和恩格斯說過：「我們僅僅知道一門唯一的科學，即歷史科學。」（《馬克思恩格斯全集》第三卷，第二十頁）我理解，這句話的原意不是說歷史科學以外的科學不重要，而是說歷史科學重要。歷史是先人的足跡，是億萬人經驗與教訓的記錄。歷史科學對於公務員來說，其重要性是：有助於提高資治能力，有助於陶冶人文素質，也有助於個人修身養性。

既然讀史重要，那麼怎樣讀史呢？一部「二十四史」從何讀起呢？在「二十四史」中，有確切文字記載的歷史大約三千多年。第一個一千年，主要是商、周，《三字經》中「東西周、八百年」，再加上商，概數是千年。其後的兩千年，秦王嬴政二十六年（前221），嬴政自以為「德高三皇、功過五帝」，而自稱始皇帝，從此中國開始有了皇帝；到清宣統三年（1911年），辛亥革命推翻清朝、廢除帝制。這段歷史有一個特點，就是有皇帝。我將這段歷史稱作中國皇朝歷史。中國皇朝歷史，總計為二千一百三十二年。

這二千一百三十二年的皇朝歷史，有多少皇帝呢？有人統計共四百九十二位皇帝，有人統計共三百四十九位皇帝，康熙帝讓他的大臣統計

說二百一十一位皇帝（加上爾後八位，共二百一十九）。其統計數字之差異，主要是取樣標準不同。這可以不討論，我們重在思考這二千一百三十二年皇朝的歷史。

中國兩千年皇朝歷史，大體可以分作前後兩段，前一段一千年，中國的政治中心主要是在西安。其間政治中心經常東西擺動——秦在咸陽，西漢在長安（今西安），東漢在洛陽，唐在長安，北宋在汴梁（今開封）。後一段一千年，中國的政治中心主要是在北京。其間政治中心經常南北擺動——遼上京在臨潢（今內蒙古巴林左旗菠蘿城），金都先在上京（今黑龍江省哈爾濱市阿城區）、後在中都（今北京），明都先在金陵（今南京）、後在北京，清都先在瀋陽、後在北京。從上述可以看出一個有意思的歷史現象：中國兩千年皇朝歷史政治中心的擺動，先是東西擺動，後是南北擺動，從而呈現出大「十」字形變動的特點。

就其後一千年來說，遼、金、元、明、清五朝，一個重要的特點是中國國內的民族融合。遼—契丹、金—女真、元—蒙古、清—滿洲，五朝中有四朝是少數民族建立的。明朝雖然是漢族人建立的，但朱元璋以「驅逐胡虜，恢復中華」為號召，結果又被「韃虜」所替代。滿族努爾哈赤以「七大恨告天」的民族旗號起兵，又被孫中山以「驅除韃虜，恢復中華」為綱領所推翻。

在後一千年以北京為政治中心的歷史中，有三個重要的歷史關節點：第一個是元末明初，第二個是明末清初，第三個是清末民初。前一個元末明初關節點，離我們今天較遠，後一個清末民初關節點離我們今天太近，我們今天都不去討論；中間一個明末清初關節點離我們今天不遠不近，所以我今天就其有關問題進行討論。這個關節點，從明萬曆十一年（1583年）清太祖努爾哈赤起兵，到康熙二十二年（1683年）統一臺灣，前後變化整整一百年。當時的中國用了一百年的時間，基本上實現社會穩定、國家統一。這一百年的時間，最關鍵、最激烈的矛盾和鬥爭是明亡清興的六十年。解剖這段歷史，對整個中國歷史關節點的研究，特別是對我們治國，對我們政治經驗的豐富，有很大的幫助。

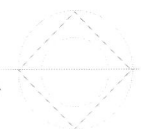

司馬光《資治通鑑·進書表》說：「鑑前世之興衰，考當今之得失，嘉善矜惡，取是捨非，足以懋稽古之盛德，躋無前之至治。」也就是人們常說的，以史為鑑可以知興替。總之，讀史要考盛衰、知興替，以史為鑑，達到至治。

二、治國

明朝自洪武元年（1368年），到崇禎十七年（1644年），十六位皇帝，二百七十六年。明朝為什麼滅亡？清朝從萬曆十一年（1583年）努爾哈赤起兵，到順治元年（1644年）清軍入關、定都北京，整六十年。清朝為什麼興起？明亡清興歷史給人們的啟示是什麼？

清初一些學者探討明朝滅亡的原因。黃宗羲的《明夷待訪錄》一書，對明亡的原因做出多方面論述。他說：「為天下之大害者，君而已矣！」（黃宗羲《明夷待訪錄·原君》）明朝君主集權固然是其滅亡的重要原因，但明太祖朱元璋、明成祖朱棣時也是君主高度集權啊！

有學者從明朝制度缺失分析其滅亡的原因。他們認為「由於缺乏宰相制，君主的無能和派系的爭執這兩大古老的難題，在明代越發難解了。」（司徒琳《南明史·引言》）就是說，「洪武十三年罷丞相」（《明史·職官志一》），大學士地位降低，正五品，侍左右，備顧問。然而，崇禎時大學士官一品，地位不低。所以也不能充分地說明這個問題。

還有學者從吏治敗壞去探究其原因。明朝吏治腐敗，各代都有。看來明朝滅亡原因，仍需進行具體分析。

明朝覆亡，原因複雜。從歷史序列來說，有長、中、短三個層面——長者，要從洪武說起，明太祖朱元璋的制度、政策是雙刃劍，它一面鞏固了明朝社會秩序，另一面埋下了後世社會弊端；中者，要從萬曆說起，萬曆帝的怠政、泰昌帝的短命、天啟帝的閹亂，加速了明朝的滅亡；短者，要從崇禎說起，崇禎帝想做「中興」之主，卻成了「亡國」之君。

作為歷史明鑑來說，明朝覆亡的原因，可以從政治、經濟、文化、軍事、外交、民族、吏治、制度等多方面、多角度、多層次分析，每個問題都可以寫專題論文，合起來可以寫一部百萬字的大書。現在大家非常忙，誰有工夫

看探討明亡原因的百萬字大書呢？我有一個習慣，就是要把複雜問題簡明化。把複雜的問題簡明為「一」。《老子》說：「天得一以清，地得一以寧，神得一以靈，谷得一以盈，萬物得一以生，侯得一為天下正。」（《老子》第三十九章）我借用《老子》的「一」，從一個角度、一個側面、一個時段、一個切入點分析明朝覆亡、清朝興起的原因，雖有以偏概全之嫌，卻可以簡括為一個「分」字與一個「合」字。分與合是對立的。明朝滅亡的一個原因是「分」——民族分、官民分、君臣分；清朝興起的一個原因是「合」——民族合、官民合、君臣合。

民族合

明朝滅亡的一個直接的、也是基本的原因，就是「民族分」。大家知道，明太祖朱元璋打著「驅逐胡虜，恢復中華」的旗子，推翻蒙古孛兒只斤氏（博爾濟吉特氏）貴族的統治，建立明朝。明朝以「驅逐胡虜」起家，又被「韃虜」取代。可見明朝的民族關係出了問題，特別是北方的民族關係出了問題。明朝北方的民族問題，前期主要是蒙古，後期主要是滿洲。

先說滿洲。明朝對女真——滿洲的政策是「分」，就是使女真諸部「各相雄長，不相歸一」（《明經世文編·楊宗伯奏疏》）。具體說來，就是：「分其枝，離其勢，互令爭長仇殺，以貽中國之安。」（《神廟留中奏疏匯要》卷一）於是，明朝對女真各部，支持一部，打擊另一部，拉此打彼，分而治之。

滿洲先人女真原來是明朝民族大家庭中的一個成員。努爾哈赤先人是明朝建州左衛的朝廷命官，努爾哈赤也是朝廷的命官。他曾先後八次騎著馬到北京，每次往返跋涉四千里，向萬曆帝朝貢。他說自己是為大明「忠順看邊」，就是忠心順服地看守邊疆。那麼努爾哈赤怎麼會成為明朝帝國大廈的縱火者，變成明朝的敵人呢？直接原因是明朝對女真政策出了問題，萬曆皇帝、李成梁總兵在古勒寨之戰中，誤殺了一個人，這個人就是努爾哈赤的父親塔克世。結果呢？「潘朵拉之盒」打開了，努爾哈赤以「十三副遺甲」起兵，挑戰明朝，引發了一系列的嚴重後果。

諺語云:「女真滿萬,天下無敵!」這話說得誇大了一點。努爾哈赤起兵之後,建立滿洲八旗,大約有六萬人。女真—滿洲滿了六萬,就成為一種很大的軍事力量。要是滿洲分,而蒙古不分,明朝和蒙古聯合起來共同對抗努爾哈赤,那麼滿洲的難題也可能有解;但明朝又把蒙古分了,蒙古原來是明朝自己的人,卻變成了自己的敵人。

次說蒙古。明太祖朱元璋推翻元朝後,明朝為防止北元蒙古貴族復辟,採取許多措施:一是天子守邊,二是修築長城,三是設立九邊,四是舉兵北征——洪武年間,五次北征;朱棣期間,七次北征。永樂皇帝甚至死在北征蒙古的榆木川地方。到明正統十四年（1449年）,蒙古瓦剌部首領也先入塞,在土木堡之役俘虜明英宗皇帝。嘉靖年間,蒙古俺達兵薄京師,為此北京修建外城。「正統後,邊備廢弛,聲靈不振。諸部長多以雄傑之姿,迭出與中夏抗。邊境之禍,遂與明終始云。」（《明史·韃靼傳》）明以「西靖而東自寧,虎（林丹汗）不款,而東西並急,因定歲予插（察哈爾林丹汗）金八萬一千兩,以示羈縻」（《明史·韃靼傳》）。對蒙古實行「撫賞」政策。但林丹汗「恃撫金為命,兩年不得,資用已竭,食盡馬乏,暴骨成莽」（《明史·韃靼傳》）。漠南蒙古鬧災,明朝不予「市米」,袁崇煥主張以糧食換馬匹,朝廷以袁崇煥「市米資盜」等罪,將其處死。

清則與明相反,皇太極對受災蒙古進行救濟。清對蒙古採取賑濟、聯姻、編旗、重教、封賞等一系列措施,蒙古察哈爾林丹汗死,諸部皆歸於清。《明史·韃靼傳》評論道:「明未亡,而插（察哈爾林丹汗）先斃,諸部皆折入於大清,國計愈困,邊事愈棘,朝議愈紛,明亦遂不可為矣!」

在對待蒙古、滿洲關係上,明朝先是「以東夷制北虜」,後又「以北虜制東夷」。結果是「東夷」與「北虜」聯合,就是滿洲與蒙古聯合,出現滿蒙聯盟的局面——滿蒙結成聯盟,共同對付明朝。

我們再回顧一下滿洲的歷史。清朝興起與強盛的一個重要原因就是民族合。首先是建州女真合,接著是海西女真合,再是東海女真合、黑龍江女真合,合成滿洲。而且,滿洲和蒙古聯盟,和漢軍聯盟,和東北達斡爾、錫伯、

赫哲、鄂倫春、索倫（鄂溫克）等少數民族合，組成八旗滿洲、八旗蒙古、八旗漢軍——三隻拳頭合起來打明朝；顯然，明朝就招抵不上了。

明亡清興的歷史表明：中華民族演變的歷史，就是漢族和各少數民族不斷地在鬥爭中融合、發展、壯大的歷史。當漢族和少數民族融合時，國家就強盛，反之就衰弱。現在中國有56個民族，民族協和，共同前進，我們國家將來一定會更強大。所以，只有民族融合，才能中華強盛。

官民分

明朝滅亡的另一個原因是中原的民變，其重要原因在於官民的矛盾，而嚴重自然災害加深與激化了官民的矛盾。官民矛盾，試舉三例。

賣官鬻爵。崇禎朝吏部尚書周應秋，公然按官職大小，秤官索價，賣官鬻爵。他「每日勒足萬金，都門有『周日萬』之號」（文秉《先撥志始》卷下）。官員花錢買官，做了官之後，就搜刮百姓，斂財還債。吏、兵二部，弊竇最多：「未用一官，先行賄賂，文武俱是一般。近聞選官，動借京債若干，一到任所，便要還債。這債出在何人身上？定是剝民了。這樣怎的有好官，肯愛百姓！」（孫承澤《春明夢餘錄》卷四八）這話出自崇禎皇帝之口，可見問題的普遍性和嚴重性。

無地立錐。官員貪，百姓呢？老百姓的土地被占了，有的地方田地「王府有者什七，軍屯什二，民間僅什一而已。」（《明神宗實錄》卷四二一）簡直就是「惟余芳草王孫路，不入朱門帝子家」（汪價《中州雜俎》卷一），就剩下長滿青草的道路，還沒有歸於王孫貴族之家，剩下的已經沒有寸土屬於百姓了。於是出現這樣一副黑暗圖畫：「富者動連阡陌，貧者地鮮立錐。饑寒切身，亂之生也。」（《明清史料》甲編，第一〇本）這樣，貧富兩極分化，社會矛盾尖銳。

災荒嚴重。赤地千里，危機加劇。「亢旱四載，顆粒無收，饑饉薦臻，脅從彌眾。」（楊嗣昌《楊文弱先生集》卷一〇）饑民吃泥土、吃雁糞，甚至易子而食，析骨而爨。鬻人肉於市，醢人肉於家，人剛死而被割，兒剛死而被食。史料記載：

臣鄉延安府，自去歲一年無雨，草木枯焦。八、九月間，民爭採山間蓬草而食，其粒類糠皮，其味苦而澀，食之僅可延以不死。至十月以後而蓬盡矣，則剝樹皮而食。諸樹惟榆樹差善，雜他樹皮以為食，亦可稍緩其死。迨年終而樹皮又盡矣，則又掘山中石塊而食。石性冷而味腥，少食輒飽，不數日則腹脹下墜而死。民有不甘於食石而死者，始相聚為盜，而一二稍有積貯之民遂為所劫，而搶掠無遺矣。有司亦不能禁治。間有獲者亦恬不知怪，曰：「死於饑與死於盜等耳，與其坐而饑死，何若為盜而死，猶得為飽死鬼也。」（《馬懋才備疏大饑》，載《明季北略》卷五）

更有甚者，據紀曉嵐記載：

蓋前明崇禎末，河南、山東大旱蝗，草根、木皮皆盡，乃以人為糧，官吏弗能禁。婦女幼孩，反接鬻於市，謂之菜人，屠者買去，如刲羊、豕。周氏之祖，自東昌商販歸，至肆午餐，屠者曰：「肉盡，請少待。」俄見曳二女子入廚下，呼曰：「客待久，可先取一蹄來。」急出止之，聞長號一聲，則一女已生斷右臂，宛轉地上；一女顫慄無人色。見聞並哀呼：一求速死，一求救。周惻然心動，並出資贖之。一無生理，急刺其心死；一攜歸，因無子納為妾，竟生一男，右臂有紅絲，自腋下繞肩胛，宛然斷臂女也。（《閱微草堂筆記》卷二）

相反，後金—清處在上升時期，雖也有官民矛盾，但並不突出。後金進入遼河流域腹地後，發布「計丁授田」令，部民按丁分給土地。後金—清用八旗制度——固山、甲喇、牛錄三級組織，將女真—滿洲人編織在一起，形成一個有機的整體。如「出兵之時，無不歡躍，其妻子亦皆喜樂，唯以多得財物為願」（李民寏《建州聞見錄》）。這和明民「富者田連阡陌，貧者無地立錐」，明軍「人人要逃，營營要逃」（《熊襄愍公集》卷三）的社會景象形成鮮明的對比。

官逼民反。民不聊生，官逼錢糧。財政緊缺，加緊搜刮。下面講三個故事。

明大學士、首輔劉宇亮自請往前線督察，抵抗李自成為首的農民軍。他率軍隊過安平，得報清軍將到，嚇得面無人色，急往晉州（今河北晉縣）躲避。知州陳宏緒閉門不納，士民也歃血宣誓不讓劉宇亮軍進城。劉宇亮大怒，傳

令開城門，否則軍法從事。陳宏緒也傳話給劉宇亮說：「師之來，以禦敵也！今敵且至，奈何避之？芻糧不繼，責有司；欲入城，不敢聞命！」（《明史·劉宇亮傳》）知州陳宏緒將避敵逃生的大學士、宰相劉宇亮拒之城外。劉宇亮惱羞成怒，上疏彈劾陳宏緒。「州民詣闕訟冤，願以身代者千計。」（《明史·劉宇亮傳》）

李清路過山東恩縣，親見官吏「催比錢糧，血流盈階，可嘆」（李清《三垣筆記》捲上）！

到崇禎帝即位之年（1627年），「秦中大饑，赤地千里」（《鹿樵紀聞》卷下）。饑民被迫鳩眾墨面，闖入澄城縣衙，殺死知縣張斗耀，揭開明末農民大起義的帷幕。

官與民，既有利益矛盾，又有利益相同。但是，官民矛盾主要在官。

《孟子》說：「仰足以事父母，俯足以畜妻子。」（《孟子·梁惠王上》）就是說，如果上不能養父母，中不能養自己，下不能養妻子，這樣的社會必然動盪不安。

老百姓實在活不下去了，就出現「官逼民反」現象。官民分最突出的表現是，百姓被逼，鋌而走險。崇禎皇帝在大災之年，沒有採取有效措施，緩解官民矛盾，而是加以激化。

民族分，加深官民分；官民分，又加深民族分。它們的背後，則是君臣分。

君臣分

甲申之變，明朝滅亡，農民起義與滿洲興起是外在的兩個因素，執政集團內部的君臣分，則是其內在的因素。

明朝執政集團有兩個腫瘤：一是宦官專權，二是朋黨之爭。萬曆帝、天啟帝、崇禎帝就是在國家危難之際，宦官專橫，朋黨爭吵。崇禎帝上臺後，懲治以魏忠賢為首的閹黨，僅作個案處理，而沒有涉及宦官制度。他後來又信任太監，派太監監軍，使萬曆、泰昌、天啟三朝的宦官問題重演。由於執政集團內部的君與臣分，君臣之間或明或暗地搏殺，從很大程度上消耗了明

皇朝核心實力,慢慢地腐蝕了支撐朱明江山的基礎。這就使得如清文館降清漢官所說的:「在事的好官,也作不得事;未任事的好人,又不肯出頭。上下里外,通同扯謊,事事俱壞極了。」(《張文衡請勿失時機奏》,《天聰朝臣工奏議》卷下)明朝也有能臣,遼東如熊廷弼、孫承宗、袁崇煥,他們都沒有好下場。熊廷弼被「傳首九邊」,孫承宗被逼辭職還鄉,壯烈而死,袁崇煥則身遭磔刑。因此,朱明覆亡是從朱元璋開國以來各種弊端累積的總結果。

明亡清興的六十年間,在清的政壇上,主要有三位君主——天命汗開創基業,兢兢業業地做事;崇德帝長於謀略,文治武功取得成效;睿親王(實際君主地位)抓住歷史機遇,入關定鼎北京。

僅就個人因素而言,萬曆帝、天啟帝、崇禎帝都不是天命汗、崇德帝、睿親王的對手。

在萬曆朝。長期怠政,君臣阻隔,彼此不協。萬曆帝二十幾年不上朝,大臣跪在宮門外,幾個時辰得不到接見。後金呢?清鄭親王濟爾哈朗說:「太祖創業之初,日與四大貝勒、五大臣討論政事得失。咨訪士民疾苦,上下交孚,鮮有壅蔽,故能掃清群雄,肇興大業。」(《清史稿·濟爾哈朗傳》)

在天啟朝。天啟帝日夜貪玩,委政於魏閹忠賢。明大學士、兵部尚書兼薊遼督師孫承宗想藉給天啟帝過生日的機會諫言,卻不能相見。努爾哈赤呢?我舉一個例子。後金開國五大臣之一額亦都次子達啟,養育宮中,長為額駙,怙寵而驕。一日,額亦都「集諸子燕別墅,酒行,忽起,命執達啟,眾皆愕。額亦都抽刃而言曰:『天下安有父殺子者?顧此子傲慢,及今不治,他日必負國敗門戶,不從者血此刃!』眾乃懼,引達啟入室,以被覆殺之。額亦都詣太祖謝,太祖驚惋久之,乃嗟嘆,謂額亦都為國深慮,不可及也」(《清史稿額亦都傳》)。

在崇禎朝。崇禎帝雖然勤政,卻剛愎暴戾濫殺。十七年間共有五十名大學士,被稱為「崇禎五十相」。其中,被罷、免、戍、死(非正常死亡)者二十七位,占其總數的百分之五十四。沒有一位大學士陪伴他始終的。共八十位七卿(六部尚書加左都御史),在十三位兵部尚書中王洽、陳新甲、

袁崇煥、傅宗龍被下獄、或被殺，八位戶部尚書中有四位下獄、削職或殉職。被他殺死的總督、巡撫，有人統計為十九人。而崇禎後期的將領，總兵巢丕昌剃髮投降、兵部尚書張鳳翼日服大黃求速死、總督梁廷棟尾隨清軍而不擊。兵部尚書陳新甲受崇禎帝命，遣使與清議和，祕密進行。崇禎帝手詔往返者數十。一日，所遣職方司郎中馬紹愉以密語報，新甲看完後放在書案上。他的家僮誤以為是「塘報」，就拿出去抄傳。於是官員譁然。崇禎帝很生氣，將新甲下獄。新甲從獄中上書乞宥，不許，遂棄新甲於市（《明史·陳新甲傳》）。

清朝皇太極呢？范文程掌管軍政機密事，每入對，必漏下數十刻始出；或未及吃飯和休息，又被召入。一次，皇太極請范文程吃飯，有珍味佳餚，文程想念父親所未嘗，逡巡不下筯。皇太極察其意，即命撤饌以賜他的父親（《清史稿·范文程傳》）。可以說，整個有清一代，執政集團雖有矛盾與衝突，但內部沒有嚴重破裂與軍事衝突。

崇禎帝在民族分、官民分、君臣分之後，只剩下孤家寡人。何以見得？舉三項史料。

其一，《明史·莊烈帝本紀》記載：崇禎帝後來對文武大臣全不信任，而派親信宮奴、太監去監軍，去守北京的城門，守居庸關等重要關口，最後派太監王承恩提督北京城的守衛。北京城防「惟內監數萬人而已」。後康熙帝從故明太監口中得知：李自成兵攻阜成門，「崇禎率內監數人，微行至襄城伯（襄城伯李國楨時為太子太保、總京營，後城陷被殺）家，其家方閉門演戲，不得入，回登萬壽山，四顧無策，猶豫出奔。太監王承恩止之曰：『出恐受辱於賊！』崇禎乃止，以身殉國。」（《清聖祖實錄》卷二四〇）

其二，《明史·后妃傳》記載：「帝令後自裁。後入室闔戶，宮人出奏，猶云『皇后領旨』。後遂先帝崩。帝又命袁貴妃自縊，系絕，久之蘇。帝拔劍斫其肩，又斫所御妃嬪數人，袁妃卒不殊。」

其三，《明史·公主傳》記載：「長平公主，年十六，帝選周顯尚主，將婚，以寇警暫停。城陷，帝入壽寧宮，主牽帝衣哭。帝曰：『汝何故生我家！』以劍揮斫之，斷左臂；又斫昭仁公主於昭仁殿。」

崇禎皇帝最後殺老婆、殺女兒，只剩下孤家寡人，面對崛起的大清和強勢的大順，以寡對眾，以分對合，所以必然滅亡。

　　明末的社會危機，主要是民族分、官民分、君臣分所直接造成的結果。民族分，是外層因素；官民分，是內層因素；君臣分，則是核心因素。如果沒有君臣分，而是君臣一體，同心籌謀，那麼，民族分的矛盾可以緩和、化解、消除，官民分的矛盾也可以緩和、化解、消除。在民族分、官民分的嚴重局勢面前，再加上君臣分，那就面臨江山易主、社稷傾覆的嚴重局面。明朝就是在民族分、官民分和君臣分的危局下覆亡的。

　　明亡也好，清興也好，都不是皇帝個人、也都不是滿族或漢族的民族事情，而是中華民族的事情，要有正確歷史觀，而不要有狹隘民族觀。

　　總而言之，明末的民族分、官民分、君臣分，清初的民族合、官民合、君臣合——雙方矛盾與鬥爭匯成總的結果，就是明亡清興。

　　綜上，中華民族歷史發展的啟示是：中華民族歷史的漫長演變過程，不斷地調整民族、官民、君臣關係。中華民族合則盛，分則衰；合則強，分則弱；合則眾，分則寡；合則治，分則亂。明亡清興六十年的歷史，再次充分地證明了這一點。

三、修身

　　《大學》是一部重要的儒家經典，強調修身。《大學》原是《禮記》中的一篇，到了宋代才把它單列為「經書」，並被列為「四書」之首。《大學》分為「經」與「傳」兩部分：「經」一章，是全書的綱領，主要為「三綱領」——明德、親民、至善，共二百零五個字；「傳」十章，是對經的闡釋，主要為「八條目」——格物、致知、誠意、正心、修身、齊家、治國、平天下，共一千五百四十八個字（朱熹統計為一千五百四十六個字）；合計為一千七百五十三個字（朱熹統計為一千七百五十一個字）。《大學》的「三綱領、八條目」，簡稱作「三綱八目」。《大學》不僅被尊為「四書」之首，而且被視為「四書」「五經」的入門津梁，登上儒家經典殿堂的階梯。

《大學》的精髓與靈魂是什麼？在中國科舉制時代，特別是明清時期，所有的知識分子，對於《大學》全文，朗朗背誦，爛熟於胸。《大學》開宗明義的話：「大學之道，在明明德，在親民，在止於至善。」何謂「大學」？朱熹解釋為「大人之學」。何謂「大學之道」？朱熹解釋為「窮理正心修己治人之道」。《大學》的精髓是：明新至善。

　　「止於至善」的途徑是格物、致知、誠意、正心、修身、齊家、治國、平天下，其道德期待是修身。「止於至善」是《大學》指明人性修養的最高境界，也就是達到「至善」的大境界。對於「至善」，有不同的解釋。「至善」就是德性盡善盡美，但比較抽象。我的體會：具體說來，「止於至善」，就是要科學地調理天、地、人、己的四度關係。「止於至善」，是要達到「四合」，也就是要達到天合、地合、人合、己合。達到「四合」是個過程，不斷趨近「四合」，攀升到人生的最高境界。

　　我在學習歷史過程中，看了大量歷史人物傳記，特別是明清人物傳記。從中歸納出一個道理：凡是能夠「達到四合」者，就達到了《大學》中「止於至善」的境界，他們都是歷史的成功者或勝利者，否則就是不完全成功者或失敗者。列舉讀史實例，結合個人體驗，說一點心得和體會，重點說一下「四合」，就是天合、地合、人合、己合。

天合

　　就是天人關係，是中華文化和人生智慧的一大特點。天，有多種解釋：天命、天道、天帝、天理、天時等。我這裡說的天，主要是指天時。一個人生活在世界上，首先面對的是天時。屈原作《天問》：「明明暗暗，惟時何為？陰陽三合，何本何化？」問的是天人關係。司馬遷說：「究天人之際。」就是說要探究天與人的關係。董仲舒《春秋繁露·深察名號》說：「天人之際，合二為一。」這裡的「天人合一」，也是探討天與人的關係。

　　「天時」有大天時、小天時。魏源在《聖武記》中說：「小天時決利鈍，大天時決興亡。」就是說，成小事業者要有小天時，成大事業者必有大天時。《孟子·公孫丑下》說：「五百年必有王者興。」這裡的五百年是一個概數，

就是說王者興，必定有大天時。明末清初，中國歷史的「天時」到了一個大動盪、大變革的時期，也就是一個大的天時。

天時不停地在變。《易經》的「天行健，君子以自強不息」，說的是天在不停地運行，人要不斷地努力。朱熹《大學·序》說「天運循環，無往不復」，也是說天時不停地運行。天時在不停地變，而人的認識卻總是滯後，所以人經常是與天不合。要順應天時，力求做到「天合」。既然人與天經常不合，那麼怎樣使它「合」呢？《易經》講「順天」，《荀子》講「制天」。我想「天合」重要的是：察知天時，順應天時，不失天時。

察知天時。《易經·賁》：「觀乎天文，以察時變。」就是觀察天文運行，瞭解時間變化。人們常說：「知時務者為俊傑。」俊傑的一個特點是要「知時務」，就是要知天時、識事務。古代傑出人物的察天時，主要感悟天時、順應天時。努爾哈赤、皇太極、多爾袞，開創清朝，逢了幾百年一遇的大天時。這個天時的特點有五：一是明朝皇權衰落，控制地方減弱；二是蒙古各部分裂，滿洲從中分化；三是明軍抗倭援朝，遼東軍事空虛；四是列強尚未崛起，暫未受到威逼；五是崇禎關內大災，民變烽火蔓延。如果努爾哈赤等早生一百年，明朝處於強盛時期，他會像其先祖李滿住、董山一樣，受到明軍的攻剿，寨破人亡，百年難復。同樣，晚生一百年，清朝的歷史，是另外局面。

天時對所有的人是公平的，但不同人逢遇同樣的天時，卻有不同的對待。元朝末年，發生災荒。元順帝不去救濟，朱元璋利用災荒，揭竿而起。其結果，朱明興，蒙元亡。這是兩個不同對待天時而勝敗的史例。

順應天時。《老子》說：「動善時。」《孟子·離婁上》也說：「順天者存，逆天者亡。」都是說行動要順應天時。清朝北京叫順天府、南京叫應天府、瀋陽叫奉天府；紫禁城正門明稱承天門、清改為天安門——都突出「天」。再舉個人例子。「文革」是個小天時，個人不能左右，但可以利用、順應這個小天時。我在「文革」期間，做了兩件事情：一件是，既不參加「保皇派」，也不參加「造反派」，而是「逍遙派」，靜心讀書，寫出《努爾哈赤傳》書稿，「文革」後出版；另一件是借用「大串聯」機會，騎自行車自北京到杭州，考察京杭大運河。這兩件事對我研究明清史有重要意義。

不失天時。《晉書·宣帝紀》說：「聖人不能違時，亦不失時也。」人與天的關係是：既不違時，也不失時。《嘉靖通州志略·序》說：「作天下之事本乎機，而成天下之事存乎會；機以動之，會以合之，古今之所有事，率由是也。」兩者說的是同一回事，抓住機會，既不違時，又不失時，而與天合。

地合

《孫子兵法》講「地」，它重點說山川險隘。我這裡說的地，含義更廣闊，包括地理位置、山川形勝、自然條件、物產資源，等等。《孟子》講「地利」，主要是利用地的有利因素；我講「地合」，主要指環境與自身的平衡關係。「地合」的含義比「地利」更寬泛，它的含義主要有四：一是知地利，二是用地利，三是借地利，四是節地利。就是說人同地，既矛盾又協和，矛盾中求協和，協和中求發展，力求自身與環境的平衡。

知地利。努爾哈赤生長於赫圖阿拉，就是今遼寧撫順市新賓滿族自治縣永陵鎮赫圖阿拉村。這裡離明京師不遠不近：太近了，比如說是在通州，努爾哈赤起兵不久就會被明軍殲滅；太遠了，比如說是在黑龍江漠河，也不容易形成氣候。

大家知道曾國藩，湖南湘鄉人，進士出身，在北京做禮部侍郎。母親病故，回鄉守制。太平軍興，打到湖南。曾國藩招募「湘勇」，組織湘軍，為清社稷立下大功。這裡我不對曾國藩做出評價，然而曾國藩之所以有「中興以來，一人而已」（《清史稿·曾國藩傳》）之譽，湖南「地合」起了重要的作用。

用地利。再舉個人例子。我開始學先秦史，只考慮個人興趣，沒有考慮「地合」因素。楊向奎先生建議我研究清史，因為：研究先秦史，北京不如西安占地利；而研究清史，北京要比西安占地利。北京是清朝首都，有大量清代滿文、漢文檔案，有宮殿、壇廟、皇家園林。我學清史、滿學如果說有一丁點成績的話，「地合」是一個重要因素。

借地利。一些學子到外地、外國讀書，一些官員到外地、外國考察，就是借外地、外國的地利，進行學習，報效祖國。

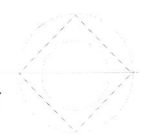

節地利。地利是有限的,應當珍惜,不可浪費。要愛惜自然,節約資源,以便可持續發展。美國的煤炭、石油節制開採,其保護資源的做法值得借鑑。

人合

《孟子·公孫丑下》說:「天時不如地利,地利不如人和。」這裡重點是強調「人和」,就是要和睦、和諧。我說的「人合」,既包括人與人之間的和睦、求同、融合,也包括人與人之間的差異、矛盾、衝突。做事、做人,為官、為政,「人合」是一個重要的條件。做大事業者,必有大「人合」。

我在總結清朝興盛的歷史經驗時,提到了「人合」,包括民族合、官民合、君臣合,總之是指「人合」。可以說有多大的「人合」,就有多寬的胸懷,有多高的境界,成多大的事業。舉幾個例子。

其一,寧遠大捷,社會原因,在於人合。在整個爭戰過程中,文武、將帥、官兵、軍民等關係,可以說,做到了人合。袁崇煥是文官,他和武將滿桂、祖大壽、朱梅、左輔、何可綱等,在整個寧遠保衛戰過程中,協調一致;他「刺血為書,激以忠義,為之下拜,將士咸請效死」;發動軍民,堅壁清野,兵民聯防,編派民夫,供給守城將士飲食;又派衛官裴國珍帶領城內商民,運矢石,送彈藥;派諸生員,組織民眾,巡察街巷,搜索奸細。先是,遼東諸城——撫順、清河、開原、鐵嶺、瀋陽、遼陽、廣寧,都是由於「內應外合」才失陷的。而「寧遠獨無奪門之叛民,內應之奸細」。寧遠之戰,軍民一體,相互合作,同心同力,取得勝利。可以說,寧遠大捷是「人合」的一個例證。

其二,舉身邊例子。每一個人,都在人群中,上下左右內外,有著六度關係。人的關係,重在和同,「君子和而不同,小人同而不和。」我們常遇到兩種人:友人和貴人,小人和敵人。所謂「人合」,碰到的難題是:如何對待小人和敵人。

感謝小人。遇到友人和貴人,要恭敬;遇到小人和敵人,要感謝。後者,宋人張載《正蒙·太和篇》說:「仇必和而解。」

工作中遇到小人和敵人怎麼辦?一次我作報告,聽眾提問:「工作中遇到小人怎麼辦?」我回答:「感謝!」進一步說,對小人、對敵人,都要感

謝。我講一個故事。相傳古印度有一位王子，在率軍征戰凱旋宴會上，舉起金盃感謝——父王、長者、功臣、將士，甚至於馬伕。他的父王說：「孩子，你還應該感謝一個人！」王子說：「誰？」他的父王說：「你的敵人！」袁崇煥應當感謝努爾哈赤，沒有努爾哈赤他也成不了英雄。皇太極應該感謝自己的敵人袁崇煥：寧遠、寧錦兩次兵敗，皇太極從失敗中奮進，採取兩招——一是研製紅衣大砲，二是設反間計。我回顧四十四年清史、滿學研究的歷程，也認為：在取得大一點的成績時，應當感謝小人、感謝敵人。

其三，舉個我個人的例子。我下放時，自己的態度是「夾著尾巴做人」，人際關係比較平和，態度很恭謹，「一謙則四益」。一次，領導找我談話問：「你在看『封』字線裝書？」我說：「是。」問：「你知道來這裡是做什麼的？」我答：「下放勞動，改造思想。」又問：「那你為什麼還看『封』字線裝書？」我說：「我是學清史的，康熙、雍正、乾隆時沒有洋裝書，都是線裝書。」這位領導讓我回去。我等待著挨批判。三天後，這位領導又找我說：「你學習精神是可貴的，但要注意群眾影響。給你排夜班，這樣既照顧你的學習，又避免在群眾中的不良影響。」我很高興。下放勞動時的看瓜棚，就成了我的「書房」。我這次化險為夷，應當說是遇上了好人，「人合」起了重要的作用。

己合

一個人的修養，光有「天合」、「地合」、「人合」還不夠，更要有「己合」。什麼是「己合」？這主要是心理平衡、生理平衡、倫理平衡。

其一，生理平衡。人的生理，經常處於不平衡狀態，所以會生病。人們往往被疾病和痛苦所折磨。生病有外因，更重要的是內因。要維持生理平衡，要促使身體健康。嚴格地說，有多健康的身體，能做多大的事業。要善於調整身體內在因素，盡可能保持一個平衡、健康的身體。

健身固本。勞逸有度，張弛有節。《史記‧太史公自序》說：

神大用則竭，形大勞則敝，形神騷動，欲與天地長久，非所聞也！所以要注意勞逸結合、強身固本。張仲景《傷寒論‧序》說：競逐榮勢，企踵權豪，

孜孜汲汲，惟名利是務。崇飾其末，忽棄其本；華其外而悴其內，皮之不存，毛將安附焉！卒然遭邪風之氣，嬰非常之疾患。及禍至而方震慄，降志屈節，欽望巫祝，告窮歸天，束手受敗，賫百年之壽命，持至貴之重器，委付凡醫，恣其所措。咄嗟嗚呼！厥身已斃，神明消滅，變為異物，幽潛重泉，徒為啼泣！痛夫，舉世昏迷，莫能覺悟，不惜其命，若是輕生，彼何榮勢之足云哉！而進不能愛人、知人，退不能愛身、知己。遇災值禍，身居厄地，蒙蒙昧昧，蠢若遊魂。哀乎，趨世之士，馳競浮華，不固根本，忘軀徇物，危若冰谷，至於是也！

這是逆耳之忠言。

其二，心理平衡。人的心理，經常處於不平衡狀態，所以有苦悶、煩惱、焦慮和煩躁。心理不平衡，嚴重時會出現心理疾患和人格障礙。報載：目前中國每年約有二十五萬人自殺，一百萬人自殺未遂，二千六百萬人患憂鬱症。有專家認為：威脅人類生存最大的病患，19世紀是肺病，20世紀是癌症，21世紀是精神疾病（《光明日報》）。教育部決定在大學設心理諮商機構、設心理健康老師（《新京報》），說明學生心理問題的嚴重與緊迫。要使心理平衡，重要的是心態，要有黃金心態。所謂黃金心態，就是碰到困難要陽光、喜悅，遇到委屈要坦蕩、豁達，遭遇坎坷要淡泊、寧靜，面臨勝利要謙虛、謹慎。具體來說，應注意事大氣靜、順謙逆奮。

事大氣靜。遇大事，要氣靜。這是很難做到的，也是必須修煉的。萬曆二十一年（1593年），女真葉赫糾合哈達、烏拉、輝發等九部聯軍三萬人，向建州進攻。努爾哈赤兵不滿萬，建州官兵，人心惶惶。報警的探騎，臉色都變了。深夜，努爾哈赤聽完探報後，打著呼嚕睡著了。他的福晉富察氏把他推醒後，說：「敵兵壓境了，你怎麼還睡覺啊？你是方寸亂了，還是害怕了？」努爾哈赤說：「要是我方寸亂了，害怕了，我能睡著嗎？我聽說九部聯軍要來打我，但是不知道什麼時候來。現在知道他們已經來了，我心裡就踏實了。」說完後又呼呼睡著了。第二天早晨，他帶領眾貝勒等先祭堂子，爾後統軍出發，一舉奪得勝利。努爾哈赤胸懷開闊，心境豁達，事大心靜。

以史為鑑

相反,皇太極因愛妃故去,哀傷過度,不吃不喝,悲戚成疾,後得中風,未成大業,抱憾而終。

順謙逆奮。人生在世,陰陽互轉——得失、勝敗、進退、浮沉、榮辱、順逆。處順境時,要謙敬——謙就是謙虛謹慎,敬就是敬天、敬地、敬祖、敬民。人們常說:「滿招損,謙受益。」這是普遍真理。處逆境時,要韌奮——百折不撓、愈挫愈奮。正如海瑞書溫庭筠《早秋山居》詩云:「樹凋窗有日,池滿水無聲。」(《全唐詩》卷五八一)總之,處順境時,既要享受順利,又要想到背後的困厄;處逆境時,既要正視困難,又要看到未來的希望。然而,人生常不如意,如何調整心態?司馬遷《報任安書》言:「蓋文王拘,而演《周易》;仲尼厄,而作《春秋》;屈原放逐,乃賦《離騷》;左丘失明,厥有《國語》;孫子臏腳,兵法修列;不韋遷蜀,世傳《呂覽》;韓非囚秦,《說難》、《孤憤》。」再加上司馬宮刑,而憤修《史記》。人做事業,要有動力。要善於將壓力變作動力,將厄運變為轉機。善待自己,自解得失;心態平和,寵辱不驚;逆境發韌,氣量宏闊;激揚正氣,愈挫愈銳。

其三,倫理平衡。倫理平衡,重在修身。重視修身。《大學》的「八目」是:格物、致知、誠意、正心、修身、齊家、治國、平天下。修身,既是格物、致知、誠意、正心的根本,也是齊家、治國、平天下的基礎。所以,「八目」的核心是修身,而修身的要義是克己從善,其指歸則是「止於至善」,也就是「達到四合」。修身所追求的目標是:「仰不愧於天,俯不怍於人。」(《孟子·盡心上》)像范仲淹《岳陽樓記》所追求的修身最高境界:「先天下之憂而憂,後天下之樂而樂。」

止於「四合」。「止於至善」、「達到四合」是一個過程,在過程中不斷地完善自我。不合是常態,合是個過程,這個過程就是修身,以止於至善,達到「四合」的境界。在這裡,我借用司馬遷以《詩經》「高山仰止,景行行止」讚頌孔子的話:「雖不能至,然心鄉往之。」(《史記·孔子世家》)似可以說,雖不能完全達到「四合」的境界,卻心嚮往之,行實踐之。

総之，我們學習歷史，有益於提高資治能力，有益於提高文化素質，有益於自我修身養性，也有益於淨化個人的心靈。

（本文為在文津講壇的演講稿，後略作修改）

明亡清興的歷史啟示

清朝歷經二百九十六年，我今天選取其中變遷劇烈的六十年（其中包括明末三十年）來跟大家交流，題目是「明亡清興的歷史啟示」。

一、從斷代入手學習歷史

每一個有文化的人都應當學習歷史，為什麼？

第一，為了更好地認知現實。佛教稱有三世佛——過去、現在和未來，社會的發展也有過去、現在和未來。過去就是歷史，不瞭解歷史就不能更好地認知現在。

第二，歷史上成千上萬的人用鮮血、汗水和智慧凝結了豐富的歷史經驗，值得我們敬畏，也值得我們學習。

第三，前人犯了很多錯誤，這也是非常寶貴的財富，為避免重蹈覆轍，我們應該在學習中省悟。

第四，學史可以增長智慧、愉悅人生，延壽惜福，提高生活質量。

每一個人都應當學習歷史，但歷史太漫長，內容也非常豐富龐雜，可以選出一個斷代切入。而斷代又很多，比如先秦、秦漢、魏晉南北朝、隋唐、兩宋、明清等等。在這些斷代裡面，我覺得明亡清興這一段是一個天崩地解、各種人物輪番登臺表演的重要歷史片段，很值得我們重視和研究；而其中的成與敗更是回味無窮，尤需深加思考。

二、明亡清興的兩個關節點

明亡清興，從明萬曆十一年（1583年）到順治元年即崇禎十年（1644年），一共六十年。在這六十年間有兩個特別重要的關節點，那就是兩位明

朝皇帝錯殺了兩個人：明朝萬曆皇帝錯殺了努爾哈赤的父親塔克世，崇禎皇帝錯殺了兵部尚書兼薊遼督師袁崇煥。

萬曆年間，當時全國人口約有九千萬，這麼多人，殺一個邊塞的普通人，本來沒什麼大不了，因為就連大學士、六部尚書、總督巡撫這樣的大員，皇帝都說殺就殺，說打就打，大臣隨時都可能會被拉到午門外廷杖。但是，時任遼東總兵（相當於現瀋陽軍區司令）的李成梁，和蒙古、女真作戰後，向皇帝報功說斬首一千五百六十個，這其中就有努爾哈赤父親的腦袋。努爾哈赤當然不樂意，要求朝廷給個說法，萬曆皇帝不以為然，隨便賠了三十匹馬了事。

努爾哈赤非常不滿，開始復仇。他用父親和祖父遺留下的十三副盔甲，糾結了大約十三個人，開始起兵。不久，就發布了「七大恨」，即「七條不滿」，第一條就是「害我父、祖」，可見其起兵屬含恨而起。

說得形象一點，就是萬曆皇帝和遼東總兵李成梁一起製造了一個焚毀大明王朝的縱火者。努爾哈赤點的這把火，從赫圖阿拉（現遼寧新賓縣）燃起，星火燎原，越燃越大，蔓延到撫順，到瀋陽、遼陽，到廣寧（現遼寧省北寧市），到山海關，還沿著京杭大運河直至山東濟南府。這就是萬曆皇帝錯殺一個人的後果。

萬曆皇帝的孫子崇禎皇帝，也錯殺了一個人，就是明朝兵部尚書兼薊遼督師袁崇煥。袁對崇禎皇帝赤膽忠誠、鞠躬盡瘁，但還是被崇禎皇帝殺了，而且是動用非常殘酷的磔刑，就是千刀萬剮。清末的一個澳洲外交官莫理循，在北京時曾到過磔刑刑場，拍了兩幅磔刑照片。這些照片上的受刑人，胸膛裸露，被行刑者拿著刀一片片地往下割肉……

努爾哈赤向明王朝縱火，而明王朝又把救這場火的袁崇煥給殺了。這兩次錯殺，直接導致明王朝的延續更加艱難。

三、明朝亡於「分」

從秦始皇到宣統皇帝，帝制時代一共有二千一百三十二年。有人統計，中國歷史上曾有皇帝三百九十四位，統治時期達二百年以上的只有四朝：西

漢、唐、明、清。明朝從洪武元年（1368年）到崇禎十七年（1644年），整整有二百七十六年。為什麼一個長達二百七十六年的強大王朝迅速滅亡了？清統治者從赫圖阿拉的山溝裡面走出來，怎麼就能一步一步發展壯大並最終取代了明朝？

這個問題一直都有爭論。明末清初的思想家黃宗羲在《明夷待訪錄》中認為，是君主專制導致了明朝的滅亡。他說得有道理，但細想起來也不盡然。明太祖朱元璋實行的是君主專制，其子永樂帝朱棣實行的也是君主專制，為什麼都沒有亡，到崇禎卻亡了？所以，黃的結論不足為信。

後來，有一位美國教授司徒琳（Lynn A. Struve）寫了一本《南明史》，認為明亡主要在於制度缺失，因為朱元璋時期把大學士的爵位降至七品，使皇權不能得到有效制約，從而導致明朝滅亡。這個說法也有些道理，但事實上明朝大學士的地位是逐漸提升的，後來品級也提升到了一品。所以，這個觀點也不能完全說明問題。

還有一種觀點，認為明亡是由於後期吏治敗壞，官員貪汙。這也經不住推敲。貪汙腐敗問題，自明太祖至永樂、嘉靖年間一直不斷。為什麼那時沒亡，到崇禎卻亡了？可見，官場腐敗也不是明亡的全部原因。

清朝統治者後來總結說明朝之所以亡，是「天」也，即上天要亡明。這個說法過於籠統，也未能說清楚明朝到底為什麼滅亡。

我認為，明朝滅亡的原因，可以從政治、經濟、軍事、文化、民族、外事等多角度進行多方面的系統分析。僅此問題，大概就可以寫一部百萬字的大書。

我看待事物的一種方法，就是喜歡把複雜的問題簡明化。我們可以嘗試從一個側面、一個角度、一個切入點來看明的滅亡。這樣做，可能以偏概全，但是有助於我們從龐雜的史料中深刻地思考問題。

明朝滅亡的原因，我認為，可以簡化為一個字——「分」，即分裂之分、分化之分、分解之分。「分」字上頭是一個漢字「八」，下面是一個「刀」，

也就是用刀切成八份。一個整體的東西分成若干份，就是「分」了。明朝的「分」簡單來說有三個分：民族分，官民分，君臣分。

第一，民族分。明朝這個政權，首先是被以努爾哈赤和皇太極為首的滿洲八旗這個鐵拳打倒的。

明朝有很多少數民族，對明朝命運影響最大的是滿族。滿族的先世是女真，女真問題本來是明朝內部的問題，努爾哈赤就是明朝的官員。他忠誠地給明朝天子巡守看邊，還從赫圖阿拉騎著馬到北京給萬曆皇帝朝貢。大家知道，從赫圖阿拉到瀋陽，號稱「內七外八」，一共一千五百里，這還是現在的計算，以前的路曲折不平，繞來繞去，大約從赫圖阿拉到北京有兩千多里。他忠誠守邊，又能長途跋涉給皇帝進貢，應當是明朝的忠臣，怎麼就起兵反明了？

明朝有一個民族政策叫做「分」，即分而治之。先用女真、滿洲來治蒙古，後來又用蒙古來治女真、滿洲。這種分法把它們分出去了，也分成了敵人。滿洲的力量一步步地壯大，先把女真的葉赫、哈達、烏拉、輝發等部落統一在一起，又合併了黑龍江地區，後來一直往烏蘇里江以東，直至沿海地區。有一個說法，叫做「女真不滿萬，滿萬則天下無敵也」。當時，努爾哈赤建立基地，僅滿洲八旗就有五六萬，形成了一支強大的政治軍事力量。

對明朝來說，光有滿洲的反抗也還好辦，可以用蒙古來制約它，但後來它又把蒙古分出去了。本來，明朝和蒙古林丹汗就有一個共同抵禦努爾哈赤父子的結盟，但明朝對待蒙古的政策明顯有誤。當時，蒙古鬧災荒，缺糧食，袁崇煥主張用糧換他們的馬，這樣蒙古人有飯吃，明朝也得到了馬匹，但崇禎皇帝不同意，說不行，你給他糧食吃，就等於資助他。這個時候，後金和清統治者就比較聰明，無償送給蒙古人糧食。這樣，蒙古人對他們感恩戴德，紛紛投靠過去。努爾哈赤父子還採取了其他政策，比如編蒙古八旗、聯姻、重視喇嘛教等，把蒙古徹底拉了過去。由於明朝政策的錯誤，蒙古變成了敵人，成了滿洲的同盟。

明正統十四年（1449年），蒙古軍隊攻到北京德勝門外，擄走英宗皇帝，堂堂大明天子做了蒙古軍隊的俘虜。滿族一個拳頭打明朝，就已經使它不得安寧。現在滿、蒙聯盟，兩個拳頭打明朝，它就更加難受了。

當時，長城以北、貝加爾湖到外興安嶺以南，河套以東到大海，其間的各個民族都被努爾哈赤父子合在一起，包括漢族的一部分人，組成了蒙古八旗、漢軍八旗。這樣，蒙古、滿洲、漢軍八旗三個拳頭同時打明朝，尤在崇禎年間為甚。「民族分」加速了明朝滅亡，同時也增強了滿洲的信心。

第二，官民分。光有民族分，明朝也不至於亡，關鍵還有第二個分：官民分。明朝後期，官和民的關係很緊張。明朝實行保甲制，就是十戶一甲。這十戶賦稅是定額的，有些人生活不下去就外逃，比如十戶中逃亡兩戶，原本應負擔的賦稅就加在了八戶身上；八戶中有些人又生活不下去了，跑三戶，十戶賦稅就由剩下的五戶來負擔；五戶中再跑三戶，剩下的兩戶就要負擔十戶的賦稅；最後這兩戶也跑了。於是，其賦稅又轉到其他人頭上。趕上鬧災荒，人們沒糧食吃，只好吃草根樹皮、觀音土。苛捐雜稅越來越重，民不聊生。官員又壓榨，朝廷還不斷加餉，難免官逼民反。同時，朝廷入不敷出，只好精減驛站、裁減軍隊，導致一些軍人沒飯吃，不得不鋌而走險、揭竿而起。比如李自成，就是在驛站被裁下來後才起義的，這又增加了一個打明朝的拳頭，而且這個拳頭很厲害，一直打到北京，逼得崇禎皇帝走投無路，只能自殺，明朝也隨之滅亡。

後金和清的官民關係，與明朝恰好相反。清朝八旗制度，先在赫圖阿拉，後到遼陽，再後到瀋陽，基本包括遼河以東地區，為其領土擴張奠定了很好的制度基礎。官和民分為三級組織，即固山、甲喇、牛錄（相當於現在省、市、縣三級），軍民編制一體、軍政一體。明朝軍隊打仗時，士兵們是整營整營地逃，甚至官也逃。女真兵打仗時，據史書記載，是「歡呼雀躍」。男丁出去打仗，自己預備馬、武器和乾糧，老婆孩子送行，一邊跳躍，一邊呼喊，歡送他們去打仗，搶了東西回來大家分。清朝軍隊由北京一直往南打，東面沿著運河，西面沿著太行山，分八路，往前推，一直推進到黃河邊上的山東濟南府，把濟南府打了下來。擄掠的牛羊、金銀財寶、服裝和綢緞，車載馬馱，

綿延二百多里地。擄掠的財物拉回去，官、兵、民都分。在清朝興起這個時期，官民之間的矛盾不明顯，官民利益、立場比較一致。

滿蒙聯盟和農民反抗雙拳出擊，力量很大，但明政權也未必就會垮掉。如果君臣團結一致，共同處理民族矛盾和官民矛盾，還可能有化解、緩和的餘地，可明朝的君臣是不團結的，這就是最致命的敗局。

第三，君臣分。天啟皇帝自己不好好管理朝政，將朝政交給了太監，後宮則交給了客氏。正直的大臣聯合起來反對魏忠賢，魏忠賢害怕，就趴到天啟皇帝床邊，一邊繞，一邊哭，天啟皇帝心一軟，反而將那些諫言的大臣抓到天牢裡嚴刑拷打。曾是天啟皇帝老師的大學士、兵部尚書孫承宗，為人正直，很有政績。他看不慣朝廷當時的情勢，可又沒有機會進言，就以給天啟皇帝祝壽的名義進京。魏忠賢等人很害怕，認為孫承宗是來「清君側」的。於是，又在天啟皇帝面前哭，天啟皇帝心又軟，答應不讓孫承宗來，並連夜下了一道詔書，稱如果孫承宗一定要進京，就把他綁起來，押到京城。孫承宗一看不行，就回去了。此後有人彈劾孫承宗，他就辭職了。天啟皇帝連自己的老師竟然都容不下！後來清軍打到高陽時，孫承宗已經七十多歲了，當時明軍寡不敵眾，節節敗退，清軍勸降，但他絕不投降，毅然自殺，全家老少幾十口人也全部隨他殉了大明社稷。連這樣的忠臣都不容，天啟皇帝對待臣下的做法可見一斑！

崇禎皇帝就更不像話了。在位十七年，光大學士就換了五十個，兵部尚書王洽、袁崇煥、陳新甲全都被殺。陳新甲任兵部尚書時，皇太極提出要和崇禎議和。崇禎皇帝祕密授意，讓陳新甲「議和」。誰想一時大意，將崇禎皇帝授意和談的那封信洩露了出去，結果祕密和談一事就在朝廷裡傳開了。當時，崇禎皇帝如果堅持說和談是我主張的，是我讓他們祕密和談的，你們大臣要處理就處理我，局面就會完全不一樣。但崇禎皇帝就一個簡單、極端的處理辦法：殺陳新甲。後來，李自成快打到北京了，崇禎皇帝舉行朝廷會議討論都城是否南遷，想聽聽大家的意見。但陳新甲被殺在前，朝廷所有的大臣就一個態度：保持沉默，瞪著眼睛誰也不說話，因為他們搞不清崇禎心裡是怎麼想的。如果崇禎不主張遷都，你說遷都，就會把你殺了；如果你說

不遷都，要是崇禎心裡想遷都，也得把你殺了，左右都不是，所以一定要等崇禎先說。在這種情況下，君臣是沒辦法走到一起的。

同樣的事情，在康熙那裡就大不一樣。康熙要平吳三桂，米思翰和明珠是力主堅決平叛。一平叛，吳三桂就一路打到了湖南，逼近長沙，這時北京又鬧地震，形勢非常嚴峻。有人提出，吳三桂之所以反，就是因為米、明二人堅持平叛，殺了那兩個人就好了。康熙沒有採納這種意見，說平叛是我主張的，要追究就追究我，誰敢追究皇上的責任！

崇禎時期朝廷財政緊張，便明令官員捐銀子。主管官員讓崇禎皇帝的岳父周奎出五萬，他說沒錢，而後來李自成抄家發現，他竟有白銀七千萬兩（這個數字可能誇大）！這也是「君臣分」。

這種「君臣分」，發展到最嚴重時，便是李自成軍隊快進城了，崇禎要召集大臣商議軍務，卻沒有一人來。崇禎不僅讓皇后周氏自縊，還親手舉劍砍死了一個女兒。他不但容不下朝臣，自己的老婆孩子也不容。在這種情況下，崇禎皇帝四面楚歌，成了真正的孤家寡人，以致獨自一人到景山上吊自殺。

如果崇禎皇帝能君臣一體，共商國是，共度難關，即使有李自成的起義，有多爾袞的進逼，還是可以採取一些措施緩解矛盾，至少能延遲明朝滅亡的。

所以，雖然明朝覆亡的原因很多，但最重要的原因就是「分」。民族分、官民分、君臣分，特別是君臣分，領導群體中的核心散了，怎麼還會有力量？後來，李自成失敗，驕傲固然是其原因之一，但最主要的還是內部分裂。說到底，太平天國不是被曾國藩打敗的，而主要是太平軍內部分裂才導致失敗的。

四、清朝興於「合」

清朝之所以興盛，其重要原因是「合」。它把不同民族合到一起，把官民盡可能合到一起，把君臣又合到一起。

清朝興起的時候,君臣之間也有矛盾、摩擦和衝突,但整體上比較和諧。舉個例子,努爾哈赤有一個大臣叫額亦都,是開國五大臣之一。此人作戰勇敢,身先士卒,立下赫赫戰功。他有十六個兒子,二兒子叫達啟。努爾哈赤很喜歡達啟,從小養在宮裡,後來還把女兒許配給他。沒想到達啟得意忘形,認為妻子是公主,父親是開國大臣,於是吃喝玩樂,做了一些違法的事情。有一天晚上,額亦都聚集十六個兒子一起喝酒。一開始大家還以為是父親高興,就開懷暢飲。酒過三巡,額亦都突然拍案而起,怒指達啟說,照你現在這樣下去,不但有辱家風,而且敗壞國門。接著,就將達啟拖到屋子裡面,用被子一蒙,勒死了。勒死以後,額亦都一想這怎麼跟努爾哈赤交代呢,就趕緊到努爾哈赤面前請罪,把事情經過一五一十地說了。剛開始,努爾哈赤很吃驚,但聽完後覺得額亦都是為國盡忠,便沒有追究其責任。

後金和清執政集團內部矛盾鬥爭的例子有很多,比如努爾哈赤把他的長子殺了,皇太極兄弟幾人把後母阿巴亥以殉葬的名義殺了,多爾袞把皇太極的長子豪格殺了。但是,從努爾哈赤一直到宣統皇帝,清朝執政集團內部都沒有發生大的裂變。這也是清朝能夠延續二百六十八年(從關外算應為二百九十六年)的一個重要原因。

從這個角度來看,清朝的興盛,在於合;明朝的覆亡,在於分。這樣我們就可以得出一個歷史的經驗:合則強,分則弱;合則勝,分則敗;合則興,分則亡。一個國家如此,一個民族如此,一個企業、一個機關、一個單位也是如此。如果一個企業的領導核心分了,幹部和職工分了,那這個企業就休想興旺,更談不到做大、做強。

五、讀史閱世五十年

我學歷史至今,已整整五十年了,學清史也有四十四年了,中間從未動搖過。我讀了很多人物傳記,側重人物研究,發現歷史上成功者很多,成功的原因也各不相同,但幾乎所有的成功都有一個共同點,就是「四合」,即天合、地合、人合、己合;歷史上失敗者很多,失敗的原因也各不相同,但共同之處正在於「四不合」,即天不合、地不合、人不合、己不合。孟軻在《孟子·公孫丑下》中曾講過「天時不如地利,地利不如人和」。天時不如地利,

地利重要；地利不如人和，人和重要。但他沒有提及天和人的關係、地和人的關係、人和人的關係。一個人成功還是失敗，簡單來說，我認為取決於天、地、人、己這四度的關係。

天合。比如努爾哈赤之所以能夠成為大清帝國的奠基人、開創者，主要原因就是天合。如果努爾哈赤早生一百年，他的反明舉動一開始就會被強大的明朝鎮壓；晚生一百年，李自成進京站穩腳跟了，他的子孫也就難有作為了。這說明特定時代造就了他的成功。

地合。比如深圳發展這麼快，依我看，第一是「天」，沒有改革開放的「天」，不過是一漁村而已。但是，深圳的地理位置，也決定了它可以「借天之力」，加速自己的發展。還有東莞，東莞能有今天的發展，主要是占地利之便，靠近香港。當然，努爾哈赤在距北京兩千多里地的赫圖阿拉舉兵，朝廷對他鞭長莫及，也應看作是「地合」。

人合。相信大家的體會都很深，我們在政府、企業工作，都離不開「人合」。

己合。我認為它是「三個平衡」：心理平衡，生理平衡，倫理平衡。心理平衡非常重要，當年九部聯軍打努爾哈赤時，努爾哈赤手下還不到一萬人。這場戰爭對建州來說是事關生死存亡，如果戰敗，一百年內休想恢復。大兵壓境，負責偵察的騎兵向努爾哈赤報告兵情時，嚇得臉都變色了，直哆嗦。努爾哈赤讓偵察兵退下，繼續呼呼大睡，其妻富察氏推醒他說，你是害怕，還是方寸亂了？他說，我方寸亂了，能睡得著嗎？第二天早晨，他派額亦都帶了一百個老弱殘兵和瘦馬、病馬前去交戰，一交戰就退，對方就追，很快進入他布下的陷阱。結果，對方三萬多人、九千多匹馬轉眼就全軍覆沒。在這麼嚴峻的情況下，努爾哈赤都能心平如鏡，足見其心理素質有多好！

努爾哈赤曾忍受過一個莫大的侮辱。一個葉赫的女子在十二三歲就許配給他了，可後來又先後許配給了哈達的貝勒、輝發的貝勒、烏拉的布占泰和蒙古喀爾喀的莽古爾岱，先後共許配了五次，但都沒有嫁。她真正要出嫁的時候，建州的貝勒們很著急，讓努爾哈赤把她搶回來。他說不能為了搶一個女人去發起戰爭。貝勒們說，大汗怎麼能忍受這樣的屈辱？許配給你二十年

的女子，卻要嫁給別人，真是奇恥大辱！努爾哈赤卻說，不能為了一個女子挑起戰事，我都沒有生氣，你們生什麼氣呢？這件事，反映了努爾哈赤該忍則忍，以大局為重的品性。他能妥善處理各種關係，有很強的自我調適的心理平衡能力。

有人曾專門調查過因癌症而死的病人，發現他們大多數有長期的心理障礙，主要原因就是「己不合」。很多人英年早逝，很可惜！我看報紙登了一個數字說，改革開放以來，民營企業家自殺的達一千二百五十餘人，這還不包括很多無法進入媒體視野的鄉鎮企業家。我想，這可能都是不能做到「己合」所致，否則，就不會出現這種事情了。

今年8月，我給一些很有成就的海外華人做演講，其中就講了天合、地合、人合、己合。等我說完，一位五十多歲的女教授站起來說：「我反對你的說法。」她接著說：「我在美國多年，受盡磨難，歷經艱辛，之所以沒有自殺，活到現在，還能當教授，主要就是由於己合。而您說天合、地合、人合、己合，我建議您倒過來，應是己合、人合、天合、地合。」我的看法是，對個人而言，天合、地合、人合、己合需要一個最佳的配置，如果有一個最佳的配置，個人就能夠最大限度地發揮人生價值，取得成功；如果沒有，就會一次配置不好一次失敗，終身配置不好終身失敗。

最後，我建議諸位吸取歷史經驗，人人都處理好這「四合」，做好生理、心理平衡，更好地發展事業，取得更大的成就！

主持人：感謝閻先生的精彩演講！用了一個「分」字，就解釋了明朝為什麼滅亡，很透徹。下面，我們請中華書局總編輯李岩先生做評論，大家歡迎！

李岩（中華書局總編輯）：作為一名史學家，閻先生對清初歷史的研究，對努爾哈赤、袁崇煥等人的研究，在全球來說都是頂尖的。

讀史使人明智。在讀史過程中，大家可以找尋到自我的歷史認同感，可以吸取歷史的智慧。關於歷史對社會、對民眾的意義，閻先生總結過五點，即求真、求知、勵志、愉悅、借鑑。他特別主張要敬畏歷史、還原歷史。

義大利學者克羅齊說過，一切歷史都是當代史。我們從現實的角度出發來研究歷史，就是為了找尋動力之源，找尋個人的人生座標。剛才，閻先生談到「四合」的觀點，我認為由此對明亡清興作出的解釋是非常新穎的。歷史上的英雄人物往往集「四合」於一身，成就個人的偉業，進而也造就了今人所能看到、感受到的歷史。這就是歷史的魅力，也是學史的魅力。

主持人：感謝李岩先生的評論！下面是問答互動時間，請各位提問！

提問（北京新雷能有限責任公司董事長王彬）：企業裡有很多能幹的人，但往往存在兩方面的缺陷：一是道德缺陷，社會責任感缺乏、不懂得尊重人；二是性格缺陷。這在客觀上都給企業文化帶來了損傷。企業需要他們的能幹，又不能被他們的缺陷所害。如何處理這種情況？希望閻老師能從史學的角度給出一些建議。

閻崇年：有兩點可供您參考：

第一，《禮記·大學》曰：修身、齊家、治國、平天下。其中，首先是修身。對此，從小受傳統文化薰陶的人，一懂事就知道。我建議，應把修身這一項列入培訓計劃，作為今後的培訓項目之一。

第二，以前的帝王在任命大臣時，經常會聽到不同的意見，打小報告的有之，奏密摺的有之，但皇帝們的處理很有意思，比如康熙就得經常處理一些對大臣進行批評甚至置之於死地的密摺。當時，北京有地方官上了一個稱考試有舞弊現象的奏摺，主持考試的一些高官知道後就串通起來，一致稱舉報人誣告。後來，這個地方官又上一個奏摺，說如果他誣告，請把他的頭劈開，一半掛在順天府城門上，另一半任由處置。那些高官又聯合起來攻擊他，說他對皇帝大不敬。但是，康熙卻沒有認為他偏激，而是先透過密摺制度，掌握了實情。康熙實行仁政，不願意處分官員，所以他讓參與舞弊的主考官退休，回家養老。對於上奏章的官員，加以保護，並調換到外地工作，因為今後他在順天府也不好開展工作了。

那麼，應該如何處理你說的這種情況呢？我認為，第一是明查；第二是任人所長；第三就是要重視修身培訓。

提問（中國國家發改委經濟運行局副局長朱宏任）：作為一個喜歡歷史的人，我在讀中國近代史時有個困惑：八國聯軍打進北京時，只有幾萬人。當時，確實是因為槍不如人、技不如人，沒辦法打贏他們呢？還是如果布下天羅地網，就可能打敗他們？這是一個戰術問題，還是歷史的必然，或者還有其他方面的原因？請指教！

閻崇年：您說的這個問題，有一種觀點叫做「落後必然挨打，挨打就要失敗」，這是教科書上的觀點。

當然也有例外，比如衣索比亞，當時義大利入侵，國王號召全民奮起，組織了十萬軍隊，用土槍土炮對付入侵者的先進武器，義大利終究是寡不敵眾，最後被迫簽訂了賠款條約。鴉片戰爭時，道光皇帝如果堅決抗戰，清朝軍隊還是有一定戰鬥力的。都說八旗軍腐敗，但我曾看過一個資料，說打定海時，八旗軍戰至全軍陣亡，沒有一人投降。如果清朝真的抵抗，敵方從廣東打到定海，會損失一部分力量；再往前，打到天津會再損失一部分力量，他們的後方遠，彈藥、糧食都供不上，等他們打到北京時，會怎麼樣呢？糧食能吃多久？彈藥能撐多久？我認為鴉片戰爭的失敗有其必然性，整體落後是個重要原因。

當時，英法聯軍打北京有相當大的偶然性。我看到一個資料說，一開始他們只是想把事態擴大，於是送給朝廷一封談判信，說只要滿足其幾個條件，賠償一點損失，就會退兵。對此，當時的恭親王等人是能接受的，但是信的簽名是英文，他們看不懂，害怕英文寫的是附帶條件，就沒敢簽，找翻譯又拖延了很長時間。這邊久久沒有答覆，那邊軍隊就往前打，繞著城打圓明園，直至火燒圓明園，造成了這個歷史悲劇。

這些歷史事件既有偶然性，也有必然性。其必然性是清朝歷史上一直存在腐敗；偶然性是如果清朝能將軍民很好地組織起來，也可以是另外一種結局。我認為歷史就是在偶然與必然的軌跡上曲折發展的。偶然因素和必然因素結合在一起，就造就了歷史。

提問（《中華遺產》雜誌社總編輯夏駿）：滿族入關，讓中國歷史有了一個輝煌的段落。但在今天滿族作為一個少數民族，其人數比蒙、藏等少數

民族都要少。我想請問滿族入關,從大的方面來講,對這樣一個人數不多的民族到底是好事還是壞事?

閻崇年:其實,在中國的少數民族中,至今滿族人口仍然僅次於壯族,多於蒙古族、藏族、維吾爾族,在少數民族人口數量上排第二。

滿族入關,對這個民族本身來說,是一把「雙刃劍」。一方面,整個民族文化和民族素質提升了。滿族由邊遠地區進入中原,他們的文化、物質、生活等方面都得到了很大的改善,這對滿族的發展肯定是有益的。另一方面,作為一個少數民族,進入到一個大的民族裡面,整個被漢族文化包圍,必然面臨被同化的問題。滿族採取過很多措施,比如提倡講滿語,實行民族隔離等。在北京,滿人住內城,漢人住外城;在西安、成都,滿人單住一個城,有意和漢人分開。但滿人還是願意說漢語,願意學漢族人的風俗習慣,以致最後獨有的很多民族特點都消失了。這些特點的消失也是一把「雙刃劍」,它使滿族減輕了一些包袱,也使滿族損失了一些可貴的東西。但是,總的來說,滿族入關後的融入是得大於失。

提問(華盛天成營銷策劃機構首席顧問楊兵):前段時間,大陸中央電視臺播放了一部12集的大型紀錄片《大國崛起》,看後覺得很振奮。一般認為,中華民族從比較發達的狀態走向衰亡,轉折點可以說是清代。似乎是比較普遍的一種說法。但是,清朝衰亡,是歷史的必然,還是清政府不得力?這之間究竟是什麼關係?

閻崇年:中國的落後從明朝就開始了,至晚是從萬曆年間開始。那時,西方已開始崛起,法國、英國已有議會,中國卻還禁錮在封建專制裡。很多人說落後從清朝開始,主要是指清朝在鴉片戰爭中失利。我覺得,這個問題可以從正反兩方面來看。清朝的統治,對中華文化、中華民族,既有正面的影響,也有負面的影響。正面影響主要有以下三點:

第一,奠定了中華疆域。清朝的疆域約有一千四百萬平方公里,比現在大三分之一。經常有人問,如果李自成在北京建立政權並得以鞏固,中國的疆域會有多大?有人認為,最直接的結果就是今天的東北不在中國的版圖裡。如果李自成執掌政權,他能不能控制西北、新疆等廣大地域,也是個未知數。

明朝時朝廷就基本控制不了東北和西北，對這段疆域的強力控制是在清朝，明朝是羈縻管理，一般控制。真正在西藏駐軍，派駐藏大臣，以及冊封達賴和班禪，是康熙、乾隆時期。現在中央冊封達賴、班禪，派員駐藏都沿襲了民國的儀規，而民國的儀規又是從清朝而來。這些歷史記錄，都是在國際上被承認的。

第二，多民族的融合。中國是一個多民族國家，這麼多民族統一在一個政權之下，雖然存在蒙古問題，但基本上沒有分裂。幾千年前，秦始皇修萬里長城，人為地阻隔與北方遊牧民族的聯繫；清朝則是滿、蒙聯盟，成功解決了幾千年遺留下來的問題。清朝基本上沒有大的民族戰爭，西南少數民族的改土歸流、東南對高山族的政策等都把握得比較好。可以說，清朝解決民族問題，在中華兩千年皇朝史上是最好的。

第三，延續了中華文明。古印度文明中斷了；古巴比倫文明中斷了；古埃及文明也中斷了。而在清朝，中華文明沒有中斷。如果清朝皇帝強迫推行滿語、滿文，所有的科學考試全部用滿文，誰敢反抗就殺誰，殺它個幾百年，估計中華文明的命運也不會好到哪裡去。但是，清朝沒有這樣做，儘管它也存在文字獄等問題。總的來說，清朝對中華文明的保存和延續是功不可沒的。

從負面影響方面來看，清朝也實施了很多錯誤的政策。努爾哈赤既播下了康乾盛世的種子，也埋下了清朝滅亡的基因。比如八旗子弟、軍民一體、亦戰亦農，加上後來的新問題，就促使了清朝滅亡。我們經常批評八旗子弟游手好閒。可是，當兵名額有限，做官名額有限，朝廷不許他種地、經商，還管飯，給錢給糧，沒事可幹就只能游手好閒了。可見，八旗子弟之所以腐化，不在於這些人的品質修養，而是八旗制度所導致。對此，康熙、雍正、乾隆都進行了很多改革，但沒有能解決根本問題。到光緒、宣統年間，朝廷就再也養不起他們了。宣統三年（1911年），北京的旗人多達一百多萬，占北京城市人口的一半，形成了一個龐大的寄生集團。辛亥革命以後，這些旗人的生活狀況非常悲慘。八旗制度腐蝕了整個八旗子弟和愛新覺羅氏。這個制度問題是他們自己解決不了的。

主持人：有位嘉賓剛才發簡訊給我提問說，閻老師，您曾說過「我能吃苦，像農民；很勇敢，像漁民；我機變，像商人。電視臺把我逼上電視，現在我變了。但是我研究清史的工作不能變，我要在變與不變之中堅守我的本分」。我想問兩個問題：一、您研究清史四十四年，第一次走上電視是什麼感覺？二、您將多年的研究成果傳於民間，是不是特別有自豪感？

閻崇年：我這段話是新聞媒體給逼出來的。原先，我一直在書齋裡。2004年，中央電視臺一位編導找我，說要上一個講清朝十二位皇帝的節目，打算請十二個人，每人講一位皇帝，讓我講第一講，因為我寫過《努爾哈赤傳》。我答應可以試一下。講完第一講後，他們說十二個皇帝都由你講吧。我說不行，清朝每個皇帝都有專門的研究者，後來推託不過，又講了皇太極，講了順治、康熙。這時，收視率已達到開講以來的最高點，於是就更沒辦法脫身了，一直講到了宣統皇帝。十二帝講完後，電視臺又有了新的創意，要接著前面的話題進行答疑。就這樣一次次不停地延續，一共講了三十八講。

剛開始，我跟觀眾沒怎麼接觸，感觸不深。後來，有一次演講使我的確深受感動。那是在山西師範大學，可容納一千五百人的禮堂在開講前兩小時就座無虛席了，兩邊的走廊包括主席臺前面的空地上都站滿了人。開講時已經進了三千人，還有不少人提前站了兩個小時。人們的熱情，讓我非常吃驚和激動，站著講了兩小時，講完後又簽名又照相，一直折騰到晚上12點多。但是，我心甘情願，因為太受感動了。

我走上電視，到各地演講，不為名，也不圖利。追名逐利對我沒什麼用，但這種和讀者、大眾的心靈交會，確實深深地震撼了我。我應當繼續效力於大家！

主持人：本期講座到此結束，再一次感謝閻崇年先生，感謝評論嘉賓李岩先生，感謝各位光臨！祝大家晚安！

補記：

明亡清興的問題，我們北京市委有個文教書記王光先生，到我家看望我，說：「崇年先生，你還是集中研究一個問題，那就是清朝為什麼興起，明朝

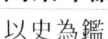

為什麼滅亡,清朝那麼一個小的民族,十幾萬人,怎麼把明朝上億的人打敗了,而且取得中央政權。」他說:「你是不是把這個問題研究一下。」我說:「書記啊,這個問題太大了,我回答不了這個問題。」他說:「沒有關係,你經常思考這個問題,什麼時候覺得成熟了就說一說。」我說:「好吧!」於是,我就經常思考這個問題,但到現在為止也交不出一個圓滿的答卷。但是中央電視臺逼了我一下,在開講《明亡清興六十年》之前,製片人萬衛先生跟我說,閻教授,您講明清興亡六十年,最後您講一個大結局,這個結局回答一個問題,明朝為什麼亡,清朝為什麼興。我說你這不是給我出難題嗎!大家知道,「百家講壇」一集是四十二分鐘,中間有廣告,前頭有開場白,後頭有結尾,中間還有編導的串詞,實際上我講的時間是三十二分二十秒。我說你叫我在三十二分鐘內把這麼大一個問題說完,不可能。他們說:可能也得說,不可能也得說,不能講了半天明清興亡歷史,沒有回答這個問題,也不能給十個小時回答這個問題,就是三十二分鐘,他說就看這文章怎麼做吧。所以《明亡清興六十年》,從開始準備講稿,我就思索這個問題,結尾怎麼講,吃不好,睡不好,一直圍繞這個問題在思考,特別是在最後一個月的時候,快錄了,我就是反覆地想,走哪兒想哪兒,有一天夜裡,兩點多鐘,我突然醒了,明白了,就趕緊起來把想法敲到電腦裡,第二天起來就敲,六千字很快成稿,我心裡沒數,得試講一下啊,正好廣東省委理論組邀請我給他們做場報告,給他們講什麼呢,他們多是研究理論的,我也講不過他們,我就把我這個給他們試試看,我就把我的想法跟他們講了,講完了之後,他們有幾個做理論的,說閻教授,你這個可以,我說,理論上通不通啊,他們說,完全可以,這麼一鼓勵,我就有信心了,後來在中央電視臺我就講了,講了三十八分鐘,他們剪了一點。

我就思考這個問題,明朝滅亡啊,真是一個大問題,真是花幾十萬字都說不清楚,因為各個問題錯綜複雜,交織在一起。同樣清朝的興起,由十三副遺甲起兵的那麼一個小的部族,成為全國性的政權,絕不是一兩句話就說得清楚。但是,真理是樸素的,不需要幾萬字幾十萬字,往往用樸素的語言就能把真理說清楚,所以我就想怎麼簡單把這個問題說清楚,其實我就說了一個字。明朝這麼一個強大的帝國,統治了二百七十八年,占有人口一億多,

明朝的疆域有多大,沒有準確的統計,我想有一千萬平方公里左右。清朝啊,就是在山海關以外,在現在遼寧撫順市那麼一個小山溝裡面,他那個山城啊,我建議大家有時間去看一看,這個起源地叫平頂山,平地起來那麼一座山,就像茶杯一樣,上面是平的,像削平了一樣。努爾哈赤最強大時多大呢?多少人馬呢?那兒就一眼井,所有馬飲水都是這口井,可以想見努爾哈赤的人馬數。沿著山修築了一道城牆,易守難攻,下邊根本爬不上去,山有十公尺高,相當於紫禁城城牆那麼高,上面還有城牆,有三公尺高。就是這麼樣一個根據地,最後怎麼能取得中央最高政權的?

我想明朝滅亡原因有很多,有一個至關重要的原因就是「分」,合就有力量,分就沒有力量,合就強大,我總結有三個分:第一、民族分;第二、官民分;第三、君臣分。這三個分就把明朝一個整體力量分解了,反過來說,努爾哈赤也好,皇太極也好,多爾袞也好,由邊外那麼一個小的部落,最後入關取得政權,共是二百六十八年,從努爾哈赤建立天命元年(1616年)開始,是二百九十六年,接近三百年,原因有很多,和明朝相對來看就是「合」,清朝由於「合」打敗了明朝的「分」。這個歷史經驗與教訓具有普遍性。

▎民族與邊疆問題的歷史思考——屏障中原關盛衰

民族與邊疆問題是中國一個非常重要、非常突出的問題。我分作三個方面作歷史的思考,和諸位交流切磋。

一、民族問題的縱向思考

從西元前 221 年到西元 1911 年,二千一百三十二年的歷史太漫長了,研究起來也比較困難。我個人把它分了一下,從中間切一刀,前一千年,後一千年。前一千年,帝國的歷史有很多特點,其中一個特點就是民族問題。大家知道,秦始皇統一六國之後,做的一件工作就是把六國的長城連接起來。為什麼?就是為了防範匈奴。也就是說,秦朝面臨的一個生死問題是民族問

題。秦始皇讓大將蒙恬率領三十萬軍隊鎮守邊疆,還是為了秦政權的生死存亡問題。秦之後是西漢,漢高祖劉邦帶領軍隊對匈奴作戰,差一點劉邦做了俘虜。漢武帝雄才大略,武功顯赫,但突出的問題還是民族問題。東漢時期這個問題也存在。東漢、三國之後,時間不長就出現了南北朝。南北朝的突出問題還是民族問題。南北朝之後,隋統治的時間很短,接著是唐,唐的突出問題還是民族問題。在西北是突厥,在東北就是高麗。唐太宗討伐高麗,打得不太好,戰死的將士很多,退兵到北京,興修憫忠寺(今法源寺),「憫忠」就是「悼念死亡的將士」。他要解決的還是一個民族問題。所以帝國時期前一千年,民族問題是當朝者需要解決的尖銳的突出的問題。後一千年,這個問題就更突出了。大家知道,北宋、南宋、遼、金、西夏、元、明、清一共八個朝代,九十個皇帝。兩宋、遼、金加上西夏,五個朝代,四十七個皇帝,都沒有實現統一。兩宋、遼、金都是半壁江山,西夏是偏隅一方。這個時期中國為什麼沒有統一,突出一點就是民族問題。北宋要統一碰到了契丹—遼,南宋要統一碰到了女真—金。他們之後就是蒙古,蒙古把中國統一了。元朝是蒙古族建立的,但還是面臨著民族問題。元之後就是朱元璋,朱元璋起義的口號就是「驅逐胡虜,恢復中華」。胡是指蒙古人,所以說朱元璋起兵打的是民族的旗號,推翻了元的統治,建立了明朝。朱元璋的子孫們傳了十六朝,一直被蒙古問題所困擾,到崇禎朝被推翻了,取代明朝的是清朝。清是滿洲人建立的。清太祖努爾哈赤起兵時以「七大恨告天」,矛頭指向明,還是一個民族問題。努爾哈赤沒想到,他的子孫傳到第十二個皇帝溥儀,最後被孫中山推翻,孫中山的口號是「驅除韃虜,恢復中華」,還是民族問題。後一千年,兩宋、遼、金、西夏、元、明、清八代,突出的依然是民族問題。

前一千年中國的政治中心主要在西安,但這一千年的政治中心不是一個,而是以西安為中心,東西擺動。大家知道,秦的都城在咸陽,西漢到了長安,就是現在的西安,東漢則到了洛陽,隋在大興(今洛陽),唐時又回到了長安。這樣有時東,有時西,基本上是在渭河、黃河這條線上東西來回擺動,但是它有重點,重點在西安。來回擺動的原因之一就是民族問題。後一千年,大家都知道,遼上京臨潢府在今內蒙古巴林左旗南,其南京就是現在的北京。

金上京在阿城，就是現在哈爾濱市的阿城區。金從上京阿城遷到中都，就是現在的北京。元開始在上都，後遷到大都，也就是北京。元之後是明，明都城原來在金陵，就是現在的南京。永樂皇帝遷都北京，南京到北京還是南北的。清都先在盛京，就是瀋陽，順治的時候遷都，遷到燕京，也就是北京，從瀋陽到北京七百五十公里，依然是南北擺動的。兩宋、遼、金、元、明、清都城的特點是南北擺動，中心在北京。為什麼南北擺動，原因很多，有經濟的、民族的、政治的，地理的，軍事的原因等等，其中一個重要的原因是民族問題，直接影響到一千年的都城遷移，影響到幾個重要王朝的政權更迭。所以我想，中國帝國時期的歷史，前一千年也罷，後一千年也好，民族問題都是非常重要的問題，民族問題開始重點在西北，後來的重點在東北。契丹、女真、蒙古都是從東北興起的，滿洲也是這樣的。為什麼從西北轉移到東北，有多種解釋。比如說，清朝有位學者叫趙翼，他寫了本書叫《廿二史劄記》，他說為什麼「紫氣東來」、從東北興起啊，他說東北有一種氣，這氣從西北轉移到東北了，這解釋也是可以的，但不是太科學。有些學者認為是氣候的變化，遼金時期、明朝後期、清朝前期的這段時間，地球逐漸轉冷，黑龍江、吉林以及遼寧的北部地區氣溫比較低，人們生活很困難，就開始向南移，由此引起民族之間的衝突，還有其他原因使得東北的民族問題比較突出，這個問題今天不作專題討論。

　　從縱向來看，中國的民族問題確實很突出，一直到清朝。元朝滅亡的原因是沒有處理好民族問題，所以，朱元璋提出了「驅逐胡虜」的口號，用這四個字煽動民心，在政治上反對元朝的統治。明朝滅亡的原因很多，其中一個原因也是民族問題沒有處理好。明朝多的時候有二百多萬軍隊，怎麼呼啦就倒了，重要原因之一就是民族問題沒有處理好。我舉個例子，這個例子大家都很熟悉，萬曆皇帝錯殺了努爾哈赤的父親塔克世，崇禎皇帝錯殺了袁崇煥，這兩個人的死直接加速了明朝的滅亡。歷史現象雖然紛繁複雜，千頭萬緒，但是我們可以把它歸納到一點上，從而找出歷史的關節點。我們學習通史的時候都說，明朝滅亡的起點是農民起義，對此我不贊成。我認為明朝滅亡的信號比這還早，早到明朝萬曆十一年（1583年）。那一年遼東總兵李成梁帶兵攻打女真人山寨。這個李成梁，和蒙古軍隊作戰，一仗最多的曾經斬

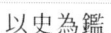

首一千七百四十五級。這麼大國的一個總兵帶兵攻打女真一個小山寨，卻傷亡慘重。因此他惱羞成怒，攻破山寨後，下令屠城，見人就殺，結果努爾哈赤的父親就在其中被殺了。本來努爾哈赤的父親不是反對明朝的，卻在混亂中被殺了。在明朝萬曆皇帝、遼東總兵李成梁眼裡，一件很小的事情啊，殺了個遼東的草民，不算什麼啊。可努爾哈赤不幹了，找邊官討說法。邊官很傲慢，回答三個字：「誤殺耳！」誤殺了，怎麼著吧，不行，不行賠你，賠你三十匹馬、三十道敕書（就是邊關貿易特許證）。明朝以為這個事完了，可是沒完。努爾哈赤以此為理由起兵，「七大恨告天」，要報仇。我說是萬曆皇帝和遼東總兵李成梁自己點燃了燒毀明朝這座大廈的火，而且越燒越大，瀋陽丟了，遼陽也丟了，最後是廣寧（今北寧）也丟了。後金的軍隊攻到了現在的遼寧興城。這時明朝又出了個人叫袁崇煥，袁崇煥是來為明朝救火的，但崇禎皇帝又稀裡糊塗地把袁崇煥給殺了。因此，明朝就沒救了。所以我說明朝滅亡的起點就是在民族問題上發生錯誤。而且他又攻打蒙古。明把蒙古人的統治推翻了，兩家是仇人。努爾哈赤會做工作，跟蒙古人說，咱們兩個來共同對付明朝，我們幫你們報仇，這樣就把蒙古人說動了。明朝的政策這時又出錯了。蒙古地區鬧災荒，沒糧食吃，明朝的政策是禁運，不給糧食吃。袁崇煥等人想不能餓死他們，因為他們沒有飯吃不能等死，就會到長城以裡來搶啊打啊。那怎麼辦呢，就是用馬來換糧食吃，你蒙古人不是有馬嗎，用馬來換糧食吃，你有糧食吃，我有戰馬了，也可以用馬來抵抗後金軍隊。可崇禎帝說不行。結果是既不許買糧食，又不能用馬換來糧食吃，你不是把他們推到死亡線上嘛。後金則比較聰明，跟蒙古人說我不用馬來換，我的糧食白給你。蒙古人一看，好啊，我困難的時候你給我糧食吃，不用錢，白給啊，明朝用馬換都不給，那好吧，我們滿蒙聯合對付明朝。光是女真一個拳頭，明朝還能招架；但現在是滿、蒙兩個拳頭，明朝皇帝就招抵不上了。再加上李自成農民起兵，三個拳頭打向崇禎皇帝，明朝肯定是招架不了，所以明朝滅亡的重要原因就是在民族政策上犯了嚴重的錯誤。

康熙繼位的時候是順治十八年（1661年）。康熙帝是怎麼處理民族問題的？他主要是化解滿漢矛盾。多爾袞實行了六項政策，我叫做六大弊政：第一剃髮，第二易服，第三圈地，第四占房，第五投充，第六逋逃。

康熙帝怎麼辦？康熙帝沒有用順治的辦法，也沒有用多爾袞的辦法，康熙帝就一項，緩和滿漢之間的緊張關係，儘量促使滿漢兩種文化之間的融合。康熙帝是皇帝老子啊，但有些漢族知識分子就不買他的帳。科舉考試，你考進士給你官做，我不參加考試。那康熙帝怎麼辦？也有辦法。有「博學鴻辭科」，也叫博學鴻儒科，你不考試，別人可以推薦你，我象徵性地考一下你就可以做官了。而且官還比進士的大，級別還高。但是，抵制，不來，抬唄，把你給抬來了。抬來之後，我不下地走路，你們不能把我抬到太和殿吧。我不吃飯，絕食，還得給抬回去。有這麼大的牴觸情緒。康熙帝就用一個辦法——寬容漢族知識分子。范文程說過一句話：「得天下在得民心，士為秀民，士心得則民心得矣。」（《清史列傳范文程》）士農工商，士為四民之首，士心得，士服你了，民心得矣，老百姓就服你了。

康熙帝不僅抓士，而且抓士裡面的優秀者，就是名士，用我們今天的話來說是抓住知識分子中的精英，這些人抓住了，一般的知識分子就服了，老百姓也就服了。康熙帝南巡到了曲阜，進了大成殿，對孔子的塑像和牌位行三跪九叩大禮，並題了「萬世師表」匾。注意啊，漢族皇帝到孔廟行二跪六叩之禮，康熙帝為三跪九叩，這不是磕幾個頭的問題，是政治態度，是接受孔子的學說，和解滿漢之間的矛盾。從曲阜又到杭州，從杭州過錢塘江到紹興大禹陵，康熙帝對大禹陵也是三跪九叩，他知道大禹是漢族英雄人物啊。所以到康熙後期，朝廷與漢族知識分子的關係逐漸緩和了。黃宗羲老了，讓他的兒子參加修《明史》；顧炎武老了，也同意他的三個外甥，一個狀元、兩個探花到京城做官。康熙還採取了其他措施，比如修《康熙字典》、修《古今圖書集成》、編《全唐詩》等等。

這是和漢族的關係，再就是和蒙古的關係。大家知道，明朝276年，蒙古問題始終沒有解決，《明史·韃靼傳》、《明史·瓦剌傳》列為「外國」。大家都很熟悉，明英宗皇帝於正統十四年（1449年），做了蒙古瓦剌的俘虜。北京外城，前三門之外的外城，也是嘉靖為防範蒙古人而修的。蒙古有大漠，大漠之南是漠南蒙古，大漠之北是漠北蒙古（外蒙古），大漠之西是漠西蒙古。努爾哈赤、皇太極的時候解決了漠南蒙古，將他們編入了八旗。漠北蒙古這個問題怎麼辦？雖然皇太極的時候他進貢，但是問題沒有完全解決。

康熙帝還是比較高明。大家知道外蒙古有三個汗,就是土謝圖汗、札薩克圖汗和車臣汗,其中的兩個汗之間鬧矛盾,土謝圖汗把札薩克圖汗給殺了。康熙帝怎麼解決這個問題啊?他就在現在的內蒙古多倫地方舉行會盟,帶領大臣、貴族、首領都去參加。說你殺人了,寫個認罪書吧,寫完了給其他首領傳閱,看完後說既然他殺人了,我把他的汗給免了。札薩克圖汗那邊呢,弟弟接著做大汗,這樣氣就消了。土謝圖汗這邊呢,還有辦法,不是免了你的汗了嗎,也懺悔了,那就再恢復。三個汗和哲布尊丹巴呼圖克圖四個人受重賞,重賞後舉行大型文藝演出、閱兵盛典,看看清朝軍隊的強大,然後修廟。蒙古各部都服氣了,完全臣服了。所以康熙帝有句話:「昔秦興土石之工,修築長城。我朝施恩於喀爾喀,使之防備朔方,較長城更為堅固。」(《清聖祖實錄》卷一五一)「明修長城清修廟」。我朝不修長城,我修寺廟,對待蒙古,施以恩惠,較長城更加堅固。康熙帝這話我覺得符合事實。大家知道長城是防蒙古的,清朝不但不修築長城,而且蒙古成了中國北方的長城。沙俄南侵,蒙古在那擋著。蒙古變成了中國北方的長城,一直到清末都沒有變。

　　西藏也是這樣。順治時候,達賴喇嘛到北京朝拜,帶的隊伍有三千人,跋山涉水,歷盡艱難,順治帝在南苑接見了達賴,在太和殿設宴招待達賴,並冊封達賴喇嘛。後來康熙帝又冊封了班禪額爾德尼。所以達賴、班禪正式冊封是在順治、康熙時期。康熙朝開始在西藏駐軍、設立駐藏官員。本來西藏的問題非常複雜,不同教派之間、西藏與蒙古的關係,以及蒙古各部之間的關係等。康熙帝比較聰明的一點就是他把他跟蒙古人之間的關係逐漸剝離,使西藏問題比較單純,然後再處理。我看到的歷史資料是這樣的,就是整個有清二百七十六年,西藏沒有要獨立,沒有說要脫離清朝,後來到乾隆時候又有《欽定西藏章程》,設立金奔巴瓶制度,靈童轉世的確定,在西藏通行清朝貨幣等問題都處理得比較好。

　　我覺得清朝皇帝有一個很重要的特點,對藏傳佛教是一種尊重的態度,對達賴、班禪是尊重的態度。安定門外的黃寺是專門為達賴喇嘛修的,西黃寺是為班禪修的。你信教,我尊重你,這一項很重要,這不是幾個人的事,是整個藏民族的問題。後來乾隆帝跟班禪和達賴完全可用藏語談話。所以,

蒙古族的上層首領、藏族的上層首領，對康熙帝、乾隆帝可以說是心悅誠服。現在拉薩的布達拉宮還有壁畫，是順治皇帝接見達賴喇嘛的畫像，還供著「當今皇帝萬歲萬萬歲」的牌位。所以我想了一下，中國從秦始皇一直到清朝，兩千多年，民族問題解決得比較好的是清朝，清朝民族是多元一體的，是民族和諧的。到晚期，雖然西方殖民者入侵，但是還沒有鬧到要分家、要獨立的程度。當然，清朝的民族關係也有問題，特別是滿洲特權，最後還是亡在民族問題上。邊疆地區的兄弟民族其地位、其作用是特殊的、重要的，是屏障中原關盛衰的。

二、疆域問題的橫向思考

我算了一下清朝盛時的疆域，大約有一千四百萬平方公里，奠定了中華版圖。我在外地大學講到這個問題時，一個大學生站起來說：「閻老師，您說清朝奠定了中華版圖，我不同意。」他說：「我們中華人民共和國的版圖是中國人民解放軍打下來的。」我說你很可愛，我要問你：中國人民解放軍是從誰手裡打下來的版圖？他說是從國民黨政府那裡打下來的。我又問：那國民黨政府的版圖又是從誰手裡得來的？他說是從清朝拿下來的。我說，這就是歷史的連續性。

有人說漢武帝時候的版圖大。我說漢武帝和匈奴作戰，往西大體上到現在的甘肅西部，少數地方能到新疆哈密，那離天山南部還遠著呢，離天山西部伊犁河就更遠了。

還有人說明朝的版圖大。「文革」期間，我曾經到北京圖書館查過古地圖，查的是北京圖書館善本部輿圖組珍藏的古地圖。根據明朝的地圖，當時長城以外的蒙古地區，包括內蒙古和外蒙古，明朝是不能控制的。瓦剌部，也就是新疆這塊地方，明朝也不能有效地控制。朱元璋曾經派人去攻打過蒙古地區，東北打到貝爾池，也就是現在的呼倫貝爾的貝爾湖那兒。永樂年間往正北打，一直打到克魯倫河。但打完後守不住，也還是等於沒有控制。清朝則不同，清朝真正把現在的內蒙古、外蒙古以及漠西蒙古，全部劃入自己的版圖。這些地區每年都要朝貢，皇帝在每年的正月初一召見漢族官員，正月初二就要在保和殿擺宴招待各個民族首領、官員，包括蒙古王公貴族等。

往北看，現在的黑龍江入海口，俄羅斯稱之為薩哈林島，就是庫頁島，在清朝時是屬於中國的，當時的俄國還沒有到那裡。再往西一點是外興安嶺，當時外興安嶺以南，所有黑龍江流域的領地都歸清朝。康熙二十八年（1689年）中俄雙方簽訂《尼布楚條約》，確定了中俄東段邊界，額爾古納河、格爾必齊河以東到鄂霍次克海，所有黑龍江、烏蘇里江流域的土地都是屬於清朝的。再往西是貝加爾湖，貝加爾湖以東以南地域是清朝的。再往西，天山南北地區，包括天山以西，一直到巴爾喀什湖地區，都是清朝的。

往東南就是臺灣，清康熙二十二年（1683年）康熙帝統一臺灣，翌年中央政府決定在臺灣設一府三縣——臺灣府和臺灣縣、諸羅縣、鳳山縣，隸福建省，臺灣從此真正地劃入了清朝版圖。清光緒十一年（1885年）設臺灣巡撫，在臺灣正式建省。康熙年間纂修臺灣地方志書，康熙三十三年（1694年），高拱乾分巡臺灣時修纂了《臺灣府志》。康熙五十五年（1716年），知縣周鐘瑄開局編修《諸羅縣志》，越年成書。到康熙末年，臺灣、鳳山、諸羅三縣都修纂了地方志書。那時臺灣舉子到北京參加會試和殿試。

往南是曾母暗沙。去年我曾經到過馬六甲，從馬六甲看曾母暗沙，曾母暗沙貼近赤道，還在菲律賓往南一點。這樣我們看，北起外興安嶺、南到曾母暗沙，東到大海，西到薩雷闊勒嶺，大約一千四百萬平方公里的土地，都是屬於清朝的。

那麼，當時的世界是什麼樣子呢？我在江蘇演講時，有人就提問，說康熙的時候英國已經完成工業革命了，法國已經開始資產階級大革命了，美利堅合眾國也已經建立了，而清朝還是封建制。我說請問，你是學什麼的。他說是歷史系的。我問幾年級的？他說是研三的。我說在座的如果有不識字的提這個問題還可以理解，你歷史系研三的學生不應該提這個問題。英國工業革命、法國大革命、美利堅合眾國建立都是康熙的兒子雍正，雍正的兒子乾隆時候發生的。康熙那個時代英國沒有工業革命、法國沒有大革命、美國沒有建立、德意志沒有統一、俄國沒有農奴制改革、日本也沒有明治維新，當時世界上領土最廣大、軍力最強大、經濟最繁華、文化最昌盛的，就是康熙帝國。

橫向來看，當時資本主義世界還沒有一個國家興起。有人經常會提到彼得大帝，說彼得大帝和康熙同時代，經歷差不多，年齡差不多，但是彼得大帝那個時候已經走向工業化了。可是我要說，康熙王朝已經完成了一個過渡，由漁獵文明向農耕文明的過渡，如果他能再完成一個過渡——由農業文明向工業文明的過渡，那當然好了。但是這個問題當時並沒有擺到康熙帝的議事日程。那個時候，這個問題還不成為問題。

　　清朝後期喪權辱國，割地賠款，這是沉痛的歷史教訓；但是清朝前期的疆域，是應當肯定的。功是功，該肯定的肯定，吸取歷史經驗；過是過，該否定的否定，借鑑歷史教訓，這才是科學的歷史態度。

三、民族邊疆的當代思考

　　我學習這段歷史，一直有個想法。怎麼引起的呢？我到日本去，一個很深的感受就是，日本人強調大和民族。我有些日本朋友到中國來，到北京就住日本人開的飯店，請吃飯就吃日本料理。我不是籠統地排外，但是我深深地感覺到，日本人的大和民族精神有多麼的根深蒂固，又是多麼的鮮明強烈。日本不只是大和民族，也有華人、韓國人、美國人等等，但是最後都能融合成為一個大和民族。

　　在美國，美國人裡有白人、黑人，有英格蘭人、日耳曼人、法蘭西人等，但他們都以美國而自豪。在韓國，我也有同樣的感受。

　　這種民族精神值得我們思考。我們五十六個民族每個民族都有所長，都應該發揮各自的長處，都對中華歷史作出過貢獻，但是中華民族共同的民族精神更應該提倡、更應該發揚。

　　有一個美籍華人從紐約給我打電話，強調一定要把中華文化的共同性說一說。在國外的華人，不管在什麼地方都是中華兒女。在中國國內，不管是蒙古族、滿族，還是漢族等等，都是中國人，要體現出中華民族的共同性，都應該強調中華民族的精神。

以史為鑑

（本文原是應民族出版社禹賓熙社長之邀，以「康熙的民族與邊疆」為題，在該社學術講座上所做的報告，後經修改和補充，以本題目刊載於《中國民族報》）

正確傳承歷史：從戲說到正說

大家好。

現場各位有的是長官，有的是著名的編導，有的是著名的主持人，都是各方面的專家，所以我接到通知要跟大家交流的時候，心裡就覺得非常不安，主要是因為大家時間非常寶貴，怕浪費你們的時間，所以心裡不安。

今天講的題目，我跟咱們長官商量，就是「正確傳承歷史：從戲說到正說」。分三個小問題跟大家交流。

一、傳承歷史的三度思考

第一，傳承歷史的三度思考。

「百家講壇」這個欄目，觀眾的地域很廣，南到海南島，北到黑龍江，東到山東日照，西到新疆的伊犁。為什麼這麼多人看？好多人跟我說，中午看完之後，夜裡12點還要看。我覺得不是主講人個人的原因，而是出於這個欄目內容上的考慮非常周全。我說三度，第一度就是時間的考慮。清史到底多少年，按照中國通史算是二百六十八年，我接了好多來信，說你怎麼算的，我算的二百六十七，因為1911減1644是二百六十七，我說兩頭算就是二百六十八。這是一種算法。第二種算法是從皇太極崇德元年算，二百六十八加八是二百七十六年，就是從有清這個年號算到宣統最後一個年，是二百七十六年。那二百九十八年是怎麼回事？從清太祖努爾哈赤建元天命，建立後金或者說叫大金，就是萬曆四十四年（1616年）到宣統三年（1911年），是二百九十八年。講通史，講二百六十八年就可以了。講清史必須講二百九十六年，否則來龍去脈，那個「來龍」鬧不清楚，底下「去脈」的脈絡也鬧不清楚。現在修大清史，從什麼時候開始，從萬曆十一年（1583年）

努爾哈赤起兵說起。所以我在這裡附帶說一下，清朝歷史可以有三種算法，根據不同的場合、不同的需要，有不同的算法。

這二百九十六年的歷史都已經過去了，對這段歷史的評價，我說三段式，叫做正題、反題、合題。清朝人自己寫它的清朝歷史，當時作為正題了。民國，辛亥革命之後，驅除韃虜、推翻清朝就是一個反題。同一段史實，清朝歷史說平定江南，民國說什麼呢？說「揚州十日」、「嘉定三屠」，完全是反過來看。那到了1949年之後，中華人民共和國成立之後，應該是合題了。因為辛亥革命革清朝的命，新中國的政權跟清朝不存在直接利害衝突。但是正題、反題、合題，這段歷史的過程怎麼正確評價？清朝二百九十六年，它自己對自己有評價，但不可能是完全公正的評價。那麼清朝之後，從1905年孫中山在東京成立中國同盟會算起，到今年恰好一百年。這一百年對清朝歷史怎麼評價？我認為分四段，這一百年是四個二十五年。第一個二十五年，就是「驅除韃虜、恢復中華」。咱們有一個高層的長官是滿族人，已經故去了，他生前親口跟我說：「驅除韃虜、恢復中華」，把我們滿族人驅除到什麼地方？趕出中國？就是到了1990年代了，這個口號還有一種民族的情感。因為「驅除韃虜、恢復中華」，這個口號有正面作用，就是推翻清朝帝制，但是也有民族的局限，所以20世紀第一個二十五年，不可能對清朝歷史有正確評價。

第二個二十五年，這個時期還是不行。這個時期，滿族人還是受到別樣的對待，包括溥傑先生，溥傑先生親口跟我說過，同樣一個職務，說我是漢族就可以吸收你工作，說我是滿族對方就會說我們這兒不需要人。所以很多滿族人把民族成分改成漢族，這是第二個二十五年。

第三個二十五年，就是1949年之後的這個二十五年。這個二十五年對清朝歷史、清朝皇帝、清朝宮廷，應該有一個客觀評價了。但是，不。這個時期，中國史學界最熱門的問題叫做「五朵金花」——第一朵，漢民族形成問題；第二朵，奴隸制與封建制分期問題（滿族歷史還有這個問題嗎？有，討論關外，女真時期、努爾哈赤時期奴隸制與封建制怎麼分期）；第三朵，封建土地所有制問題（滿族的土地所有制是怎麼回事？）；第四朵，資本主義萌芽問題；第五朵，農民戰爭問題。20世紀第三個二十五年，中國史學界

的焦點問題就是這「五朵金花」。對康熙、雍正、乾隆的評價不可能有一個公正的評價，因為帝王將相、才子佳人都在批判、掃蕩之列。大家可以去翻一翻看，那個時候沒有一篇比較公正的評價康熙、雍正和乾隆的文章。

到「文革」快結束的時候，我寫過一篇論文叫《論努爾哈赤》。為了這個事情，我查論文的索引，從1900年以來到1975年，所有發表清朝的論文，沒有一篇論努爾哈赤的。我當時也很驚訝，後來一想也不奇怪。20世紀，第一個二十五年、第二個二十五年他們批判努爾哈赤，第三個二十五年對帝王將相還是批判，所以直到第四個二十五年才考慮這個問題。

第四個二十五年，就是1976年之後這二十五年。粉碎「四人幫」之後，撥亂反正，改革開放。但是這個時候又出現了一個新的文化現象，就是從海外刮了一股「戲說」的風，清朝的皇帝、清朝的宮廷、清朝的人物，紛紛戲說，鋪天蓋地。

第一度是時間的考慮。現在我們回頭看，從九十歲上下的老人，到八九歲的小學生，說我們對清史瞭解，就是看電視劇的知識。因此，不可能客觀公平地評價清朝的歷史。四代人，從南方到北方，其實都是挺關心清史到底是怎麼回事，這樣就出現了一股清史的熱。

第二度是空間的考慮。因為清朝曾經統治中國二百六十八年。這個地域南起曾母暗沙——這個曾母暗沙，現在菲律賓也好，越南也好，馬來西亞也好都在那爭——清朝不存在這個問題。我小時候學歷史、學地理，朝鮮國王、越南國王都是中國冊封的。所以清朝不存在南海的爭議問題。琉球更不要說，琉球派留學生來學習，釣魚臺更不在話下。北到外興安嶺，就是現在俄羅斯的西伯利亞，有幾個地方我去過，當時就是清朝的，俄國也承認，東起鄂霍次克海，西到薩雷闊勒嶺（伊犁河那個地方我去過）。清朝時哈薩克向清朝朝貢。北面就到貝加爾湖，清朝的實際統治力量到貝加爾湖。總面積達一千四百萬平方公里。

第三度是人文考慮。在這裡主要是民族關係。中國現有五十六個民族，清朝雖沒有這麼區分，卻是多民族的。清朝是皇朝，我看現在有些清宮視劇或者其他地方也提到「王子」。康熙是帝，他的兒子是王，王的兒子才是王子，

所以雍正（胤禛）不是王子，而是皇子，大阿哥、二阿哥都不是王子，是皇子。康熙的孫子其父封王的才是王子。這是個概念的不確切。

　　很多的民族問題，在清朝之前沒有完全解決。大家知道蒙古族，再早就是匈奴，一直是中原王朝北部的難題。秦始皇修萬里長城不就是為了防匈奴嗎，匈奴、蒙古問題在清朝之前沒有解決。明朝為什麼把都城從南京遷到北京，原因很多，其中之一，就是「天子守國門」，永樂皇帝在北京守著國門，擋著蒙古人南進。蒙古人幾次打到北京，大家都很熟悉了。正統十四年（1449年），蒙古瓦剌打到北京，明英宗做了俘虜。明朝不是叫做「俘虜」，而稱「西巡」，就是皇上到西面去巡狩去了，實際上做了俘虜。嘉靖的時候，又一次蒙古人打到北京，朝廷修了南城，咱們北京的南城，不就是為了防蒙古嘛！蒙古騎兵打來之後，南城的漢人都在城牆裡頭圍著，城外、郊區的一些農民、手工業者也到城裡，保護起來。到了清朝，這個問題解決了，蒙古的問題解決了，解決的途徑很多。第一個就是通婚，清朝通婚跟漢朝不一樣，跟昭君出塞不一樣，跟唐朝的文成公主也不一樣。是我的女兒嫁給你，你的女兒娶過來，咱們是兒女親家，平等的，我的兒子是你的外甥，你的兒子是王、親王則是我的外甥，再加上重教（重視喇嘛教）、賞賜等一些其他的措施，把蒙古問題解決了。維吾爾問題，就是新疆的維吾爾問題也解決了。先設伊犁將軍，實行軍府制，後設新疆省，清政府任命官員、駐紮軍隊、徵收賦稅、統一貨幣，實行全面管轄。當然在統一的過程中也死了不少人，這個也不要隱諱。而西南的民族問題，施行「改土歸流」很重要，原來有少數民族實行土司制，土官改成流官，由皇帝親派，對皇帝負責。東南臺灣問題，就是高山族問題，也解決了。所以我說從時間、空間和民族三個角度來考慮清朝這段歷史，給予正確、公正的評價。

二、祕史與正史的關係

　　第二，我想說祕史與正史的關係。歷史不是要傳承嗎，戲說和正說現在說得比較多了，大家基本上有了一個共識，就是戲說不是歷史，戲說是故事、是小說、是電影、是電視劇，它們是文藝作品而不是歷史著作。現在又出來一個「祕史」。祕史和正史是什麼關係？祕史是不是歷史？現在電視上演了

不少的祕史,《太祖祕史》、《孝莊祕史》等等,我這個人有很大的缺點就不看電視劇,偶爾看一看,基本上不看。所以這幾個祕史電視劇我都沒看。但是有人問這方面的問題,有一個讀者就來一封信——不,應該叫做觀眾,電視劇叫觀眾——來一封信問我,說電視臺正在熱播《太祖祕史》,說的是清太祖努爾哈赤建立大金國所發生的故事。這位觀眾就問,努爾哈赤跟他弟弟舒爾哈齊的關係,努爾哈赤跟幾個女人的關係,哪些是真的,哪些是假的;哪些可信,哪些不可信。他認為都是歷史,如何如何。這是一個中學生的提問,讓我給回答。中學生把《太祖祕史》當做是歷史來看的。《太祖祕史》我沒看,我也不評價,但是我想我們一塊交流一下,「祕史」跟正史的關係。

以《太祖祕史》來說,這有兩層意思:一是「太祖」,很明確,就是清太祖努爾哈赤;二是「祕史」。「祕史」二字怎麼解釋?先說「史」字,這個「史」字是有解釋的,不能亂用的,大家都很熟悉,許慎的《說文解字》裡對歷史的「史」字有一個解釋,「史」上面是一個中國的「中」,底下是一個「又」。他解釋說「中」是什麼意思?中就是正,不能偏;「又」是什麼意思?就是手,手拿著筆,在那記言記事。記言記事有一個原則,就是要中,中正的「中」,這是史。所以史的特點,第一是要中,第二是要正。就是要求實,要公正,要真實,要客觀。這是史。那「祕」字怎麼解釋?這個祕密的「祕」,祕史的「祕」,漢朝以前好像沒有這個字。許慎《說文解字》釋「祕」,左偏旁一個「示」,右邊是一個必須的「必」,後來就演化成左偏旁為「禾」,右邊是一個「必」。「祕」與「秘」這兩個字,意思是一樣的。祕史的「祕」,這個左邊原是一個「示」,本來是神的意思,神祕,神聖,後來又演化成祕密。祕史這個「祕」,還是帶有點私祕的意思,但是不表明這個事是假的、虛構的,沒有這個意思。就是說歷史,有一部分是公開的,有一部分是隱祕的,特別是宮廷的祕史它不便於公開。但是這一部分是歷史還是虛構?是歷史。大家知不知道有個《蒙古祕史》,也叫《元朝祕史》,它是用「祕」字,但是這個「史」是歷史,它怎麼叫歷史呢?因為原來的歷史它是不公開的,朝廷記載下來之後往下傳,後來才公開發表了,所以開始帶有隱祕的意思。大家都知道清朝皇帝的「實錄」,原來是祕密的,不公開的,一直到民國初年,清朝推翻了,人們還看不到「實錄」。到1950年代,

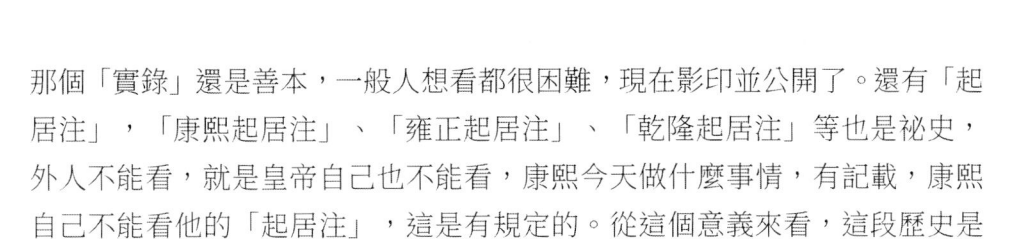

那個「實錄」還是善本，一般人想看都很困難，現在影印並公開了。還有「起居注」，「康熙起居注」、「雍正起居注」、「乾隆起居注」等也是祕史，外人不能看，就是皇帝自己也不能看，康熙今天做什麼事情，有記載，康熙自己不能看他的「起居注」，這是有規定的。從這個意義來看，這段歷史是祕史。

我們再看看現代人理解的祕史。比如說《太祖祕史》，講了一個皇帝和五個女人的故事。這個皇帝明確的就是清太祖努爾哈赤，這是歷史上的真人了。

努爾哈赤一共有十六個妻子，這是有記載的——沒記載的鬧不清楚。《清史稿·后妃傳》記載是十四個，滿文檔案裡還有兩個，加一塊就是十六個。

第一個女人是佟佳氏。這個佟佳氏，是真有其人。是努爾哈赤長子褚英、次子代善和女兒東果格格三個人的母親。努爾哈赤認識佟佳氏是不是在佟家的莊園？那個時候沒有莊園，也沒有佟氏莊園。那怎麼認識的？努爾哈赤十歲時母親就死了，死了以後有記載說父母對他不好，父親老是聽他後媽的話，這樣他到十九歲就分家，娶了佟佳氏。佟佳氏過門的時候努爾哈赤是比較窮的，他自己還去到馬市趕集，去進行貿易。佟佳氏給他生了兩兒一女。佟佳氏哪年生的沒有記載，哪年死的也沒有記載，現在推斷她生了第二個兒子代善不久就死了。

這個時候有五大臣，就是努爾哈赤的五個哥兒們，他們是怎麼認識的呢？是不是在佟佳氏的莊園認識的？不是的。

第一個大臣叫額亦都。這個額亦都，世居長白山，他的父親和母親被仇人給殺了，他躲到一個地方，所以沒被殺。額亦都十三歲的時候把那個仇人殺了，替他父母報仇，然後就離開當地，跑到他姑姑那兒。他比努爾哈赤小四歲。努爾哈赤這時候已經起兵了，額亦都覺得努爾哈赤這個人很有作為，就要跟著努爾哈赤。他姑姑不讓，他就死活跟著，努爾哈赤走哪兒他跟哪兒，一塊打仗，後來成為開國五大臣之一。這個人非常勇敢，身上中箭鏃、中刀傷的疤痕，前胸、後背數不清。攻城的時候，爬雲梯，他帶頭先上，剛要上到牆頂的時候，對方一箭，射到屁股這個地方，射穿了身體，箭頭扎在城牆

的縫裡，他上不去又下不來，於是自己拿著佩刀，把這個箭桿砍斷了，殘留箭桿還穿在股上，這麼爬著上了城，底下官兵跟著上，把這個城攻占了。回來以後，才想辦法把這個箭桿取出來，就這麼勇敢。

第二個大臣叫費英東，也不是在佟家莊園認識的。費英東家住蘇完地方，他父親為蘇完部長，帶著五百戶投靠了努爾哈赤，這個時候努爾哈赤已經起兵了。這年費英東二十五歲，就封了他一個官。費英東也非常勇敢，有勇有謀，後來成為開國五大臣之一。

第三個大臣叫何和禮，也不是在佟家莊園認識的。何和禮這個部落在什麼地方呢？在今遼寧懷仁的五女山地帶，離建州很遠。何和禮和努爾哈赤同歲，努爾哈赤起兵之後要到哈達娶哈達的格格，何和禮就帶著三十個騎兵跟著他，覺得努爾哈赤這個人將來能成大事，就投靠他。努爾哈赤把大女兒，就是佟佳氏生的女兒東果格格嫁給了何和禮，東果格格活的歲數很大，活了七十五歲，這在公主裡算很高的了。

第四個大臣叫安費揚古，也不是在佟家莊園認識的。隨他的父親完布祿投靠努爾哈赤的。

第五個大臣叫扈爾漢，扈爾漢和努爾哈赤不是哥兒們——扈爾漢比努爾哈赤小二十八歲，兒子輩的，努爾哈赤收其為養子，不能論哥兒們了。所以五個開國大臣沒有一個是在佟家莊園認識的，都是後來在事業發展當中，逐漸形成的五個大臣、領導核心。

再說這五個女人，其中一個就是葉赫那拉氏。這個葉赫那拉氏是確有其人，但情況完全不是電視《太祖祕史》裡說的那樣。她出身葉赫部落。這個葉赫部落大家都很關心，因為牽扯到慈禧的事。葉赫部落在什麼地方？在現在的吉林省四平市梨樹縣葉赫鄉。女真多山城，主要是在山上建城。葉赫貝勒哥兒兩個，一個住東山城，一個住西山城，兩個城相距四華里。東城這個貝勒叫楊佳努，努爾哈赤落難的時候歷史有明確記載是到了葉赫部。葉赫部貝勒楊佳努看這個青年將來會有出息，所以要把幼女嫁給努爾哈赤。努爾哈赤說既然要嫁女給我，就把長女嫁給我，我好結婚。楊佳努說不行，因為我這個幼女既聰慧，又漂亮，只有她才配你。說多大了？八歲。那怎麼辦？等

她長大了以後再舉行結婚儀式。不久葉赫這兩個貝勒都被明朝遼東總兵李成梁殺了。這兩個貝勒怎麼被殺的呢，就是用貿易。開原的貿易，貿易場地有圍牆給圍起來，兩貝勒到這兒貿易，進來之後對方說你不能帶很多人，只許帶三十個人。兩貝勒帶三十個人進去了，裡面設了埋伏，把他們倆給殺了。殺了以後，又派軍隊打葉赫這兩個城。楊佳努死了之後，兒子納林布祿當貝勒。納林布祿本來不願意把他的妹妹嫁出去，但是因為他父親講好了，就把妹妹送到努爾哈赤的部裡去。他妹妹葉赫那拉氏結婚的時候——十四歲，虛歲，後來生了個兒子就是皇太極。但是她的命不好，二十幾歲就死了，死之前她只有一個要求，要見她媽媽，努爾哈赤說行啊，滿足她吧，就派人到葉赫部聯繫，葉赫部說不行，不能見！為什麼不能見呢？因為努爾哈赤曾經和葉赫打過一仗，叫古勒山之戰，葉赫部這時候，兩個貝勒一個是納林布祿，一個是布齋。布齋是九部聯軍頭頭，率著三萬軍隊打努爾哈赤。努爾哈赤也很巧妙，敵強我弱，就使計，把樹砍了，留樹樁子，派額亦都去挑戰，帶六十人挑戰，一打就退，裝敗，布齋是有勇無謀，認為對方真敗了，打馬就追，馬碰到樹樁上絆倒了，他從馬上摔下來，建州兵回過頭就把布齋殺了。納林布祿，就是皇太極的大舅，一看他哥哥死了，撲通也從馬上落下來，葉赫這一仗完全失敗了。歷史記載努爾哈赤恨葉赫，下令把葉赫貝勒布齋的屍體用刀劈成兩半，一半由葉赫拉回去，另一半留在建州，不許拉回去，葉赫與努爾哈赤結下不共戴天之仇。所以葉赫那拉氏得病要死，請求娘家母親來看一眼，葉赫貝勒納林布祿說不行，兩家是仇人，到底沒有見，皇太極的母親是含恨而死的，這是真實的葉赫那拉氏。

還有一個葉赫那拉氏也許配給努爾哈赤了，就是葉赫老女，她是皇太極母親的侄女，葉赫貝勒布揚古的妹妹，就是布齋的女兒，比皇太極母親晚一輩。這個人許給努爾哈赤的時候是十二歲，那個時候貝勒之間的婚姻基本上是政治婚姻，許給你但我又不嫁，牽制著你，你要打我，咱們有一個姻親關係；不打我，又不嫁給你——就老是這麼牽制著你，牽制了二十年。為什麼叫老女，這時候她已經老了，三十三歲了。現在三十三歲不出嫁不算事，當時可不得了。布揚古貝勒，就拿著他這個妹妹當政治籌碼，許給努爾哈赤而不嫁，又答應給哈達貝勒布占泰，要求布占泰站在他一邊，反對努爾哈赤，布占泰

說行。努爾哈赤把哈達滅了，她哥哥又把她嫁給烏拉貝勒。烏拉部在今吉林省吉林市烏拉街，現在還有古城的遺址。努爾哈赤又把烏拉部給滅了。

葉赫老女已經牽連三個部了。輝發部貝勒又想娶她，結果努爾哈赤把輝發部也滅了。滅了三個部了，就為了這一個女人。蒙古部一個貝勒介賽想娶她，她哥哥又同意了。老女不幹了，死活不嫁，說「你一定要我嫁，我就自殺！」她哥也沒強迫她，這是第四個部。蒙古還有一個部的貝勒莽古爾岱也要娶她，這個時候離老女許給努爾哈赤已過了二十一年了，老女已經三十三歲了。這時候努爾哈赤手下的所有貝勒都不幹了，說這個老女已經是三個部都要娶她，現在蒙古有兩個部也要娶她，一共五個部落，除了努爾哈赤之外，許給五個男人了。他們說要發兵，把她搶過來！努爾哈赤說不行，為一個女人發動戰爭不好。過了一段時間，葉赫老女真的要嫁。這些貝勒又說，咱們在他們成親的路上搶親，把她搶回來！當時努爾哈赤有這個實力，完全可以搶回來，派一兩千軍隊不就可以搶回來了嗎？但是，努爾哈赤說不行，說為了這個女人不能發動戰爭！那些貝勒劍拔弩張，非常氣憤。努爾哈赤說：「這個女人是許給我的呀，我都沒生氣，你們生什麼氣？」別人沒辦法了。最後，葉赫老女就嫁給了蒙古的莽古爾岱。第二年，葉赫老女就死了。她三十三歲出嫁，三十四歲便死了。這是一場愛情悲劇。這是努爾哈赤第三個女人的故事。

第四個是烏拉貝勒布占泰的侄女。烏拉是一個很大的部，烏拉貝勒名字叫滿泰，滿泰也荒唐，當了貝勒，他和他兒子晚上到民間去，姦淫民女，那家女人丈夫發現後，夜裡把他們父子殺了。烏拉就沒貝勒了。此前布占泰帶兵被努爾哈赤俘虜了，被俘之後態度比較好，努爾哈赤沒有殺他。正好烏拉缺一個貝勒，就扶植他當烏拉部的貝勒。努爾哈赤把一個女兒，還有他弟弟舒爾哈齊的女兒，都嫁給布占泰，布占泰為了報答努爾哈赤，就把他哥哥的女兒，就是他侄女嫁給努爾哈赤，她就是阿巴亥，多爾袞的母親。阿巴亥嫁給努爾哈赤的時候是十二歲（虛歲）。

阿巴亥嫁過來之後，努爾哈赤對她比較好，因為他們倆相差三十七歲。阿巴亥給努爾哈赤生了三個兒子，分別是阿濟格、多爾袞和多鐸，沒生女兒。

滿族的習慣是重視小孩子，跟漢族不一樣，漢族更多重視嫡長子。努爾哈赤到天命初的時候是八個旗，他自己占兩個黃旗，阿巴亥生了三個兒子，而努爾哈赤喜歡小兒子，所以把兩個白旗給了多爾袞和多鐸。努爾哈赤死的時候，這個皇位給誰？努爾哈赤的意思是想給多爾袞，他是有這個意思，朝鮮人做了記載。但是多爾袞還小，十五歲，所以在皇權皇位繼承的問題上，八大貝勒討論的時候，贊成給皇太極，所以最後就給了皇太極。因為多爾袞他兄弟占兩個旗，還有他們的母親阿巴亥才三十七歲呢，皇太極感到威脅就讓她殉葬，這個事情《清史》沒有記載，《清實錄》也沒有記載，滿文檔案裡有記載，阿巴亥真的殉葬了。皇太極說當年父親有遺囑讓妳殉葬——這個到現在查不到，沒有文字的——反正是殉葬，殺了。留下了多爾袞和弟弟多鐸，兩人小啊，一個十五，一個十三，還得依靠皇太極。以上說的是第四個女人阿巴亥的情況。

還有一個女人沒說，就是富察氏。努爾哈赤第一個娶的是佟佳氏，第二個娶的就是富察氏，富察氏歷史上也有記載。大概努爾哈赤非政治婚姻的，第一個就是佟佳氏，因為那時候他還小，第二個就是富察氏。富察氏先是和努爾哈赤的堂兄結婚了，生了三個男孩子，爾後堂兄作戰死了，富察氏守寡，努爾哈赤就把她給娶過來，她和努爾哈赤又生了兩個兒子，一個女兒，分別是莽古爾泰、德格類和女兒莽古濟，這個女人跟努爾哈赤關係比較好，歷史對她有記載。但她後來死得很慘，是被自己親生兒子莽古爾泰給殺了。因為她犯了罪，得罪了努爾哈赤，所以莽古爾泰就把他親媽給殺了，殺了之後他就得到了父親政治上的信任，管一個藍旗。

努爾哈赤還有個小福晉德因澤。德因澤和皇太極同謀，她向努爾哈赤告密，那時候宮廷裡也興告密，她說大貝勒代善和大妃兩個之間有私情。證據：第一，就是大妃送好吃的給代善，代善接受而且吃了；送給皇太極，皇太極接受了沒吃。第二個，貝勒開會的時候，大妃是穿金戴銀，打扮一番。這兩個「證據」其實經不起推敲，大貝勒的庶母送點吃的給他，他吃了，不能說明他們之間有曖昧關係，送給皇太極，皇太極沒吃，妳這個小福晉在後宮裡，妳怎麼會知道？正式場合大妃打扮一番，也不能說明她與大貝勒之間有曖昧關係啊。但在這種情況下，努爾哈赤就把大妃廢了。「大妃」現在有爭論，

一種說法是富察氏，一種說法阿巴亥，各有各的證據，到現在仍是一個歷史疑案。

我再補充一下，德因澤告密有功，得到一個特殊待遇，就是吃飯的時候和努爾哈赤同桌吃飯。一塊吃飯是一種政治待遇，努爾哈赤死的時候還讓德因澤跟著殉葬。德因澤得到的利益就是和努爾哈赤一塊吃飯，付出的代價則是殉葬了。

由上我們可以看出來，這個祕史，我個人認為也是史，只不過是宮廷的、私祕的，有些是不便於公開的事情，但也是史。既然是史，要公正、要客觀、要真實，要有據，張三的安在李四上，李四的安在張三上，這事就值得討論了。

努爾哈赤的十六個后妃歷史都有記載。娘家是什麼地方，誰生了哪個孩子，都是有明確記載的。如果把張三安在李四上，李四安在張三上，有故事性，也很好看，但那就是編故事，不是正史，也不是祕史，因為我剛才說這個「祕」字是有解釋的，「史」字也是有解釋的，我說要把正史和祕史弄清楚，把正說和戲說弄清楚，不能把正說看成戲說，也不能把祕史不當做正史。既然是祕史，百分之八十也好，百分之幾十也好，應當是正確的，那就是史。歷史不能夠亂編，亂編不是史，而是藝術作品，是故事。

我再補一件事情，也是祕史跟正史關係。

一件是康熙的事，也是打著祕史的說法。說的是康熙和蘇麻喇姑的關係，也是一部電視劇裡的。蘇麻喇姑歷史上真有其人。蘇麻喇姑是個什麼人呢？是順治的母親莊妃嫁給皇太極時候的一個陪嫁丫鬟。莊妃結婚的時候是十二歲多一點，十三歲。那這個丫鬟多大，不能太大，丫鬟不能十七八歲，因為十七八歲的話，這事就容易出麻煩，她整天在宮裡來回走動，皇太極若喜歡她了，這事反倒麻煩，所以不能比格格大五六歲，但也不能太小，太小就沒法照顧格格，我想年齡應該和莊妃大體差不多，小一兩歲或者大一兩歲。你要這麼算的話，莊妃二十七歲才生的順治，到順治死的時候，順治十八年（1661 年）就四十五年了。到康熙，再加上八年，就五十三歲了，就是說到康熙八年（1669 年）的時候，蘇麻喇姑就應該五十多歲了。康熙第一個孩子

出生的時候，康熙大概是十二歲。康熙十二歲，蘇麻喇姑五十多歲，兩個還愛得死去活來，這個不大可能吧。另外蘇麻喇姑還是康熙的老師，他的蒙語就是蘇麻喇姑教的，所以說蘇麻對康熙是奶奶輩的，兩人不可能產生戀情，更不可能愛得死去活來。康熙後宮裡頭，十五六歲的女孩子有多少呢？有人做過統計，分皇后、皇貴妃、貴妃、妃、嬪、貴人、美人、常在、答應，還有學生這一級別的，同時記載的，大概是有二百四十二個人，他又何必和一個五十多歲老太太愛得死去活來的呢，不大可能。可以肯定地說，《康熙起居注》也好，《康熙實錄》也好，康熙的滿文檔案也好，沒有任何這件事的記載。

再一件事情是康熙微服私訪的事，很多人問。我可以在這兒說，根據當年的記載——每天都有實錄文獻記載——康熙的的確確從來沒有微服私訪過。為什麼？

第一，康熙沒有微服私訪的意識。微服私訪是我們現代人的觀念，康熙是真龍天子——真龍天子出世的時候，他媽媽裙子的旁邊還有紅光環繞著，我跟你們老百姓不一樣，我是天子——上天的兒子，我幹嘛混到你們老百姓家去私訪。他沒有這個意識。所以微服私訪完全是一種現代人的意識，不是當時帝王的認識。不要說康熙這樣一代君主，就是溥儀——大家看過溥儀《我的前半生》吧，後來當了戰犯了，在戰犯管理所裡頭還擺譜呢，還擺皇帝的譜呢——你就不要說康熙是盛世的君主。所以我說第一，康熙沒有微服私訪的意識。

第二康熙沒有微服私訪的必要。微服私訪目的不就是瞭解真實情況嗎？康熙這樣下去的話——假如說下去——未必能夠得到真實情況。康熙去看義倉糧食有還是沒有，主事官員可以把別的倉糧挪來給補滿，康熙看了有，他走了以後，官員再把糧食搬走，他們可以作假。康熙的時候有嚴格的密摺制度。密摺寫好之後有一個匣封起來，派人直接送到康熙的御前，中間沒有任何環節，只有康熙可以打開看看說的是什麼。哪個官貪，哪個官廉，用不著我親自下去看，那個密摺已經上來了。順天府一個府尹揭發順天府鄉試主考官和副主考官作弊，這不得了，主考官、副考官職很高的，就是尚書一級的，

他得查。朝廷去查，查完了之後說是誣告，沒有這回事。府尹就又上了奏摺，說他如果是誣告，可以把他的頭劈開，半懸國門。朝廷會議討論，說這個順天府尹是對皇帝大不敬，應該殺頭。康熙怎麼處理的？康熙肯定是事先透過密摺制度已經瞭解清楚了，有科考作弊。康熙最後做出處理是，主考官和副主考官你們都退休回家養老，揭發的人官照做。他就是透過密摺制度瞭解下面很多真實情況。這是一個例子，所以他不需要親自下去私訪。

我再舉一個例子。譬如說，修黃河，有兩種意見，靳輔的意見就是河床要疏導，要適當的加高，周圍村莊的淤地可以賣了，賣的錢用作治河。有一個叫于成龍的不同意，兩個人的意見相左。康熙怎麼辦？御前辯論，朝廷會議，他坐在中間，正方、反方你們倆互相爭論，雙方爭論非常激烈，康熙就坐著聽，聽完之後不做結論，讓在北京的大臣，凡是老家沿著黃河邊的，每一個人寫一個意見，收上來。康熙看了，還是不一致。再討論，派人下去調查再討論，討論完了以後，康熙最後做一個決定，支持于成龍的意見。過了幾年之後，康熙親自下去視察。問于成龍，說你修得很好，怎麼治的？于成龍奏道：臣到現場實際做的時候，我發現我的意見是錯的，我實際用了靳輔的意見，我現在請罪。康熙說你也不要請罪了，只把原來錯誤處理的人給官職恢復了，他是這麼來處理的。他那個考察不是微服私訪，是正式下去考察。所以，我說第二沒有這種必要。

第三，沒有微服私訪的可能。皇帝出去必須有驛站，就是沒有驛站，總得有保鏢，領侍衛內大臣、宮廷侍衛、一等侍衛、二等侍衛、三等侍衛，都要跟著，便服化裝也要跟著。大家想想看，領侍衛內大臣多大的官呢？清朝八旗制度有上三旗和下五旗，上三旗就是兩黃加正白，這三個旗子各出兩位領侍衛內大臣，負責皇帝身邊總的警衛，官一品，這六個人輪班。領侍衛內大臣得跟著皇帝去，一等侍衛、二等侍衛、三等侍衛等等都要跟著，小侍衛就不要說了，為了皇帝安全。這些人從北京來的，膚色、服飾、語音、神態、舉手投足到了農村去肯定是不一樣的，到了地方小店肯定看出來了，就是一品大臣下去穿著便服也不一樣，那不就認出來了嗎？所以微服私訪不可能，是民間一種想像，一種期盼。當作故事講可以，很有意思。要說這些是歷史

則是不可以的，歷史沒有這些事。這就是第二個問題，正說和戲說，祕史和正史的關係。

三、歷史傳承文化責任的問題

有時候我就想，歷史學工作者，我們的任務是什麼呢？就是四個字——傳承歷史。那麼影視劇也好，或者小說也好，把戲說的東西用祕史的名義做正史，這樣我們中華民族歷史怎麼傳承？歷史如果不傳承，我們在座的，大家怎麼會知道秦皇漢武，怎麼會知道唐宗宋祖？必須要有歷史傳承，要一代一代傳承，而正確傳承是誰的責任？僅僅是歷史工作者的責任嗎？

原來我一直認為，歷史工作者有一個責任：傳承歷史。最近我覺得不夠，我認為所有的文化工作者都有一個責任和義務來正確傳承歷史。特別是媒體，再進一步說，我說每一個公民都有責任，也有義務正確地傳承歷史，歷史不能歪曲。是戲說，就是戲說，不是歷史，我是編的故事，是一種娛樂，是一種娛樂文化。但是你別打出一個旗子，說我這是正史。史就是史，戲就是戲，正說是正說，戲說是戲說。祕史一定是史，只要掛上祕史就算史，要不你別叫祕史。

有一次北京市管文化方面的一位長官向我提了一個問題：為什麼清朝戲說多？我說當代史不能戲說，民國史也不行，民國那些大員，有的他兒子、孫子在，有的他同學在，有的他親戚朋友在，你跟人家戲說行嗎？他喜歡誰，不喜歡誰，跟誰私通，跟誰亂倫，如果完全亂編成故事，非常好看，肯定有觀眾，但是行嗎？清朝的歷史或者我們整個中華民族的歷史，我覺得我們每一個中國人都有責任也有義務正確傳承。編可以，《紅樓夢》裡賈寶玉、林黛玉就是編的，《西遊記》裡豬八戒、孫悟空，編的，創造一個或一群藝術形象，也可以。但努爾哈赤是真人，皇太極是真人，康熙是真人，雍正是真人，乾隆是真人，他們的子女、后妃，特別是子女，《玉牒》裡面記得清清楚楚。那是非常嚴肅的，工工整整地抄在上面，誰是誰的女兒，哪年娶的，家庭情況，生的幾兒幾女，什麼時候生的，都有詳細記載，你怎麼可以亂安呢？我覺得是不可以的。有一位老先生，很沉重地專門打電話跟我說，他說某某人

以史為鑑

這麼歪曲歷史是千古罪人,歷史怎麼可以這麼篡改,這麼歪曲,這麼胡編,這麼瞎鬧呢?歷史不是某一個人的,我們中國人每一個人都有義務正確傳承。

我查了一下,「一個皇帝和五個女人的故事」,與歷史上的記載基本都對不上,少數名字對,事情全不對。我們也不是說批評誰,不是這個意思,我是說我們大家有一個共同的義務,都要盡這個義務。如果這麼亂編,這麼亂傳,都說我這是正史,小學生就有很多的困惑,問哪個是真的,哪個是假的,而你又解釋不了那麼多。所以我們史學工作者、文化工作者、傳媒工作者、文藝工作者,大家都有一個共同任務,正確傳承歷史。

問答環節

大家可能有一些問題,接下來,我也想留出一點時間與大家一塊交流。為了給大家準備的時間,我先把已經提的問題簡單回答一下。

我認為清朝所有制度裡面最重要的就是八旗制度。前世沒有,後世也無。開始的時候,努爾哈赤騎兵就三十多人,沒有一個制度。哥們幾個起來一指揮就行了,後來人多了怎麼辦?要解決這個問題,他沒有用中原王朝按軍隊的編制、按照府州縣的編制,沒有用這個。大家有機會去赫圖阿拉看一下,當時的情況完全不是像電視劇說得那樣,努爾哈赤寫毛筆字,我說他根本不識漢字,那時候滿文也沒有,他毛筆肯定也不會拿,線裝書根本也看不懂,電視劇裡擺那麼多線裝書,絕對不可能。還有奏摺,最早出現是順治末年,還沒有形成制度,現在保存的奏摺最早的是康熙的時候,正式形成比較完善制度還是雍正的時候。努爾哈赤穿得也沒有那麼講究,當時他穿什麼?他是擄掠到什麼穿什麼,擄掠到戲裝就穿戲裝。吃飯不是這麼擺桌,努爾哈赤和貝勒之間吃飯坐在地上,沒有桌子,後來努爾哈赤成事了,才有桌子,弄幾個椅子,大家坐著吃飯。那時宮殿也沒有,城牆是木柵圍的,所以叫柵城,城門怎麼關?朝鮮記載,用將軍木橫著,就是門閂閂著,沒有鎖。那個城門的崗樓是什麼呢?就是樹棍架起來,上面一個草棚,值班用的。努爾哈赤都城的房子是平房、草房,不是瓦房,最講究一個殿是用灰瓦蓋的,努爾哈赤自己住的也是草房。努爾哈赤沒有上過學,電視劇裡他卻又能看《三國演義》,又能看《水滸傳》,那完全是戲說了。整個《清太祖實錄》,從來

沒有提過一次努爾哈赤說過《三國演義》、《水滸傳》的事。皇太極好一點，努爾哈赤請一個師傅教他，教他漢文的師傅是浙江紹興人龔正陸，被擄掠到了遼東，做買賣的，大概粗通文化，起草的文件送到朝鮮去，文法不通，湊合能說明白。滿族的民族英雄就這麼起家的，禮法就更說不上了。努爾哈赤底下的大臣犯罪怎麼辦呢？當時沒有監獄，就平地畫一個圈，說在這兒禁你們三天三夜，就在這個圈裡坐著，還有一個大臣犯了罪，家屬女的被罰在這兒坐著，周圍派幾個女的轉著圈走，往那兒吐唾沫，表示對他的羞辱，轉三圈走三圈，這是當時不成文的法律。後來入關了，制度才逐漸逐漸完善了。

八旗就是在這麼一個基礎上建立的。沒有吃的怎麼辦呢？他們打獵，滿洲人狩獵的時候要圍獵野獸，從四面八方圍起來，然後射這個野獸。一般是十個人一個小組，一個人一個箭，組長的箭大一點兒，叫大箭。大箭滿語叫牛錄；組長，滿語叫額真，牛錄額真就是大箭的組長。後來兵多了，就三十個人，再後來兵多了到三百人，一個牛錄三百人，後來又多了，五個牛錄，就一甲喇，後來人口多了，五個甲喇，就成一個旗，人數一樣，有多有少，一個旗後來又多了，變成兩個旗。努爾哈赤跟弟弟各一個旗，後來兩個旗變成四個旗，努爾哈赤和他弟弟各兩個，他弟弟死了後，他侄子一個，他大兒子一個，二兒子一個，四個人一個人管一個旗，兵多了，再分，最後變成八個旗。旗的顏色、形狀，開始也是亂糟糟的，也不統一，後來統一成四正四鑲，正黃、正白、正藍、正紅，鑲紅、鑲白、鑲藍、鑲黃，之後又加上蒙古八個旗，漢人八個旗，最多是二十四個旗，沒有再多了。旗不光是軍事組織，也是經濟組織，行政也是這個系統，它還是分配組織和司法組織。一個族投靠努爾哈赤了，族長做牛錄額真，打仗的時候你還是統領，分配的事管，民事也管，打架、結婚、官員推薦也管。八旗制度就是這麼一個綜合性的，到後來仍然是一個綜合性的社會組織。

這是說的八旗制，大家看還有什麼問題提問，舉手說一下，我知道的我會回答。

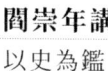

聽眾提問：現在我們看影視劇的時候，所有清朝的皇帝一開始全都說漢語，但是我不知道在歷史上，從什麼時候才開始說這個漢語的？從哪位皇帝開始說的？

閻崇年：努爾哈赤說滿語，漢語多少會一點。因為他到撫順要貿易，所以多少會說一點。他八次到北京，從赫圖阿拉騎馬行兩千多里地來北京進貢，一共八次。他沿途要走，會用一點漢語交流，漢文我估計基本上不會。皇太極的時候正式有滿文了，漢語皇太極會一點，因為他和大臣要交流，《金史》、《元史》讓別人翻譯完了以後，用滿文給他唸。順治小時候還是說滿語，到聽政的時候，用漢文做批示他就批不了，他的漢文不行，他們在後宮裡頭完全說滿語和蒙古語。到康熙的時候，後宮是以滿語為主，因為老一代還在，康熙從漢族大臣說話中學習漢語，他受漢文教育不錯，從毛筆字就可以看出。康熙非常用功，每天必須寫一千個漢字，除了有病發燒起不來例外。過年也寫，過年不僅寫一千個漢字，還寫福字。康熙對漢族大臣說漢語，對蒙古大臣說蒙古語，蒙古語和滿語都屬於阿爾泰語系，所以借了蒙古語字母來創造滿文，滿族人學蒙古語很容易，他們基本上通著。康熙的時候，重要的戰報一律是滿文，重要的機密文件一律是滿文。雍正時間短，不用說了，到乾隆的時候，很多人不願意學滿文，乾隆幾次指示：「國語騎射，不能忽視。」但是究竟漢人文化比較發達，漢人也多，經常接觸，經常交往，所以滿族青少年裡頭漢文普遍很好，漢語就逐漸逐漸淡漠。乾隆的時候在後宮還是說滿語，在外面跟漢人講漢語，對蒙古人講蒙古語，對班禪講藏語，對維吾爾族講維吾爾語。所以香妃也好，容妃也好，乾隆可以用維吾爾語跟她交流。乾隆以後就不行了，滿文使用的地方逐漸開始少了，漢文檔案在逐漸增多。到了咸豐統治之後，滿語基本上就不行了，宣統的弟弟溥傑跟我說，我現在什麼滿語都不會，就會說「你好」這麼幾句話。現在滿文檔案還有，康熙之後，漢文檔案逐漸大量增加。

聽眾提問：現在還有沒有滿文，如果有的話，有沒有人專門在研究？

閻崇年：滿文實際上已經消失了，六十年代在黑龍江省富裕縣三家子屯等村子六十歲以上的老人，他們彼此聊天的時候，還講滿語，這些老人現在

也都去世了。乾隆的時候錫伯族是一萬來人西遷到新疆，現在有八萬來人，在新疆察布察爾錫伯族自治縣，在伊犁河河邊，我到那裡考察過，有一條修的大水渠，一共有八個牛錄，這八個牛錄，「文革」的時候叫八個公社，現在又叫八個鄉。他們每一個鄉有一個城牆，很高的城牆，現在保存得比較好，封閉的，晚上就關城門。跟其他民族不通婚，所以小孩必須說錫伯語，錫伯語跟滿語什麼關係？新疆維吾爾族、錫伯族的學者認為滿語和錫伯語是一回事，滿文和錫伯文也是一回事，但是在民國年間有一些共產黨的地下工作者把滿文的元音字母「u」，長音和短音「u」和「ü」合併為一個「u」，元音六個字母變成五個了，這個就變成錫伯文了，六個元音字母是滿文，五個元音字母就是錫伯文。現在由於民族情感問題，錫伯族說我們不是滿文，是錫伯文，我們的語言是錫伯語，不是滿語。九十年代，我去的時候，小孩在家裡頭完全說錫伯語，就是滿語，因為他母親是錫伯人，小孩上小學一年級的時候，開始學漢語，小學是雙語教學，中學開始是雙語教材。現在不行了，現在大學入學考考英語，不考錫伯語，小孩看電視要看漢語的電視，錫伯語的電視臺全縣只有一個，節目很少，也很單調，所以錫伯語慢慢就不行了。現在學滿語的，到新疆錫伯去，日本、美國學者考察滿語的情況，都到新疆錫伯去。

聽眾提問：我和我的幾個朋友瞭解康雍乾三朝，主要是透過二月河的「清朝三部曲」、女作家凌力的《少年天子》，《少年天子》得到過茅盾文學獎，還有電視臺播的《康熙王朝》、《雍正王朝》，對這幾部文藝作品，您覺得它們的可信度有多高？

閻崇年：二月河先生是很優秀、很傑出的作家，他的「康雍乾三部曲」影響很大。他的這幾部歷史小說和據此改編的電視劇，我沒有看，所以我不能評論。但是有一點，歷史就是歷史，藝術作品就是藝術作品，影視小說是藝術類，可以有歷史的影子，但不能等同於歷史。我覺得看歷史小說的時候，就當小說來看，電視劇就當電視劇來看，不能當歷史來看，要瞭解歷史還是看歷史著作。

聽眾提問：您好，我有一個問題，「滿清」入關大戰，到底吳三桂在當中起了什麼樣的作用？

閻崇年：我在這裡補充一下，現在咱們老說「滿清」。1950年代，中國國務院正式下發了一個中央文件，不許稱「滿清」。清就是清，現在因為時間太長，人們就不注意了。做清史的，不稱作滿清。一片石這個地方我去過，險要好看，非常壯觀，也非常好看。歷史學界對吳三桂的爭議很大，一種意見完全肯定是漢奸，一種意見就是吳三桂曲線救國。我先投降清朝，完了我再反清，再復明，完了再維護漢族利益，等等。還有其他的看法。這裡頭有一個問題，就是李自成當時政策上有一個錯誤，本來政權他已經得到，崇禎上吊死了，在北京已站穩了，他這時這個政策錯誤就是不能夠團結人。明朝的一些官員，尚書、侍郎等等，都在觀望中，看李自成對他們的態度怎麼樣，用他們還是不用他們，用他們他就為你服務，不用他們有的就回家了，回江南當地主、當縉紳，有的在蘇州還有園子呢。李自成所犯的錯誤政策就是拷掠，他有一個名單，一個一個抓來了，吊起來打，你家有多少銀子？比如說有五千兩，交來，交來還打，還有一千兩，還打，最後打得實在擠不出來了，有的打死了，有的放回去了。這樣一來，就失去很多人的支持。多爾袞比他們高明，多爾袞到了北京之後，明朝的官員官復原職。你該做尚書做尚書，六部照常來辦公。知縣還接著做知縣，你原來是明朝知縣，現在是大清的知縣，政權穩定之後再慢慢換，總督基本上都是滿洲人，六部尚書，主要是滿人，也有漢人，逐漸把政權穩住了。李自成失去了相當一批人的支持，吳三桂就是一個例子。吳三桂本來準備投降李自成的，他父親已經投降了，吳三桂在東北做過明總兵，他已經對後金有所瞭解了，明朝已經不行了，是李自成把吳三桂逼到了清朝那邊去的，使吳三桂和清朝力量結合起來了。這個檔案有記載、文獻有記載，吳三桂在山海關和多爾袞達成一個協議，共同來對付李自成。至於吳三桂後來反清，發動三藩之亂，那是另外一個問題，比較複雜，但是吳三桂降清加快了清朝進關的進程。如果吳三桂不降清，根據當時的力量對比，清軍也可以進關。因為清軍的力量，大約有十六萬左右，當時多爾袞的八旗軍隊，我認為是當時中國最強大、最有戰鬥力一支騎兵。李自成的軍隊對付不過多爾袞的軍隊。我查了一下，努爾哈赤跟皇太極凡是發

動一場大戰的時候都是鬧災荒,無一例外。解決不了吃飯問題的時候,他們就到關內,一直打到濟南府,金銀財寶有了,糧食有了,牲口也有了。李自成後來犯了很多的錯誤,自己毀掉了已經取得的政權。沒有吳三桂降清,根據當時的實際情況,清軍也可以活著,李自成對付明朝軍隊可以,對付清朝的騎兵肯定打不過,他們交過手,李自成的軍隊不是對手。

聽眾提問:剛才聽了您說的歷史劇,我覺得我也挺贊同您的觀點,歷史本身是一門科學,是一門學問,是需要嚴謹的態度,但是我覺得歷史劇這麼戲說,這本身也說明了一些問題,一個是老百姓的清官情結,還有一個,咱們一般歷史學的知識的普及基本上是不夠的,然後才會有種種的現象。您在做學問的時候,尤其在做歷史方面學問的時候,因為不可能存在絕對的真實,您怎麼看待作為時代的歷史,還有皇權的、文史上記載的歷史,與真實的歷史情況之間的關係。現在又有了新的歷史觀:平民歷史。因為我知道的清史的資料是比較多的,一開始看的時候肯定會有不同的歷史觀,您怎麼看待真實的歷史和相對真實的?

閻崇年:實際上您說了兩個問題,第一個問題我贊成。「文革」之後,戲說大家都有興趣,有時候一個電視劇會「空巷」,可能第一個原因是「文革」十年大家精神太空虛了,就幾個樣板戲,我剛開始看香港的《三笑》,還覺得很開眼界,這是一種文化的需要。另外,這些年大家比較緊張,也需要鬆弛一下,滿足觀眾的娛樂和文化的需要,所以有戲說,這個我贊成。但是從另外的角度說,戲就是戲,史就是史,兩個不同的範疇,所以觀眾受眾來說,戲說和正史始終要清楚,不要混合起來。

第二個問題,關於歷史的問題。歷史通常是這樣的,它有幾個層次,第一個層次是事情本身。第二個層次是有人記錄下來,記錄的人就有區別了,有選擇,有側重,有詳略,有真偽,這是第二個層次。第三個層次,後面人的解讀,在解讀的時候有所取捨,有褒抑,也不一樣,分若干個層次。舉一個例子,赫魯雪夫在聯合國大會上拿皮靴敲桌子,大家都知道這個事情。現在發生爭議了,一種意見,說赫魯雪夫沒有拿靴子敲桌子,他拍著靴子敲;還有一種說他拿著靴子了,但他用手臂敲;還有人說他拿著靴子,但是用另

一隻手敲,沒有用靴子敲。有幾種解釋,但事實真相只能是一個,是拿靴子敲,還是拿手臂敲,舉著靴子敲,還是根本沒有靴子,時間很久的事,就弄不清楚了,所以歷史學家有一個任務,就是考據,這事是真是假,是怎麼回事,這是歷史學裡一個分支領域,叫考據學。平民的歷史,貴族的歷史,談的是歷史不同的側面,有人研究就是研究平民的歷史,特別是最近的幾年很強調社會史的研究,就是研究平民衣食住行,怎麼生活的,還有研究帝王史、宮廷史等等,都是分若干不同的領域在進行研究,但是所有的領域都得有一項,所有的史學工作者,前提都是要把自己的史料要考證真實了。第一步是蒐集資料,第二步是辨偽,哪個是真的,哪個是假的,第三步叫分析材料,第四步才能夠論述,有很多層次和過程。

聽眾提問:明朝滅亡,袁崇煥所造成的作用是什麼?

閻崇年:我也一直在思考這個問題。《明史・袁崇煥傳》說袁崇煥死後,邊疆將軍就沒有人了,明朝滅亡就決定了。這個對袁崇煥估計有所誇大,寫《袁崇煥傳》過於強調袁崇煥的功勞,袁崇煥的功勞的確是很大的,打了三個大的勝仗,第一個「寧遠大捷」,第二個「寧錦大捷」,第三個保護北京的大捷,連著打了三次大的勝仗。但是明朝滅亡,現在看起來,明末就跟一個瓜一樣,爛透了。我看到一個資料說,到了明朝後期,軍隊不發餉,像寧遠、錦州很重要的地方,五個月一分錢餉不發,沒錢,士兵得吃飯,怎麼辦?就搶,只有這樣,違反軍紀就要處罰,於是就起了軍事嘩變。官員的腐敗更不要說了,我看後來只有袁崇煥為了崇禎皇帝調兵勤王,調各地軍隊到北京保衛崇禎皇帝,一部分軍隊走到半道上沒有糧餉,戶部發糧餉發不到,走到半道軍隊就嘩變,就散了,或者搶老百姓的糧食,甚至變成土匪。後來出現農民起義隊伍。大家知道袁崇煥率領九千騎兵到北京來了,是陰曆的十二月初一,正是數九寒天的時候,到北京城外不許進城,沒有帳篷,露天駐紮,一分糧餉不給。皇太極的軍隊可以搶,他搶老百姓,搶到牛羊殺了,吃飽了以後再打。

袁崇煥的軍隊紀律很嚴明,不許搶老百姓的東西,有一個士兵太餓了,搶了老百姓家一個餅吃了,他就把這個兵,斬首示眾,這點跟岳飛的做法是

一樣的。在這種情況下,他和皇太極就可以作戰,打勝了。如果崇禎皇帝對袁崇煥一直信任到底,打敗皇太極軍隊是有可能的,但是,歷史不能如果,因為整個政權系統腐敗,明朝的中央政權,到袁崇煥死的時候,完全是小人在那兒執政,就是原來閹黨的餘孽。這些閹黨餘孽本來都被打擊,後來又紛紛官復原職,有幾個受到處分了,已經告老還鄉了,又回到內閣當了內閣大臣。引用梁啟超看《宋史·岳飛傳》裡面說的,宋朝的時候,本來金的軍隊打到淮河附近的時候,已經打不動了,岳飛的軍隊很強,金軍準備後撤了,大軍以淮河為界。但是有一個人攔著,說不要退,說自古以來沒有奸臣掌握朝政的時候,武將能在外立功的。當時秦檜等一批奸臣實際上是執掌大宋朝政的人,岳飛不可能在外面給你立功。後來果然就把岳飛抓了殺了,殺了以後宋與金就開始議和。

一方面袁崇煥有很重大的歷史功績。岳飛講,「文臣不愛錢,武臣不惜死」,袁崇煥比岳飛說的還高一層,「做文官不愛錢,做武官既不愛錢又不怕死」,袁崇煥做知縣,老百姓的民房著火了,他是縣太爺,親自爬到房子頂上給老百姓救火,這種知縣,我說現在也很難找。他父親死的時候,他已經做了遼東巡撫,遼東巡撫多大的官呢?大體上相當現在的遼寧、吉林、黑龍江三個省加在一塊兒,瀋陽軍區司令,這麼大的官,他父親埋葬的時候,沒有錢。往家寄的錢是同僚、大臣、朋友湊的錢給他,派人捎回去埋葬他父親。做到這麼大的官了,還這麼窮,這是做文官不愛錢,做武官既不愛錢又不怕死。在袁崇煥的時候,現在的錦州都是明朝的。朝廷換了一個閹黨派的遼東經略,叫高第,此人就下令從錦州大撤退,八個城全撤,四個城也撤,一直撤到山海關,所有的都撤了,軍隊也撤了,老百姓也撤了,老百姓把家都扔了,緊急撤了,拖兒帶女的,糧食也沒法拿,十萬人,哭聲震野。袁崇煥不撤,他說:「我,寧前道也,官此當死此,我必不去!」袁崇煥誓言「我獨臥孤城,以擋虜耳!」他在這種情況下,率領寧遠孤城軍民打敗了努爾哈赤號稱二十萬軍隊的進攻。因為明朝整體腐敗,所以還是滅亡了,所以個人的作用受一定歷史的局限。

聽眾提問:我有兩個問題:第一個是黑龍江一帶,有的傳說努爾哈赤是北宋皇室的後代,因為金人入侵以後,把宋朝的三千多人逼到邊地了,而那

會兒，女真人南下入主中原，中原的一些被俘虜的士兵，還有皇室都去了關外，漢人女真化和女真人漢化。還有滿族皇帝姓愛新覺羅，愛新覺羅正好跟宋朝時候的姓都是一樣的，都是姓趙的。文獻有沒有記載這方面的東西？第二個問題，關於袁崇煥有沒有後代，有人說黑龍江壽山將軍是袁崇煥的後代，但是廣東那邊說沒有後代了，就是想問一下，他究竟有沒有後代？

閻崇年：第一，這個傳說很多。宋徽、欽二宗的後代就變成滿洲的後代了，所以愛新覺羅就姓趙，經過反覆地研究，不是這麼回事。這是滿洲人為了減少一些漢人的牴觸情緒而編造出來的故事。

第二，袁崇煥有沒有後人，有爭議。一種考證就是壽山將軍的後代，上海外語學院一位先生跟我說，他姓原，原因的「原」，說是袁崇煥的後代。另外，福建的一位先生也給我寫信，他姓永遠的「遠」，有可能也是「袁」改的。到現在為止，根據可靠的資料，袁崇煥沒有後代，至於壽山將軍是袁崇煥的後代，還需要挖掘更多的史料，進行更深的研究。我看過抄袁崇煥家的資料，明朝派官員抄袁崇煥的家，當時廣西、廣東都有官員關於抄家的記載，那個資料很珍貴，都說袁崇煥沒有後代。

今天謝謝大家。

後記

　　近十年來，我在國外、大陸，在各地的演講，次數較多，數以百計。演講的錄音稿、文字稿，散雜擱置，未及整理。一天，黃憲華社長來電話，說要出一套「講談錄」叢書，第一批四本，也約我一本。我即同意，為什麼呢？原因有五：

　　先後我出了兩本書：《中國都市生活史》與《合掌錄》（星雲大師和我的對話錄），這兩部書都是黃憲華社長親自策劃、直接負責的。感於情誼，其因一也。

　　陳捷先教授和我共同主編的《清代臺灣》，由海峽兩岸的專家學者共同編著成書。

　　其因二也。

　　重點圖書出版規劃項目「臺灣文獻史料出版工程」，煌煌精裝，六百餘冊，我忝列這套叢書的編委。其因三也。

　　近年來，不斷地有觀眾、聽眾、讀者，透過電話、信函、簡訊、面談等形式，希望能夠將我的演講稿出版。其因四也。

　　前不久，在有讀者拿著以我名義出版演講錄的偽書，讓我簽名留念，如果有了正版《閻崇年講談錄》，會給熱心、關心的讀者，提供一個真實的版本，正確的資訊。其因五也。

　　由是，我欣然應允黃憲華社長的盛情約稿，遴選出十四篇演講的錄音稿或文字稿，交童麗慧責編。有些原稿未及整理，倉促交出，時限很緊，這就給小童編輯帶來繁重的工作量。

閻崇年
於四合書屋

國家圖書館出版品預行編目（CIP）資料

閻崇年講談錄：讀史閱世五十年 / 閻崇年 著. -- 第一版.
-- 臺北市：崧博出版：崧燁文化發行, 2019.03
　　面；　公分
POD 版

ISBN 978-957-735-725-0(平裝)

1. 清史 2. 通俗史話

627　　　　　　　　　　　　　　　　　108002910

書　　名：閻崇年講談錄：讀史閱世五十年
作　　者：閻崇年 著
發 行 人：黃振庭
出 版 者：崧博出版事業有限公司
發 行 者：崧燁文化事業有限公司
E - m a i l：sonbookservice@gmail.com
粉絲頁：　　　　　網　址：
地　　址：台北市中正區重慶南路一段六十一號八樓 815 室
8F.-815, No.61, Sec. 1, Chongqing S. Rd., Zhongzheng
Dist., Taipei City 100, Taiwan (R.O.C.)
電　　話：(02)2370-3310　傳　真：(02) 2370-3210
總 經 銷：紅螞蟻圖書有限公司
地　　址：台北市內湖區舊宗路二段 121 巷 19 號
電　　話:02-2795-3656　傳真:02-2795-4100　網址：
印　　刷：京峯彩色印刷有限公司（京峰數位）

　　本書版權為九州出版社所有授權崧博出版事業股份有限公司獨家發行電子書及繁體書繁體字版。若有其他相關權利及授權需求請與本公司聯繫。

定　　價：350 元
發行日期：2019 年 03 月第一版

◎ 本書以 POD 印製發行